Android: programación de dispositivos móviles a través de ejemplos

Android: programación de dispositivos móviles a través de ejemplos

Android: programación de dispositivos móviles a través de ejemplos

Segunda edición

José Enrique Amaro Soriano

Marcombo

Android: programación de dispositivos móviles a través de ejemplos

Segunda edición, 2019

Maquetación: Giancarlo Salinas Naiza
Revisión técnica: Pablo Martínez Izurzu
Correctora: Anna Alberola Banasco
Directora de producción: Mª Rosa Castillo Hidalgo

ISBN: 978-84-267-2676-6
DL: B-7989-2019

Impreso en Servicepoint
Printed in Spain

A Cecilia, que aprendió a descargar del Android market antes que a leer

CONTENIDO

1. INTRODUCCIÓN

1.1 Android para principiantes

El 23 de septiembre de 2018 Android cumplió oficialmente 10 años de vida. La última versión disponible cuando se redactaba la segunda edición de este libro, Android 9.0 (Pie, API 28), se lanzó en agosto de 2018. La plataforma de Android consiste ya en más de 200 paquetes (APIs), y al menos otras trece librerías de soporte, que contienen miles de clases, métodos, interfaces y constantes. Todas estas clases están documentadas en la página web de Android Developers (`https://developer.android.com/reference/`).

La vasta extensión del software de desarrollo de Android (SDK) puede resultar extremadamente abrumadora para el que se acerca por primera vez a este sistema, especialmente si también es nuevo en el lenguaje de programación Java. La bibliografía existente suele estar dirigida a profesionales y programadores experimentados y los libros introductorios suelen estar enfocados a construir aplicaciones completas que, por su extensión y complejidad, contribuyen a incrementar la frustración del principiante, ya que se requiere un conocimiento avanzado de Java.

Los manuales de Android ilustran todo tipo de aplicaciones para controlar sensores, enviar SMS, utilizar el GPS, acceder a servicios de Internet, juegos, telefonía, fotografía, vídeo, música, etc. En general, se intenta explicar lo máximo posible en un solo tomo de 500 páginas y se pasa por alto que, cuando alguien se adentra por primera vez en este lenguaje, su cerebro requiere un tiempo para asimilar nuevas ideas y conceptos. Para aprender se necesita comprender y, a efectos didácticos, es preferible aprender una cosa cada vez. Para ello es de gran ayuda la repetición, y no pasar a estudiar la siguiente idea antes de haber aprendido la anterior.

La documentación oficial de Android, que se puede consultar en la página web de Android Developers, tampoco suele ser muy útil para comenzar. Aunque esta documentación se ha ido actualizando a lo largo de diez años, raramente se presentan ejemplos completos simples, sino solo fragmentos aislados sobre el uso de tal o cual función. El lector sin experiencia difícilmente sabrá en qué lugar de su programa debe colocar un fragmento de código que nunca ha visto, ni cómo este interacciona con el resto del programa. En ocasiones, la documentación es contradictoria, ya que algunos detalles que han ido variando con las versiones de Android no se han actualizado. La incompatibilidad con las versiones antiguas se ha ido incrementando con el tiempo y tampoco ha contribuido a simplificar el sistema. También da la impresión de que la documentación está incompleta y de que los desarrolladores de Google suponen que el programador posee una peculiar intuición para usar los métodos de una clase que nunca ha visto.

Afortunadamente, en paralelo han surgido recursos en la web que son indispensables para soslayar las deficiencias en la documentacion. El más útil es el foro de programadores Stackoverflow (`https://stackoverflow.com/`), donde los usuarios contribuyen a resolver las dudas de todo tipo sobre programación, en particular de Android. Sin este tipo de foros el desarrollo de Android sería prácticamente imposible.

1.2 Acerca de este libro

En este libro pretendemos hacer un acercamiento distinto a Android. No introduciremos toda la artillería que ofrece, necesaria para escribir complejas aplicaciones de calidad profesional para publicar en Google Play. Se trata de presentar en pocas páginas las herramientas necesarias para poder realizar en poco tiempo programas sencillos para uso personal. Se incluye también una introducción al lenguaje Java, necesario para Android.

En nuestra opinión, la comprensión es más difícil si presentamos un solo programa complejo dividido en muchas subrutinas simples que si presentamos muchos ejemplos simples consistentes en programas independientes, aunque su funcionalidad sea reducida y sean, en cierto modo, repetitivos. Se trata de que el lector aprenda y comprenda y no de que la aplicación tenga utilidad más allá de la puramente didáctica. No se trata de enseñarlo absolutamente todo, lo cual sería imposible, sino solo algunos aspectos básicos, para que el lector adquiera una idea general de unos pocos conceptos bien asimilados.

Por ejemplo, los dispositivos Android son verdaderos ordenadores que pueden utilizarse también para cálculo numérico y aplicaciones científicas y técnicas. Con este libro el lector adquirirá suficientes competencias para comenzar a desarrollar apps de cálculo y simulaciones gráficas, tanto para la docencia como para uso profesional e investigación. También aprenderá herramientas para desarrollar otro tipo de aplicaciones que le puedan ser útiles en los estudios, en el trabajo, en un ámbito más artístico o, simplemente, para ocio o disfrute personal.

1.3 A quién va dirigido

Este libro está dirigido al principiante, con escasos o nulos conocimientos de Java, que quiere escribir rápidamente programas para uso personal. En particular, podrán beneficiarse de este libro los estudiantes, profesores, científicos o profesionales de cualquier tipo, con conocimientos previos de algún lenguaje de programación, que pretendan utilizar sus dispositivos Android para ejecutar sus propias aplicaciones.

Siguiendo la filosofía de que un ejemplo vale más que mil palabras, introducimos los conceptos mediante ejemplos que consisten en pequeñas aplicaciones que ilustran algún aspecto concreto de Android. Todos los ejemplos se acompañan con capturas de pantalla. El resultado es un acercamiento rápido y práctico al sistema.

1.4 Resumen de los contenidos

Todos los ejemplos de este libro se han desarrollado utilizando Android Studio, el entorno de desarrollo de Android, que se describe en el capítulo 2. En apenas 100 páginas (capítulos 3, 4, 6, 7, 8, 10 y 11) se introducen los conceptos esenciales para escribir completas aplicaciones Android con funciones de entrada y salida de datos, lectura y escritura de ficheros, y herramientas gráficas, utilizando solo un pequeño conjunto de clases y métodos de la librería de Android. En el resto de los capítulos se introducen otras herramientas no tan esenciales, aunque igualmente asequibles, como la barra de acción e iconos (capítulo 5), compartir datos (capítulo 9), gráficos interactivos (capítulo 9), manejo de imágenes (capítulo 10), sonido (capítulo 11), temas (capítulo 12) y recursos (capítulo 13). El capítulo 14 introduce ya conceptos más avanzados, que incluyen procesos en background, controladores, diálogos de progreso y notificaciones. Finalmente, el capítulo 15 describe cómo realizar animaciones gráficas, con aplicación directa a simulaciones.

El libro se complementa con un apéndice de introducción al lenguaje de programación Java, usando exclusivamente Android (apéndice A). El lector que no conozca Java podrá adquirir las nociones básicas de este lenguaje estudiando el apéndice A, a la vez que avanza en el estudio del capítulo 3.

Aunque en este libro no se describe en gran detalle el entorno Android Studio, el apéndice B contiene algunas notas sobre la Design Support Library y sobre cómo exportar e importar proyectos, que pueden ser útiles en algún momento.

Como referencia, en el apéndice C presentamos el listado de las distintas versiones de Android hasta la fecha.

Los códigos fuente de muchos de los ejemplos de este libro pueden descargarse de la página web del autor: http://www.ugr.es/~amaro/android

Estos ejemplos son proyectos completos de apps que pueden importarse directamente en Android Studio e instalarse en un dispositivo Android. Pueden ser examinadas y modificadas por el usuario, puesto que se proporciona su código fuente.

1.5 Novedades de la segunda edición

Android es un sistema en continua actualización. Cuando escribí la primera edición de este libro, en poco más de un año se pasó por las versiones de Android 2.2, 2.3 y 3.0, hasta llegar a la 4.0, que coincidió con la publicación del libro, a final de 2011. A partir de 2012 la norma ha sido una actualización al año. Cuando empecé a proyectar la segunda edición, yo había adquirido un flamante Samsung Galaxy J con Android 7. A la hora de finalizarla, vamos ya por Android 9. Aunque todos los ejemplos de este libro se han recreado con Android 7, estos deberían funcionar sin problemas en Android 8 y 9.

Para la segunda edición de este libro, se ha mantenido la estructura de la primera edición y se ha complementado con tres nuevos capítulos: el 2 (Android Studio), el 5 (barra de app) y el 9 (compartir). Todos los ejemplos de la segunda edición de este libro se han reescrito de nuevo y se han actualizado a la última versión de Android (a la hora de escribir); también se han corregido algunos errores. Se han escrito ejemplos básicos para los nuevos capítulos y se han insertado unos cuantos ejemplos novedosos en el resto. Todas las apps cuyo listado se proporciona aquí han sido probadas en varios teléfonos, tablets y dispositivos virtuales con Android y deberían funcionar en los dispositivos con API 14 (Android 4.0) o superior, prácticamente el 100 % de los teléfonos operativos actualmente.

1.6 Requisitos

El único requisito para empezar a desarrollar para Android es disponer de un ordenador con conexión a Internet. En este libro utilizaremos el programa Android Studio, que permite escribir proyectos y compilarlos, así como uno de los emuladores de Android que vienen con esta herramienta. Android Studio se descarga gratuitamente de la página de Android Developers.

`https://developer.android.com/`

Damos más detalles sobre Android Studio en el capítulo 2. Después de instalar Android Studio, el lector podrá, con unos cuantos clics, desarrollar su primera app.

1.7 Créditos y agradecimientos

El material de este libro fue inicialmente concebido como unos apuntes sobre programación de Android para un proyecto de innovación docente de la Universidad de Granada, dirigido por el autor en el Departamento de Física Atómica, Molecular y Nuclear.

La primera edición de este libro conformó también el material didáctico para un curso pionero de la Escuela de Posgrado de la Universidad de Granada, titulado Desarrollo de Aplicaciones de Android para Científicos. El curso estaba dirigido a universitarios de las ramas de ciencias, ingenierías y arquitectura y tenía 30 horas presenciales, correspondientes a 3 créditos ECTS. Este era el primer curso propio que ofertaba la Universidad de Granada sobre programación de Android. Tal fue la aceptación entre los estudiantes (principalmente de Ingenieria Informática) que el primer día de matrícula se agotaron todas las plazas. El curso tuvo dos ediciones más.

El material de este libro también se impartió en el curso Programación de Android con Java, de la Fundación Universidad-Empresa de la Universidad de Granada. El curso tuvo dos ediciones. Finalmente, parte de este libro se impartió en un curso patrocinado por el Vicerrectorado de Innovación de la Universidad de Granada, para iniciar a los profesores en el desarrollo de aplicaciones de Android.

Todos estos cursos fueron impartidos por el autor en el Departamento de Física Atómica, Molecular y Nuclear, que gentilmente cedió sus instalaciones e infraestructura para que pudiesen llevarse a cabo todas las actividades.

Todos los programas y ejemplos son originales del autor. Todas las fotografías, excepto las indicadas, son propiedad del autor. Las fotografías de los físicos Bohr, Plank, Pauli y Schrödinger utilizadas en el ejemplo de la sección 13.4 están en el dominio público y han sido descargadas de la Wikipedia, donde están almacenadas como archivos de Wikimedia Commons. Todos los dibujos y gráficos son obra del autor.

Quiero agradecer a todos los lectores hispanohablantes que han contactado conmigo a lo largo de los años transcurridos desde la primera edición, ya sea por email o a través de Facebook. Es gratificante comprobar que este libro ha sido de utilidad para muchos estudiantes o aspirantes a programadores, como constatan las más de 40 citas que encontramos en Google Académico, provenientes en su mayoría de tesis de fin de carrera de España e Hispanoamérica.

Por último, reproduzco aquí un comentario, pretendidamente negativo, que un amable lector dejó en la ficha de Amazon:

> "Los ejemplos són muy básicos. En ocasiones las explicaciones son muy elementales".

Efectivamente, esa era la intención del autor y esta frase resume muy bien la filosofía del libro.

2. ANDROID STUDIO

2.1 El IDE

Android Studio es la herramienta IDE (entorno de desarrollo integrado) recomendada para desarrollar apps para Android. Incluye todo lo que se necesita en una sola descarga. En particular, contiene el Java JDK (kit de desarrollo de Java) y el Android SDK (kit de desarrollo de Android). Su versión más reciente puede obtenerse en la página web de Android Developers:

`https://developer.android.com/index.html`

Android Studio es un entorno en constante evolución y se actualiza regularmente. En el momento de comenzar a escribir estas líneas, la versión estable era la 2.3.3. Durante la escritura se actualizó a la versión 3.1.3, que es la que utilizaremos en este libro. Está completamente adaptada para el nuevo Android 8 Oreo (api 26) y para el más reciente Android 9. Es inevitable que próximamente aparezcan nuevas versiones del software de desarrollo, cuya instalación y apariencia probablemente sufran cambios. Sin embargo, la estructura de los proyectos y apps descritos en este libro no cambiará significativamente, y seguirán funcionando, ya que las nuevas versiones suelen ser compatibles con las anteriores, salvo variaciones puntuales bien documentadas en la página de Android Developers.

Describiremos aquí la instalación del IDE Android Studio en un ordenador con sistema operativo Windows, aunque esta se puede llevar a cabo similarmente en sistemas Linux o Mac. Debemos advertir que el IDE es una herramienta muy potente con un emulador rápido, y requiere un sistema con unos requisitos mínimos; a saber:

- Microsoft Windows 7/8/10 (32 o 64 bits).
- Se recomiendan 8 GB de memoria RAM. Con menos memoria el emulador de Android es excesivamente lento.
- Más de 10 GB de espacio en disco disponible.
- Resolución de pantalla de 1280 x 800.

- Para el emulador: Sistema operativo de 64 bits y procesador compatible con IntelVT-x.

2.2 Instalación

La instalación completa del IDE requiere una conexión rápida a Internet y se lleva a cabo en una o dos horas, ya que se deben descargar bastantes recursos que ocupan algunos GB en total. En primer lugar, descargaremos el programa instalador `android-studio-blundle` de la página de Android Developers. Este es un fichero ejecutable de unos 2GB. Al ejecutarlo se abre la siguiente ventana de instalación.

Pulsando "Next" pasamos por una serie de ventanas. La primera nos permite elegir los componentes que se van a instalar: Android Studio, Android SDK y el emulador de Android.

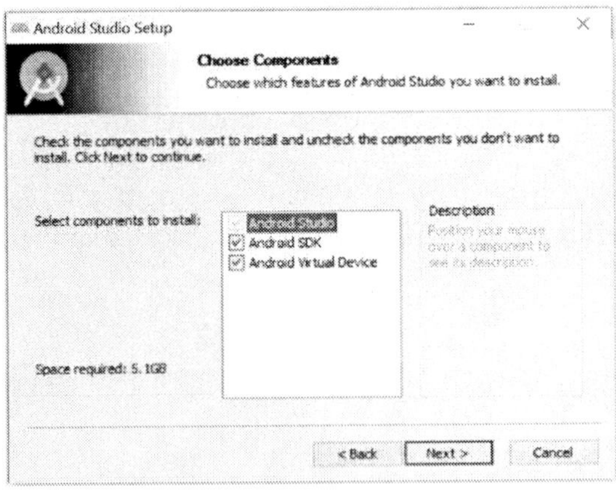

Por defecto estarán seleccionados los tres elementos. Normalmente lo dejaremos todo seleccionado y pulsaremos el botón "Next". En la siguiente ventana se presenta el acuerdo de la licencia.

Pulsando el botón "I agree" llegamos a la ventana de configuración de los directorios de instalación.

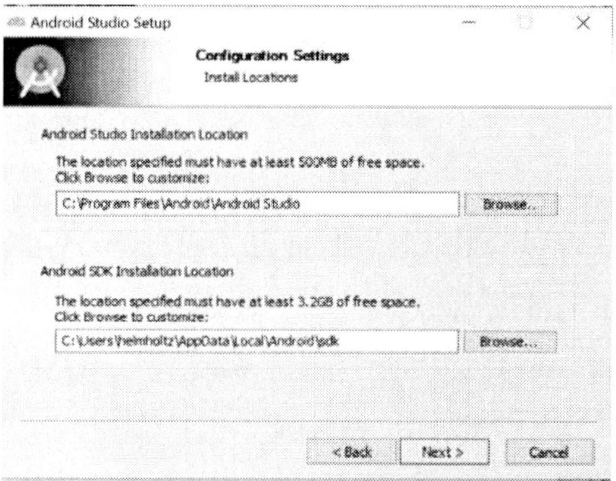

Aquí podremos tomar nota de las carpetas que albergarán Android Studio y SDK, incluido el espacio libre necesario, que podrán modificarse a conveniencia. Procuraremos que la carpeta sdk esté localizada en un disco con suficiente espacio libre, ya que la sucesiva instalación de los numerosos paquetes y versiones de Android podría llegar a superar varias decenas de GB.

Pulsando "Next" veremos la ventana mostrada a continuación, que permite elegir la carpeta del menú de inicio desde donde podremos lanzar Android Studio.

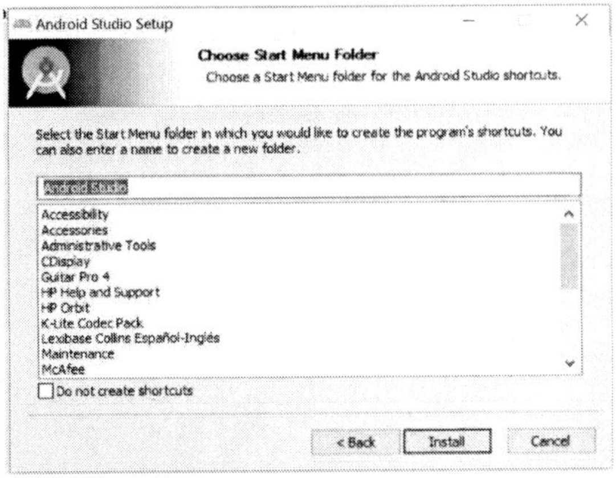

Pulsando “Install” comenzará el proceso de instalación.

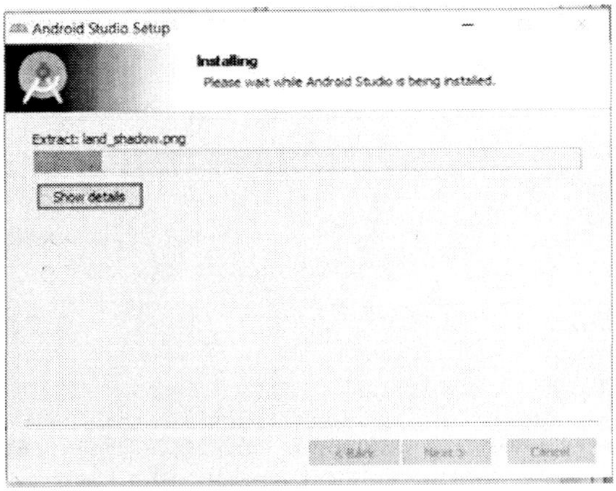

Este proceso puede tardar unos minutos. Mientras se instala podemos pulsar el botón “Show details” para inspeccionar las acciones que se están realizando. Cuando se completa la instalación aparece el mensaje “Instalation complete” y se activa el botón “Next”.

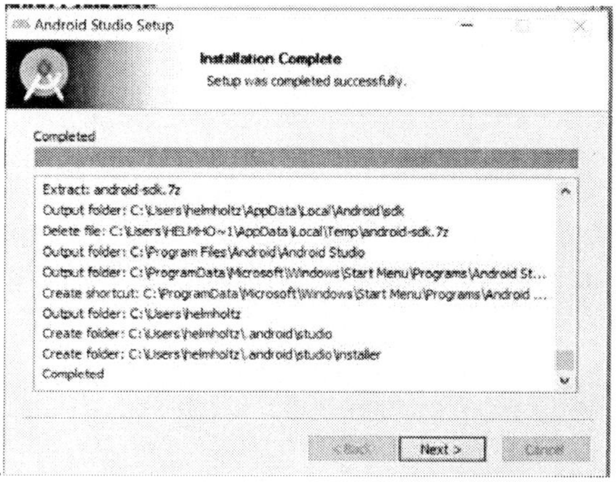

Finalmente, completada la instalación, aparece la ventana siguiente, que nos invita a iniciar Android Studio.

Pulsando el botón “Finish” se iniciará la primera ejecución de nuestro Android Studio.

2.3 Configuración de Android Studio

La primera vez que ejecutemos Android Studio se iniciará el asistente de configuración, que nos guiará para descargar los componentes del SDK de Android necesarios para poder realizar nuestros proyectos de Android. En primer lugar, aparecerá un cuadro de diálogo que nos permitirá importar los ajustes en caso de que tuviésemos una versión previa del programa.

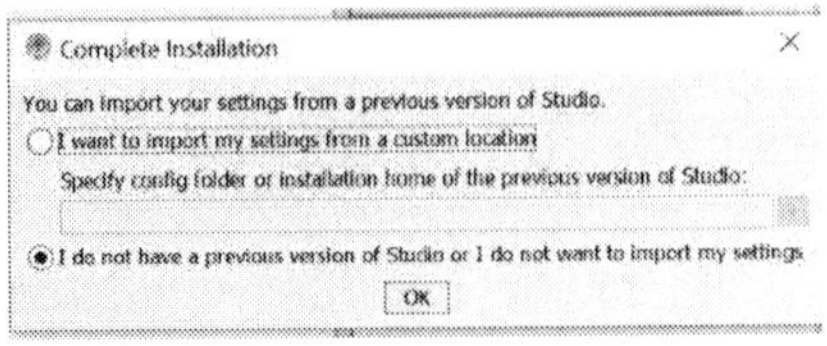

En nuestro caso elegiremos la opción por defecto "No importar los ajustes" y pulsaremos el botón "OK". Aparecerá entonces la pantalla de inicio o splash screen.

Seguidamente, veremos la primera ventana del Android Studio setup wizard, el asistente de configuración, que nos guiará a lo largo de varias secciones.

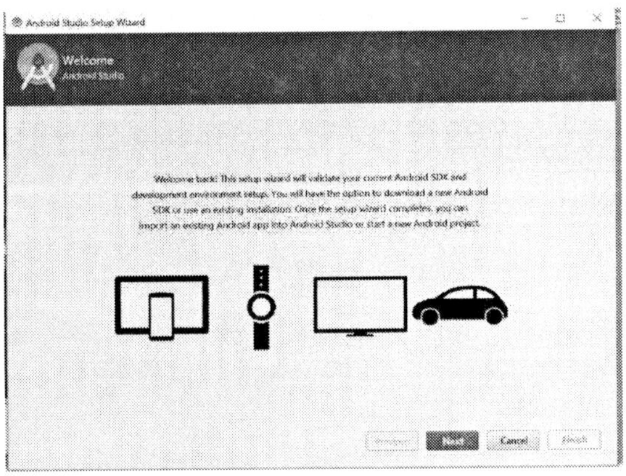

Pulsando "Next" en la primera sección podremos elegir la opción de instalación.

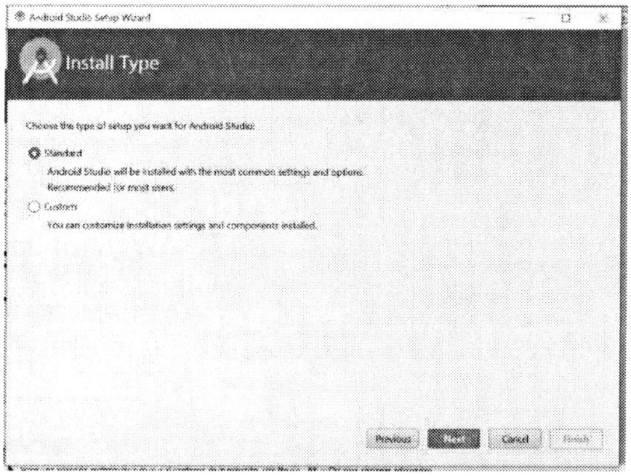

Utilizaremos la instalación por defecto, que es la "Standard", recomendada para la mayoría de los usuarios. Pulsando "Next" se nos presenta la relación de los ajustes actuales: la carpeta donde se almacenará el SDK (software development kit de Android), el tamaño de la descarga que se va a realizar y los distintos componentes que se van a instalar.

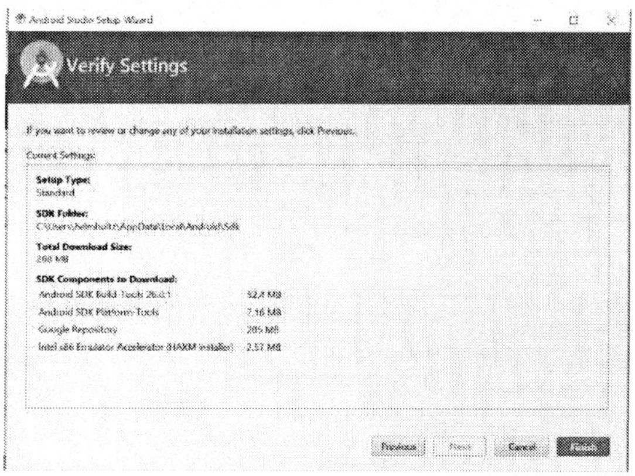

En este caso vemos que se ha programado la descarga de 268 MB de componentes del SDK. Pulsando el botón "Finish" veremos la ventana de descarga con una barra de progreso, que puede durar unos minutos dependiendo del estado de nuestra conexión a Internet y de la del servidor.

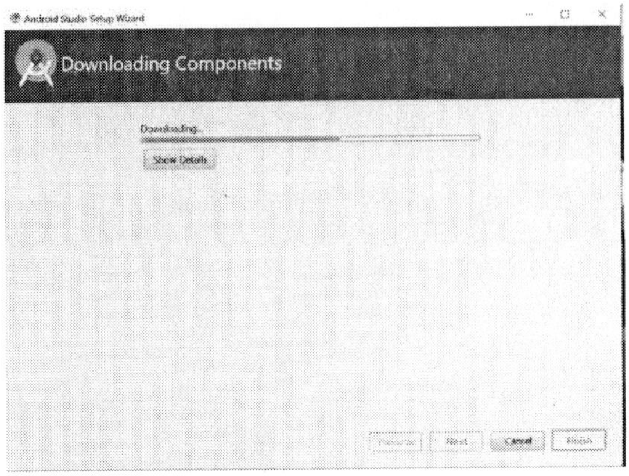

Para amenizar la descarga, será útil pulsar el botón "Show Details", que nos mostrará un listado de los archivos que se están copiando en nuestro PC.

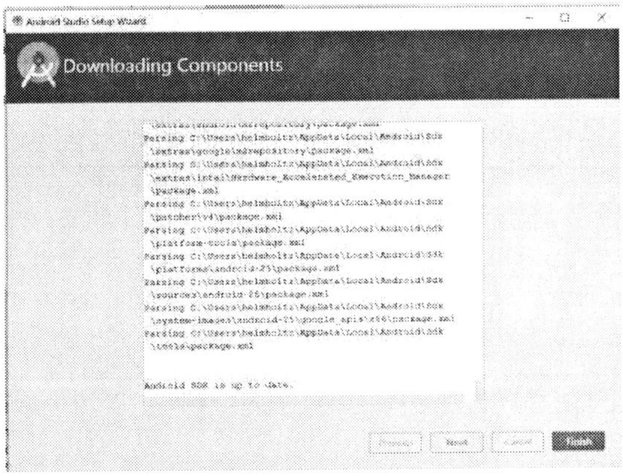

Una vez finalizada la descarga, se activará el botón "Finish" para finalizar el asistente.

2.4 Creando un nuevo proyecto

La primera ventana de Android Studio tiene el aspecto siguiente y nos permite crear un nuevo proyecto, entre otras opciones.

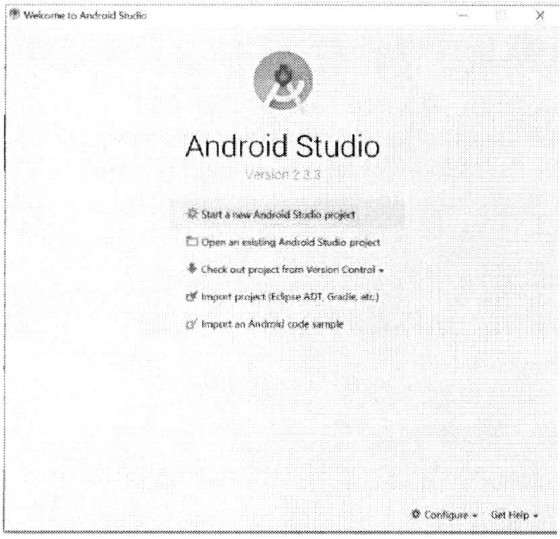

Al crear un nuevo proyecto aparece una primera ventana de configuración donde introduciremos el nombre de la app, el nombre de dominio y la localización en el disco duro. El domino debe ser una cadena de nombres separados por puntos. Este nombre de dominio debe ser único (por ejemplo, puede contener nuestra dirección de email y el nombre de nuestra app), ya que identificará nuestra app internamente en el dispositivo móvil. Para los ejemplos de este libro podemos mantener la nomenclatura sugerida por Android Studio.

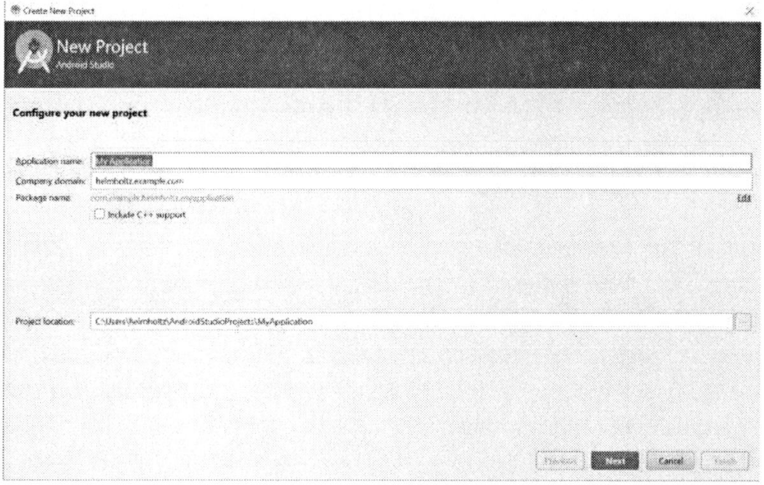

La segunda ventana nos permite elegir los dispositivos en los que se ejecutará nuestra app. Por defecto se activa la opción para teléfonos y tablets. Debemos elegir entonces la versión de Android (Minumum SDK). En nuestro ejemplo se ha elegido Android 4.0.3 (IceCreamSandwich) que corresponde al API número 15 en la relación de las distintas versiones del sistema. Si elegimos la versión más antigua, API 9, la app podrá instalarse y funcionará en todos los móviles con Android desde la versión 2.3, pero esta no podrá contener todas las funcionalidades propias de los sistemas más modernos. En el siguiente ejemplo se ha activado la opción recomendada para cubrir casi el 100 % de los dispositivos que están activos en Google Play. Esto no significa que no haya en funcionamiento teléfonos más antiguos (a partir del año 2010 o 2011), sino que seguramente han quedado obsoletos al no actualizarse y sus dueños han dejado de instalar nuevas apps. Si disponemos de un teléfono o tablet de esa época remota podríamos perfectamente desarrollar una app que funcione correctamente en él. De hecho, muchos de los códigos de este libro, que trata los aspectos básicos de Android, serían perfectamente utilizables en todos los sistemas.

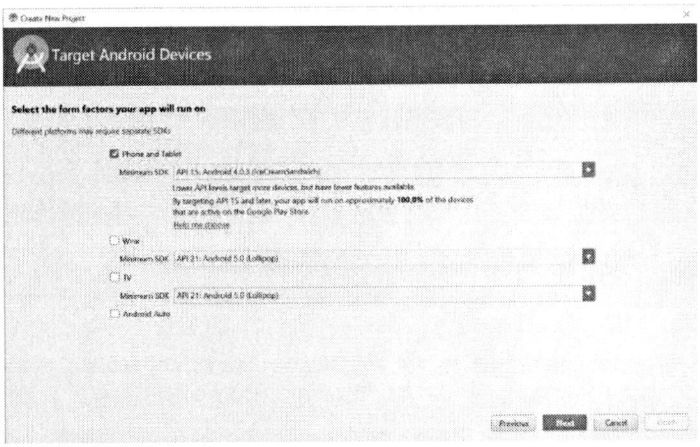

Al crear nuestro primer proyecto de esta manera, al pulsar “Next” Android Studio descargará los componentes del SDK necesarios para proseguir. Esto llevará un tiempo durante el cual se nos mostrará la siguiente ventana:

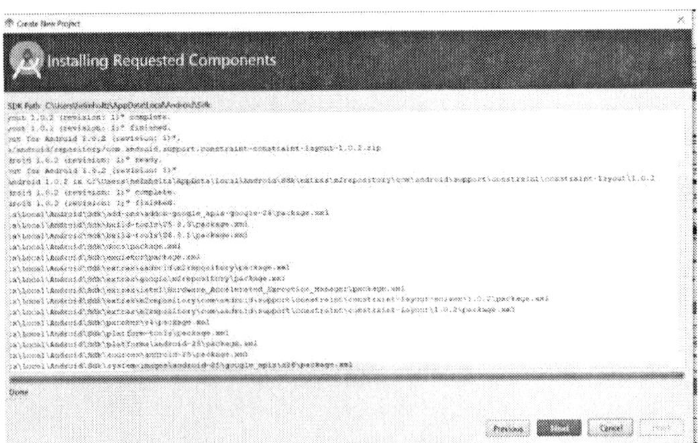

A continuación, debemos añadir una actividad a nuestra app. Esta actividad corresponderá a la pantalla inicial de nuestra app, y puede contener distintos elementos, como menús o botones, que luego se podrán ir modificando. En la siguiente ventana se nos mostrará una serie de actividades predefinidas. Elegiremos la actividad más simple, "Empty activity" o actividad vacía, que simplemente contiene un texto:

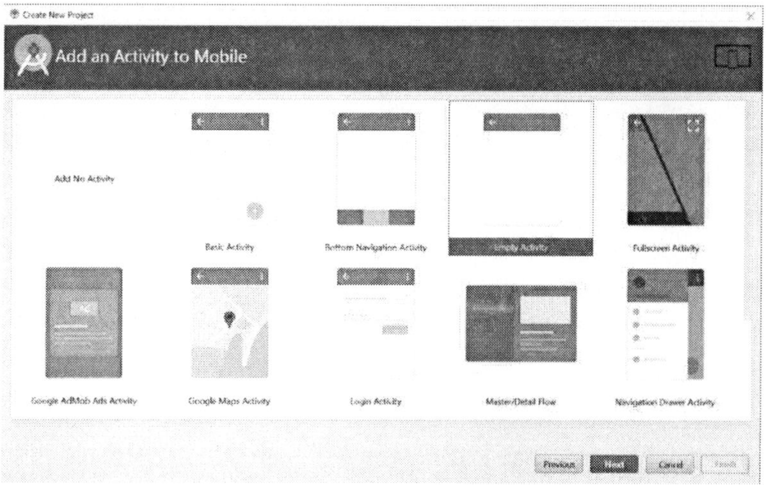

Al pulsar "Next" se abre una ventana para personalizar el nombre de la actividad y el nombre del layout (o diseño, pero para evitar confusiones utilizaremos el nombre en inglés). Una actividad es una de las piezas fundamentales de una app. Es una clase de Java con un código fuente que se almacenará en un fichero con el nombre que aquí le asignemos. Asimismo, el layout consiste en un fichero *xml* que contiene la información sobre el diseño de la pantalla de la actividad. Por defecto el nombre de la actividad es *MainActivity* y el del layout es *activity_main*.

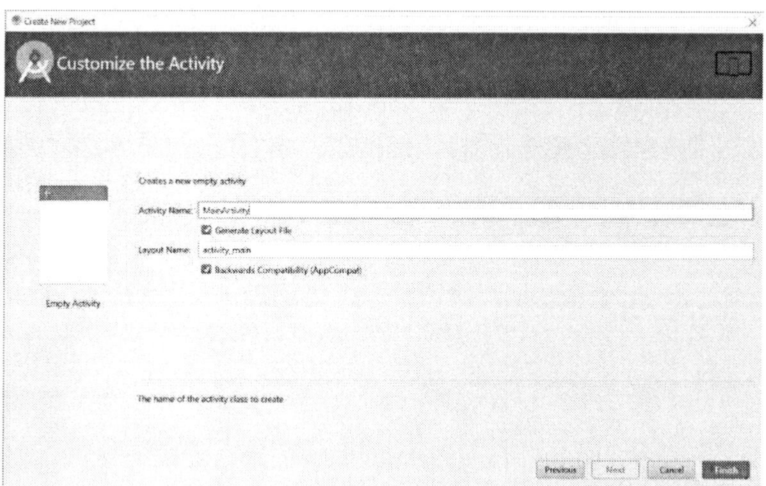

Al pulsar el botón “Finish”, Android Studio construye toda la estructura de ficheros y carpetas que forman el esqueleto de la app.

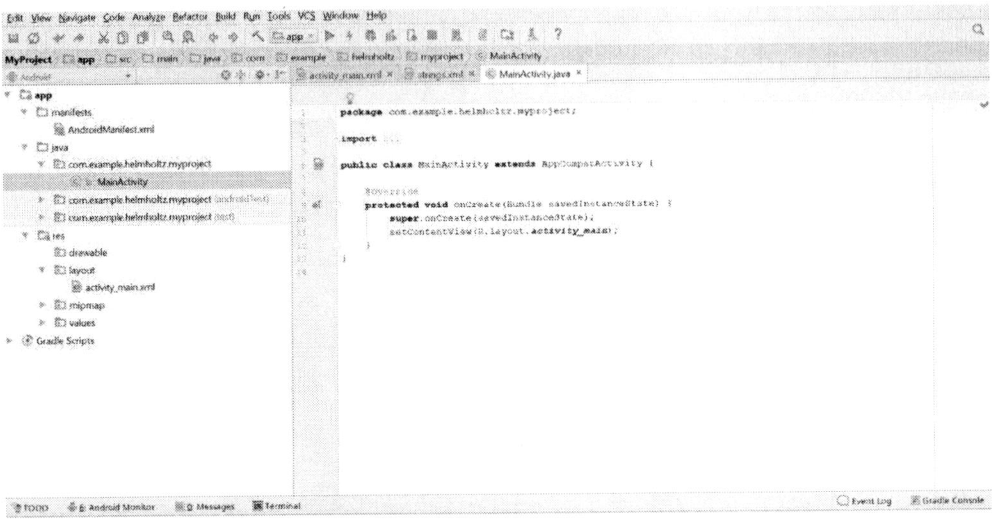

En la ventana principal se visualiza el contenido de los ficheros que componen el proyecto. Consiste en un editor de texto para los códigos fuente y un editor gráfico para los layouts. La estructura del proyecto se visualiza en la ventana lateral de la izquierda. Esta ventana tiene varias vistas que se selecccionan en la barra superior de esa ventana. Por defecto está activada la vista “Android” que nos muestra dos carpetas: app y Gradle Scripts. La carpeta app es normalmente la única que modificaremos para escribir la app. La carpeta Gradle contiene las instrucciones necesarias para compilar y generar la app y no debemos modificarla a no ser que necesitemos cambiar algún parámetro en la compilación.

La carpeta app contiene las tres carpetas más importantes. En la primera, manifests, se encuentra el fichero *AndroidManifest.xml*. En él se declaran las distintas funcionalidades y permisos de nuestra aplicación, que iremos viendo a lo largo del libro. En la carpeta Java se encuentra el fichero *MainActivity*, que es la clase de Java que contiene el código de nuestra actividad. En la carpeta res/layout se encuentra el fichero *activity_main.xml*, que contiene nuestro layout. Los contenidos de estos ficheros se discutirán en el próximo capítulo.

2.5 Ejecución en un dispositivo virtual AVD

A continuación, procederemos a ejecutar la aplicación eligiendo run-app en el menú run o, simplemente, pulsando el botón que se indica con un triángulo verde en la barra de herramientas. Se abrirá entonces la ventana para seleccionar el dispositivo o target donde se instalará nuestra app. Si no se encuentra conectado ningún dispositivo físico, ni hay ningún dispositivo virtual, procederemos a crear uno nuevo pulsando el botón “Create New Virtual Device”.

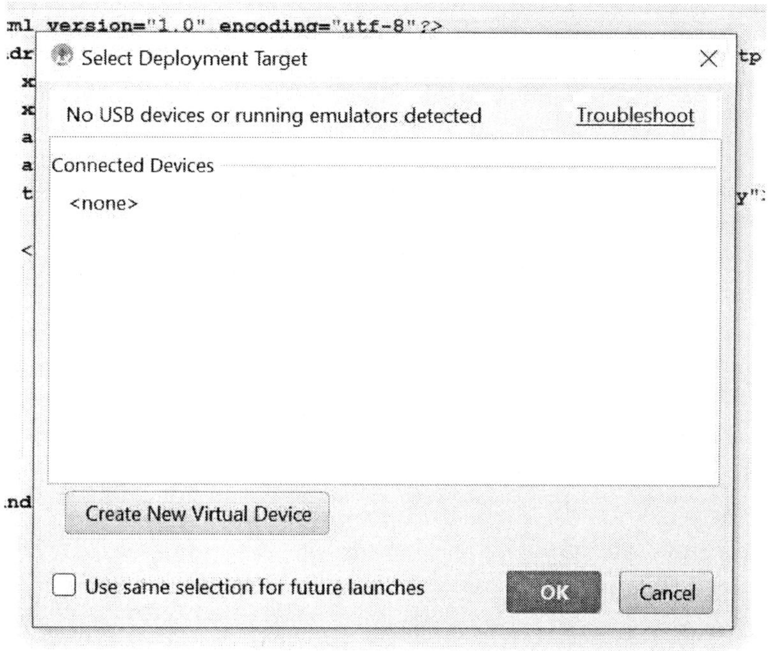

Se abre entonces la siguiente ventana con la lista de los distintos dispositivos virtuales que podemos generar.

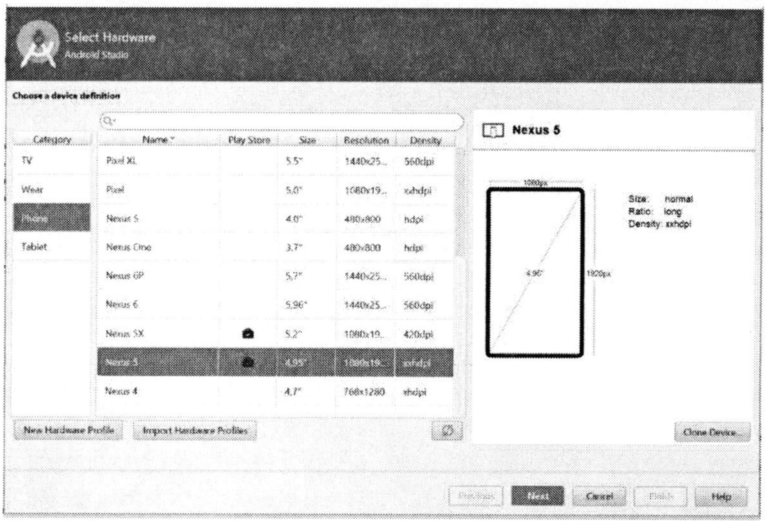

Aquí elegiremos un Nexus 5, por ejemplo. Pulsando "Next" procederemos a seleccionar la versión de Android del dispositivo.

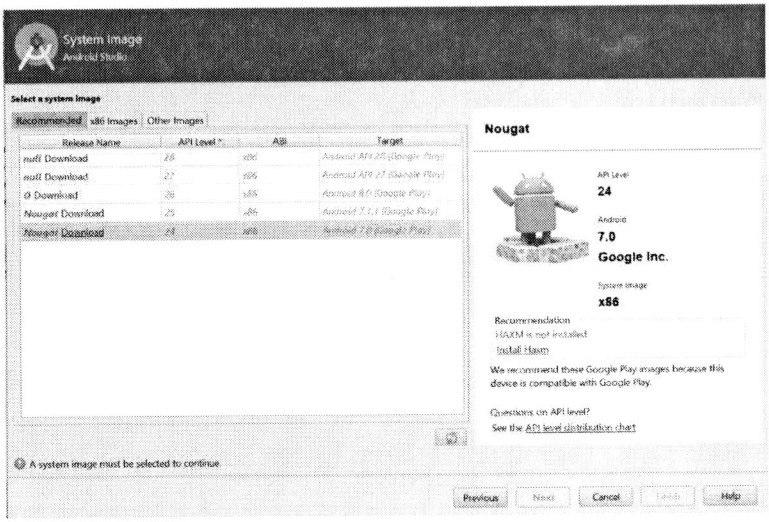

Entre las imágenes del sistema recomendadas elegiremos Android 7.0 Nougat, que corresponde al API 24. Primero, descargaremos el software del dispositivo pulsando en el enlace "Download". Se abre entonces el instalador de componentes, que descarga e instala los paquetes necesarios. Esta operación puede tardar unos minutos.

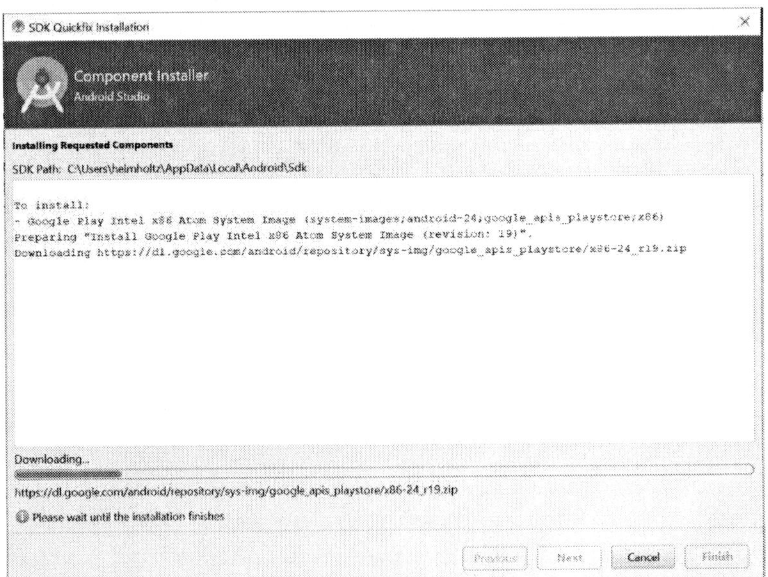

Una vez finalizado, podremos seleccionar la imagen de Nougat y pulsar en "Siguiente". Veremos entonces una ventana que nos permite elegir el nombre y algunas características del AVD (Android Virtual Device).

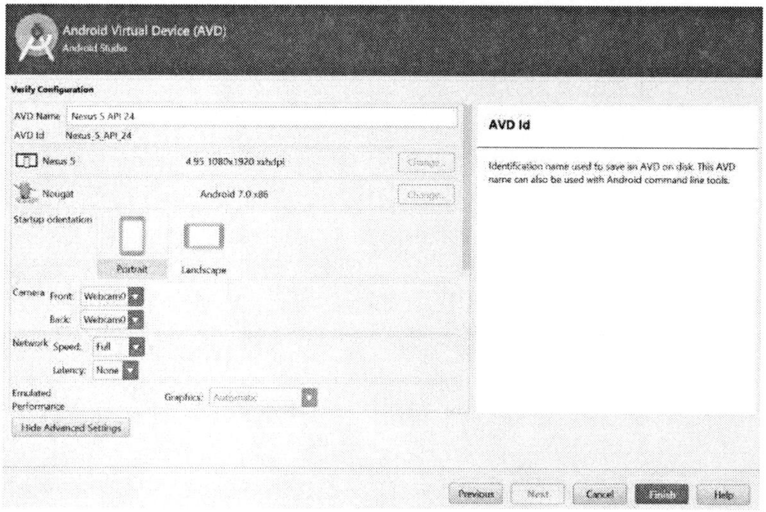

Pulsando el botón "Finish" aparece nuestro dispositivo virtual en la lista de opciones para ejecutar la aplicación.

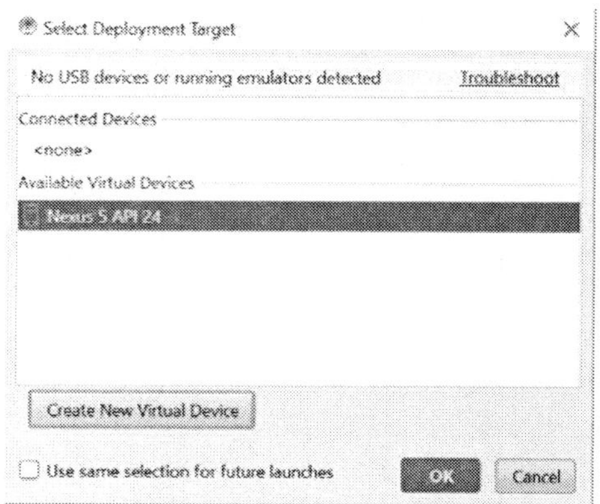

Pulsando el botón "OK" se lanza una ventana correspondiente al AVD. Si no tenemos instalada la plataforma del SDK para la versión de Android de este dispositivo, se nos da la opción de descargarla en este momento. En nuestro caso procedemos a descargar el paquete `Android SDK Platform 24 (platforms;android-24)`.

La correspondiente ventana de descarga nos informará del proceso, que durará unos minutos.

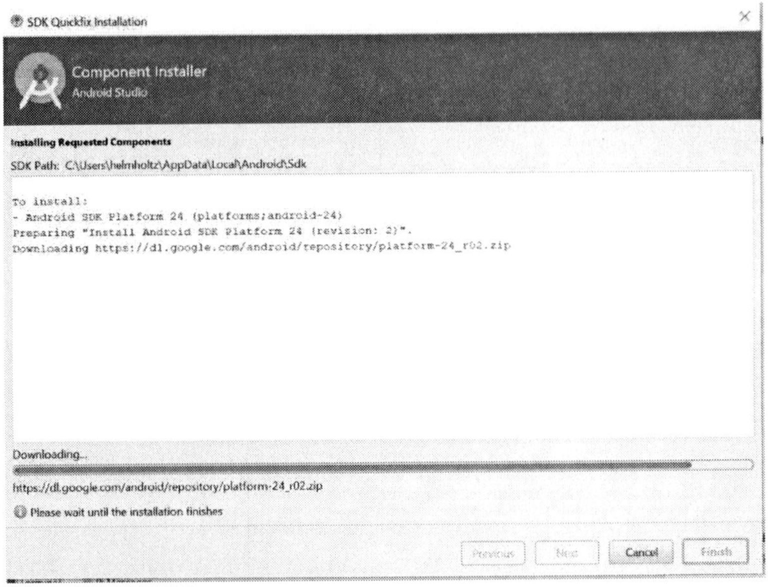

Finalmente, se abrirá en nuestro escritorio una versión virtual del teléfono Nexus 5, donde se ejecutará nuestra app.

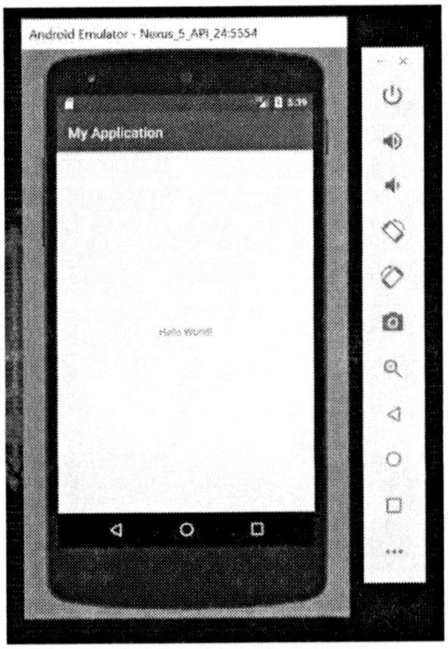

Como vemos, esta app simplemente escribe en el centro de la pantalla "Hello World!".

El emulador de Android que hemos creado no solo permite ejecutar nuestras apps, sino que viene con otras ya instaladas, incluida Google Play. Esto nos permite instalar y ejecutar apps populares, tales como Google Drive o Instagram. En las figuras 2.1 y 2.2 vemos algunas capturas de pantalla de nuestro emulador.

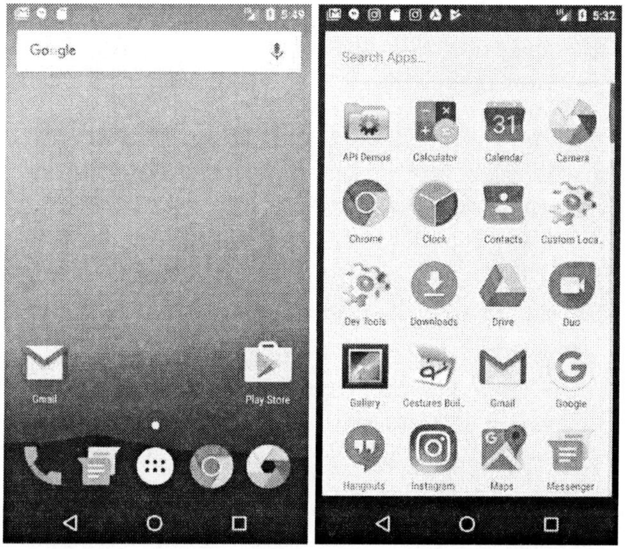

Figura 2.1 Captura de pantalla del emulador de un Nexus 5.

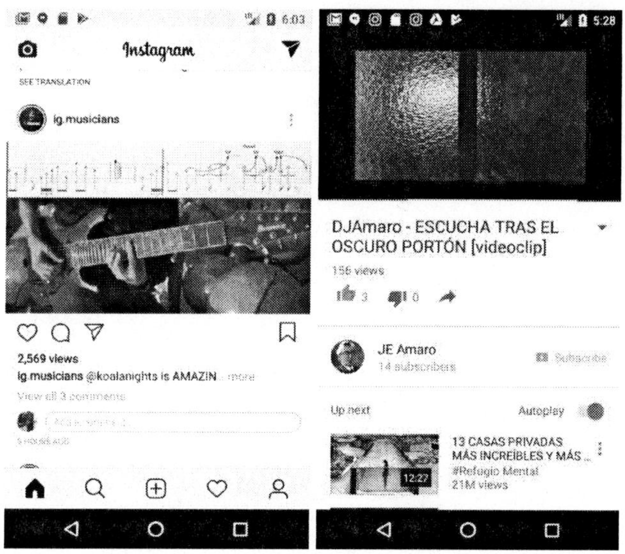

Figura 2.2 Captura de pantalla del emulador ejecutando Instagram y Youtube.

2.6 Ejecución en un dispositivo físico

Con los AVD podemos emular el aspecto y comprobar cómo se comporta una app en distintos dispositivos. Pero estos no sustituyen un teléfono real. Además, los AVD requieren un PC potente. En sistemas con poca RAM los AVD se ralentizan excesivamente y pueden dejar colgado el sistema. En estos casos el uso de un dispositivo físico es indispensable.

Para instalar y ejecutar nuestra app en un teléfono móvil o tablet, lo enchufaremos a un puerto USB. Elegiremos entonces la opción "Run app" en el menú "Run" de Android Studio. Enseguida se abrirá el cuadro de diálogo mostrando la lista de los dispositivos físicos y virtuales existentes.

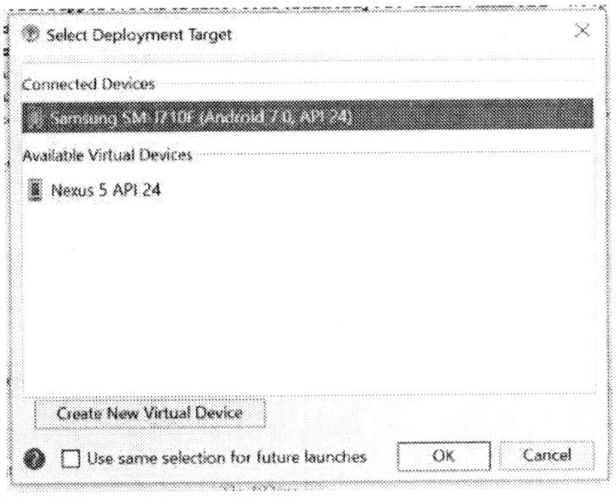

En el ejemplo de la figura vemos que aparece en primer lugar el teléfono identificado como Samsung SM-J710F, que corresponde a un Samsung Galaxy J7 que hemos conectado. Se debe permitir en el dispositivo el modo de depuración USB. Previamente, es necesario activar las "Opciones de desarrollador" en los ajustes del teléfono. Debemos advertir que el menú de opciones de desarrollador viene normalmente oculto al usuario desde la versión de Android 4.0. Para activarlo hay que pulsar repetidas veces sobre el número de compilación, que aparece bajo la opción "Información de software" en el menú "Acerca del teléfono".

Una vez puesto en modo de depuración, al pulsar el botón "OK" en el diálogo de Android Studio la app se instala en nuestro teléfono y se ejecuta automáticamente. Esta app quedará alojada en el teléfono, y aparecerá con el icono por defecto de Android Studio, representado por el simpático personaje humanoide verde con antenas.

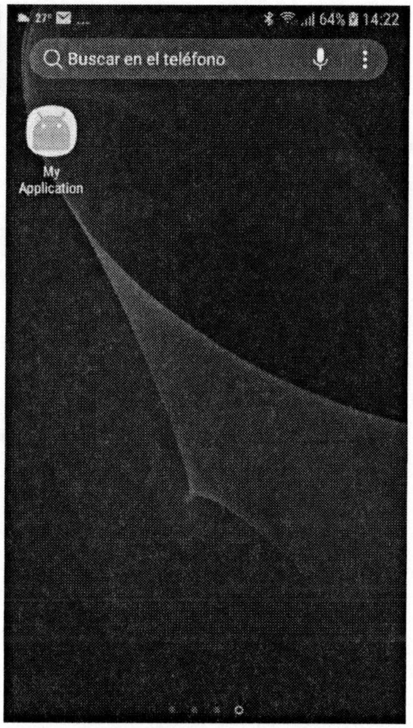

2.7 Empaquetado de aplicaciones

Las aplicaciones de Android se empaquetarán como archivos de tipo APK (Android Package Kit) para su distribución entre los usuarios. Un fichero apk no es más que un archivo ZIP que contiene todos los archivos necesarios para instalar y ejecutar una app en cualquier dispositivo compatible. Tras crear nuestra app con Android Studio, tenemos varias formas de generar un fichero apk para su distribución, ya sea enviándolo como adjunto por email, subiéndolo a la nube o publicándolo *online*. Para poder publicar nuestra app en el repositorio de Google Play, el fichero apk debe estar firmado con un certificado electrónico que podemos generar desde Android Studio. También podemos crear un apk en modo de debug, que no está propiamente firmado, pero que puede instalarse igualmente si el dispositivo tiene habilitado ese modo de instalación.

Para generar el apk en modo de debug seleccionaremos la opción “Build APK(s)” en el menú “Build” de Android Studio. Tras el empaquetado se abre una ventana de diálogo que nos indica la localización del fichero apk resultante.

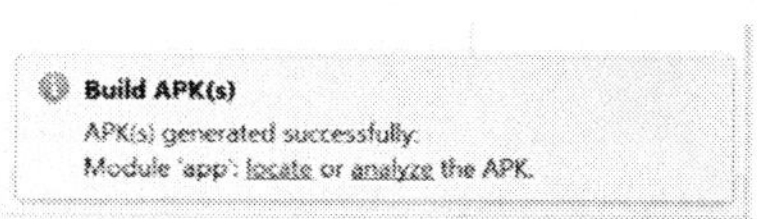

Pulsando en el enlace “locate” se abre la carpeta correspondiente en una ventana del PC. También podemos navegar hacia dicha carpeta desde la ventana izquierda de Android Studio eligiendo la vista “Project” en la barra superior gris de la ventana. Vemos que la app empaquetada se llama *app-debug.apk* y está en la carpeta del proyecto *app/outputs/apk/debug.*

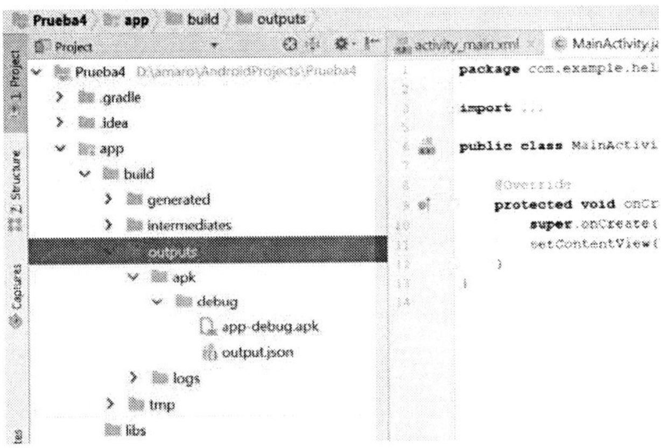

Para generar un apk para distribución, pero sin firmar, pulsaremos sobre la pestaña vertical “Build Variants” que se encuentra en el borde izquierdo de Android Studio. Se abre entonces la ventana “Build Variants”, donde elegiremos la opción “release” en lugar de la que viene por defecto, “debug”. Hecho esto, generaremos el apk mediante “Build APK(s)” en el menú “Build”. El fichero resultante se llama ahora *app-release-unsigned.apk* y se encuentra en la carpeta *app/build/outputs/apk/release* del proyecto.

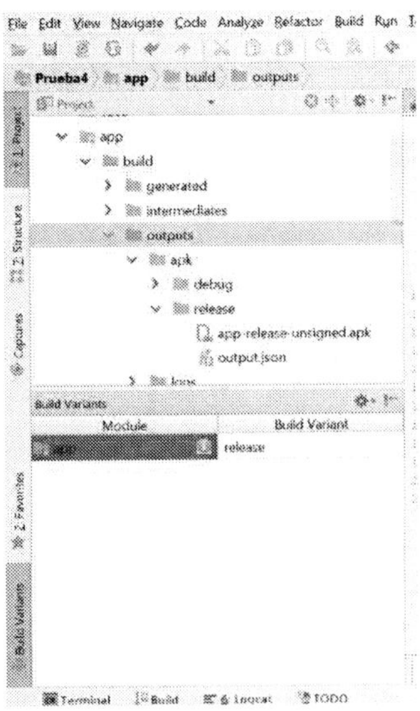

Para generar un apk firmado y listo para distribuir comercialmente, elegiremos la opción “Generate Signed APK...” en el menú “Build”. La firma electrónica consiste en un fichero denominado “Key store” protegido con una contraseña. Android Studio nos da la posibilidad de crearlo o utilizar uno ya existente. Al crear el fichero se le puede asignar el nombre por defecto *keystore.jks* u otro de nuestra elección. Si pretendemos publicar nuestra aplicación en Google Play es importante que guardemos este fichero en un lugar seguro, ya que todas las versiones de una misma app deben firmarse con el mismo fichero keystore. El keystore identifica al creador de la aplicación. Por eso también conviene utilizar el mismo keystore para firmar todas nuestras apps. El keystore viene protegido por una contraseña. Su contenido, denominado “key”, consiste en un alias, una segunda contraseña, y un certificado con nuestros datos. El alias puede ser cualquier cadena de texto, por ejemplo nuestro nombre. Conviene anotar todos estos datos para futuras firmas de aplicaciones con este certificado.

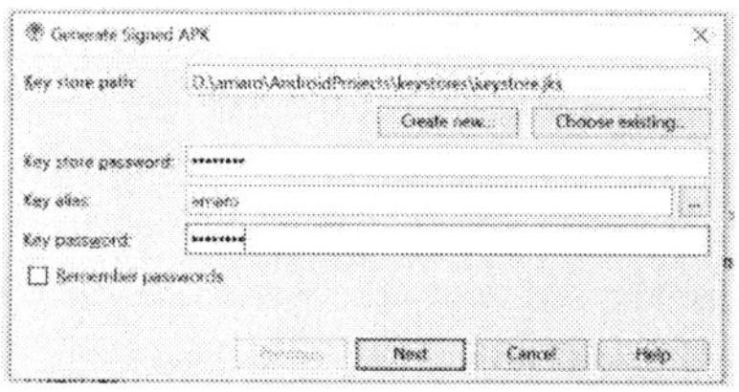

El certificado tiene una validez que especificaremos también en el keystore. Su valor mínimo es de 25 años. Los datos del certificado son nuestro nombre, o empresa y dirección, aunque algunos campos pueden quedar vacíos. Lo importante es que la firma permita identificar al autor de la app.

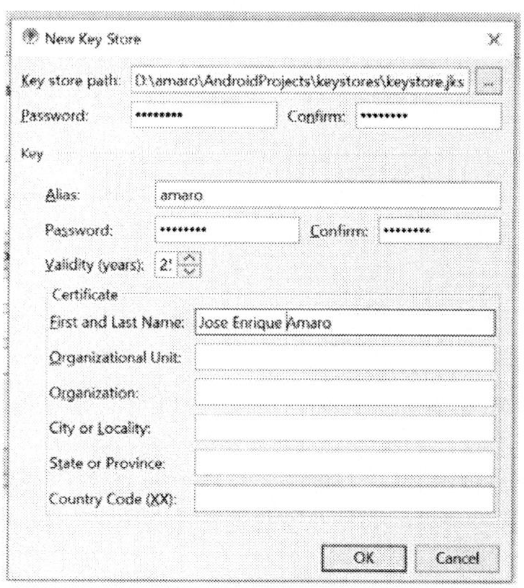

3. ESCRIBIR Y MANIPULAR TEXTO

3.1 Actividad básica: Hola Android

Comenzamos examinando el siguiente listado del programa por defecto generado por Android Studio al crear un nuevo proyecto. La app "My Application" que creamos en el capítulo anterior simplemente escribe el mensaje "Hello Android" en la pantalla del teléfono. En este programa básico, llamado MainActivity.java, se define la clase `AppCompatActivity`, que contiene el método `onCreate()` que se ejecuta cuando se crea la actividad (ver la sección A.1 en el apéndice para una explicación detallada de los elementos Java de esta actividad).

```
package com.example.helmholtz.myapplication;

import android.support.v7.app.AppCompatActivity;
import android.os.Bundle;

public class MainActivity extends AppCompatActivity {

    @Override
    protected void onCreate(Bundle savedInstanceState) {
        super.onCreate(savedInstanceState);
        setContentView(R.layout.activity_main);
    }
}
```

Lo que hace la última instrucción del programa anterior `setcontentview(R.layout.activity_main)` es "inflar" la vista de la pantalla (o layout). Esta vista está definida en el fichero *`activity_main.xml`*, en la carpeta de recursos `res/layout`, que es a lo que hace referencia la variable `R.layout.activity_main` (es decir, carpeta de recursos, carpeta de layout y nombre del fichero). Este fichero xml es el siguiente:

```
<?xml version="1.0" encoding="utf-8"?>
<android.support.constraint.ConstraintLayout

xmlns:android="http://schemas.android.com/apk/res/android"
    xmlns:app="http://schemas.android.com/apk/res-auto"
    xmlns:tools="http://schemas.android.com/tools"
    android:layout_width="match_parent"
    android:layout_height="match_parent"
    tools:context=".MainActivity">

    <TextView
        android:layout_width="wrap_content"
        android:layout_height="wrap_content"
        android:text="Hello World!"
        app:layout_constraintBottom_toBottomOf="parent"
        app:layout_constraintLeft_toLeftOf="parent"
        app:layout_constraintRight_toRightOf="parent"
        app:layout_constraintTop_toTopOf="parent" />

</android.support.constraint.ConstraintLayout>
```

La cadena de texto que queremos escribir en la pantalla se define en este fichero xml dento de la etiqueta `<TextView>` mediante el atributo `android:text="Hello World!"`. El resultado de ejecutar este proyecto en el emulador de android (AVD) se muestra en la figura 3.1.

En este ejemplo se utiliza la clase de Java `AppCompatActivity`. Esta clase sustituye a la clase más antigua `Activity` y fue introducida recientemente en Android para compatibilizar las versiones más antiguas con las nuevas características del sistema. Salvo algunas excepciones, en este libro no utilizaremos ninguna de estas funcionalidades o no lo haremos en dispositivos antiguos. Por lo tanto, en los ejemplos que siguen podría utilizarse indistintamente la clase `Activity` o la clase `AppCompatActivity`. Una razón para usar `Activity` es que los ejemplos simples que desarrollaremos no requieren importar las librerías de soporte que necesita `AppCompatActivity`, y se ahorra así espacio en nuestras apps. Si el espacio no es un problema para usted, o si posteriormente quiere hacer uso de todas las funcionalidades, puede seguir utilizando `AppCompatActivity`.

Por otro lado, observemos que el fichero de layout contiene la clase `android.support.constraint.ConstraintLayout`. Este layout permite utilizar las nuevas herramientas gráficas de diseño que contiene Android Studio para distribuir los distintos elementos en la pantalla. Estas herramientas permiten minimizar el trabajo con ficheros xml y lograr un diseño unificado para muchos dispositivos. Pero, por el nivel intoductorio de este libro, no nos centraremos tanto en el diseño y comenzaremos utilizando layouts mas simples e intuitivos, como

`LinearLayout`, que nos ayudarán a familiarizarnos con el uso de xml en modo de texto. Se trata de que el lector adquiera experiencia con el sistema para que, más adelante, pueda explorar la surtida variedad de layouts por su cuenta.

Figura 3.1 Hello World!

3.2 Activity y LinearLayout

A continuación, procederemos a crear un nuevo proyecto llamado *Hola Android* con una actividad en blanco. En la ventana de configuración de la actividad, dejaremos sin marcar la casilla “Backwards Compatibility” para que no se cargue la clase AppCompatActivity sino la más simple, Activity (ver figura 3.2).

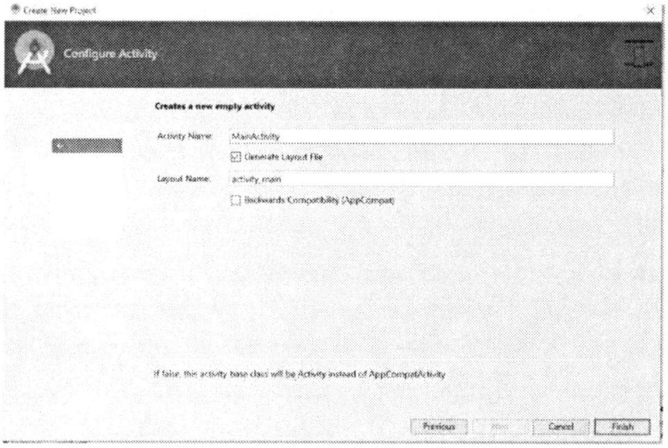

Figura 3.2 No Backwards Compatibility.

Al pulsar "Finish" se crea un proyecto similar al anterior, que a continuación modificaremos. En primer lugar, abriremos el fichero *MainAntivity.java* en el editor y cambiaremos la última instrucción por `setContentView(R.layout.main)`. De esta manera le indicamos a la actividad que abra un fichero de layout llamado *main.xml* en lugar de *activity_main.xml*. El programa Java quedaría así:

```
package es.ugr.amaro.holaandroid;

import android.app.Activity;
import android.os.Bundle;

public class MainActivity extends Activity {

    @Override
    protected void onCreate(Bundle savedInstanceState) {
        super.onCreate(savedInstanceState);
        setContentView(R.layout.main);
    }
}
```

Vemos que este programa contiene ahora la clase Activity. A continuación, procederemos a crear el fichero de layout *main.xml*, que contendrá un LinearLayout y un TextView. Para ello, en la ventana de navegación del proyecto, pulsaremos con el botón derecho sobre la carpeta res/layout y, en el menú desplegable, elegiremos *New > XML > Layout XML File*. Se abre entonces la ventana de diálogo de configuración donde introduciremos el nombre *main* y el Root Tag, esto es, la etiqueta raiz, *LinearLayout*.

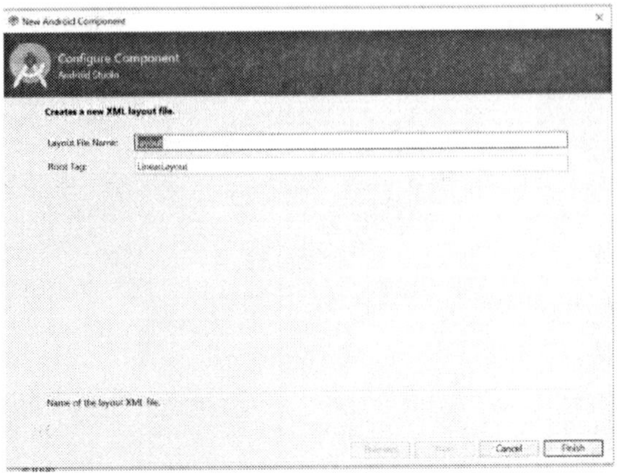

Figura 3.3 Crear un nuevo fichero XML de layout.

Tras pulsar el botón "Finish" se crea un fichero XML que contiene la etiqueta `LinearLayout` con las propiedades por defecto. Dentro de este layout insertaremos un elemento `TextView` con el texto "Hola Android". Para ello se puede usar el modo de diseño de Android Studio, arrastrando, desde la paleta "Text", un elemento "TextView" hacia la imagen de la pantalla del teléfono.

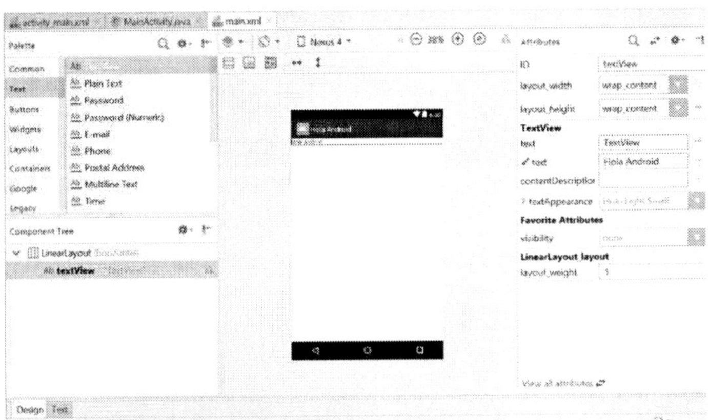

Figura 3.4 Esquema de diseño de un LinearLayout con un TextView.

Esta operación genera en el fichero XML una etiqueta `TextView` con los atributos por defecto, que aparecen a la derecha de la ventana de diseño. El fichero resultante *main.xml* tiene el aspecto siguiente:

```
<?xml version="1.0" encoding="utf-8"?>
<LinearLayout
xmlns:android="http://schemas.android.com/apk/res/android"
    xmlns:tools="http://schemas.android.com/tools"
```

```
    android:layout_width="match_parent"
    android:layout_height="match_parent">

    <TextView
        android:id="@+id/textView"
        android:layout_width="wrap_content"
        android:layout_height="wrap_content"
        android:layout_weight="1"
        android:text="TextView"/>

</LinearLayout>
```

La etiqueta TextView también puede escribirse directamente en el editor de XML en modo texto. La función autocompletar en Android Studio es automática y nos asistirá para introducir las propiedades de la etiqueta. No nos preocuparemos, por ahora, de explicar el significado de las etiquetas, ya que más o menos puede inferirse por su nombre. Más adelante iremos introduciendo otras etiquetas de interés. En la figura 3.5 vemos el resultado de ejecutar esta app en el emulador.

Figura 3.5 Hola Android.

Vemos que el diseño gráfico de la app ha cambiado con respecto al de la figura 3.1, debido al uso de `Activity` en lugar de `AppCompatActivity`, y que también ha cambiado el layout, ya que ahora el texto no aparece centrado. Pero pronto modificaremos esto.

3.3 Color de fondo y formato del texto

A partir del fichero *main.xml* del ejemplo anterior podemos añadir otras propiedades de formato para modificar la presentación y el formato del texto. Por ejemplo, podemos:

- Cambiar el color de fondo a amarillo en lugar de blanco añadiendo el modificador `android:background = "#ffffaa"` a la etiqueta `LinearLayout`.
- Cambiar el color del texto a gris añadiendo en `TextView` el modificador `android:textColor = "#555555"`.
- Cambiar el tamaño del texto a 24 puntos con `android:textSize = "24sp"`.
- Centrar el texto mediante `android:layout_gravity = "center"`. Nótese que para que esto surta efecto debemos añadir la etiqueta **`android:orientation="vertical"`** al LinearLayout ya que, por defecto, este está orientado horizontalmente y el texto se centraría con respecto a la vertical. El lector puede experimentar con el efecto de añadir o no este parámeto.

Con todos estos cambios, el fichero *main.xml* quedaría de la siguiente forma:

```
<?xml version="1.0" encoding="utf-8"?>
<LinearLayout
xmlns:android="http://schemas.android.com/apk/res/android"
    xmlns:tools="http://schemas.android.com/tools"
    android:orientation="vertical"
    android:layout_width="match_parent"
    android:layout_height="match_parent"
    android:background="#ffffaa">

    <TextView
        android:layout_width="wrap_content"
        android:layout_height="wrap_content"
        android:layout_gravity="center"
        android:textColor="#555555"
        android:textSize="24sp"
        android:text="Gris sobre amarillo" />

</LinearLayout>
```

El resultado puede verse en la figura 3.6.

Figura 3.6 Hola Android en gris sobre amarillo.

3.4 Modificando el texto desde Java

La cadena de texto que se muestra en pantalla está definida en el fichero de layout `main.xml`. Podemos modificarla desde Java. Para ello, primero añadimos una etiqueta (o ID) al objeto `TextView` en el archivo xml:

```
<TextView
    android:id="@+id/myTextView"
    android:layout_width="wrap_content"
    android:layout_height="wrap_content"
    android:layout_gravity="center"
    android:textColor="#555555"
    android:textSize="24sp"
    android:text="Gris sobre amarillo" />
```

Aqui hemos añadido la línea `android:id=”@+id/myTextView,` con lo que el objeto quedará identificado mediante la etiqueta `myTextView`. A continuación, en la clase `Activity` del código Java escribimos la siguiente instrucción que define un objeto de la clase `TextView`, asociado a la id `myTextView` que hemos indicado en `main.xml`:

```
TextView myTextView=(TextView) findViewById(R.id.myTextView);
```

El método `findViewById`, aplicado a la variable `R.id.myTextView`, se encarga de localizar el bloque asociado a `TextView` en el fichero *`main.xml`*. A continuación, definimos otro texto con el método `setText`:

```
myTextView.setText(
         "He modificado TextView con un nuevo texto" +
         "usando java");
```

El programa Java quedaría así:

```
package es.ugr.amaro.holaandroid;

import android.app.Activity;
import android.os.Bundle;
import android.widget.TextView;

public class MainActivity extends Activity {

    @Override
    protected void onCreate(Bundle savedInstanceState) {
        super.onCreate(savedInstanceState);
        setContentView(R.layout.main);
        TextView myTextView =findViewById(R.id.myTextView);
        myTextView.setText(
                "He modificado TextView con un nuevo texto" +
                        " usando java");
    }
}
```

Nótese que hemos importado `android.widget.TextView`. El resultado se puede ver en la figura 3.7. El método `setText` no modifica el texto que hay escrito en el fichero *`main.xml`*, solo modifica el que se muestra en la pantalla del teléfono.

Figura 3.7 Texto modificado con setText().

3.5 Modificando el color desde Java

También se pueden modificar otras propiedades del texto con Java. Por ejemplo, con `setTextColor` se puede cambiar el color. Así, añadiendo las siguientes instrucciones definiríamos el color del texto a rojo:

```
import android.graphics.Color;
myTextView.setTextColor(Color.argb(255,255,0,0));
```

El método `Color.argb(alpha,red,green,blue)` construye el color asociado a los componentes de alpha (transparencia), rojo, verde y azul, que son números enteros entre 0 y 255. En este caso hay que importar la clase `Color` en el preámbulo del programa.

Como ya estará empezando a sospechar el lector a la vista de estos ejemplos, el objeto TextView contiene los métodos para modificar todas las propiedades del texto, y cada una de estas propiedades tiene un análogo en XML, que se puede definir alternativamente en un fichero de layout.

Figura 3.8 Texto de color rojo con setTextColor().

3.6 Añadir texto adicional con addView

El hecho de separar el diseño gráfico del código Java permite escribir programas más simples y transparentes, y más fáciles de modificar. Sin embargo, es conveniente conocer métodos para manipular el layout desde Java, ya que en muchos casos puede ser necesario, por ejemplo para cambiar el formato gráfico dinámicamente.

Examinemos un ejemplo para añadir objetos gráficos a un LinearLayout. Este objeto representa una porción rectangular de la pantalla en la que se colocan otros objetos visibles, como pueden ser los del tipo TextView, uno sobre el otro. Veamos cómo añadir nuevo texto a un layout usando el método `LinearLayout.addView(TextView)`. Para ello, debemos definir un nuevo objeto de tipo `TextView` mediante

```
TextView tv=new TextView(this);
```

y sus propiedades, por ejemplo, color y tamaño,

```
tv.setTextColor(Color.argb(255,0,0,0));
tv.setTextSize(40);
```

y, finalmente, el texto a escribir:

```
tv.setText("añadiendo nuevo texto con addView");
```

Este objeto se debe añadir al layout que debemos definir previamente mediante

```
LinearLayout ll = findViewById(R.id.myLinearLayout);
ll.addView(tv);
```

donde `findViewById(R.id.myLinearLayout)` se refiere a la id del layout que habremos definido en el fichero *main.xml*:

```
<LinearLayout
    ......
   android:id="@+id/myLinearLayout"
>
```

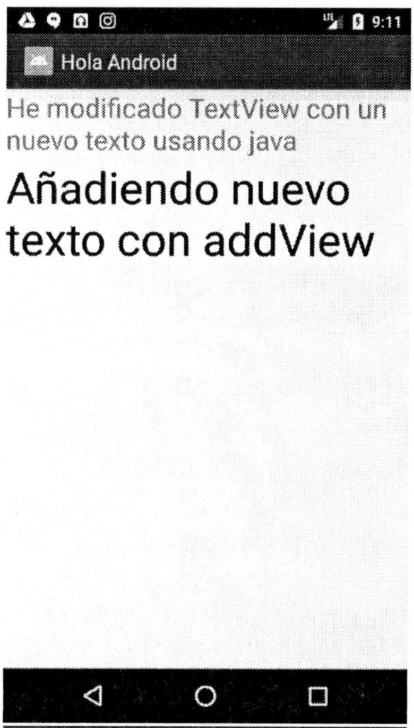

Figura 3.9 Añadiendo nuevo texto al layout.

Para añadir un TextView a un Layout podemos añadir las siguientes líneas de código al ejemplo anterior:

```
import android.widget.LinearLayout;
```

```
        TextView tv = new TextView(this);
        tv.setTextColor(Color.argb(255,0,0,0));
        tv.setTextSize(40);
        tv.setText("Añadiendo nuevo texto con addView");
        LinearLayout ll= findViewById(R.id.myLinearLayout);
        ll.addView(tv);
```

y el resultado puede verse en la figura 3.9.

3.7 Definir un método print

El código del ejemplo anterior habrá que repetirlo cada vez que queramos añadir un nuevo TextView al layout. Como sencillo ejercicio, lo utilizaremos para definir un método `print(Layout,String)` que añade una cadena de texto a un layout. Esto nos permite ilustrar tambien el uso de métodos de Java dentro de una actividad de Android. Añadimos el siguiente método a nuestra actividad debajo del método `onCreate`:

```
   public void print(LinearLayout ll, String texto){

       TextView tv=new TextView(this);
       tv.setTextColor(Color.argb(255,0,0,0));
       tv.setTextSize(18);
       tv.setText(texto);
       ll.addView(tv);
   }
```

de manera que para añadir un texto al layout nos basta llamar a este método:

```
LinearLayout ll =
      (LinearLayout)findViewById(R.id.myLinearLayout);
print(ll,"Añadiendo texto al layout usando el método print()"
     +" que hemos definido");
```

Yendo más lejos en nuestro ejemplo, podemos definir un método `print` alternativo, y añadir parámetros para escribir un texto con un tamaño y un color determinados:

```
public void print(LinearLayout ll, String texto,
                  int size, int r, int g, int b) {
    TextView tv = new TextView(this);
    tv.setTextColor(Color.argb(255, r, g, b));
    tv.setTextSize(size);
    tv.setText(texto);
    ll.addView(tv);
}
```

Ya podemos ejecutar este método cuando queramos con distintos tamaños y colores, por ejemplo:

```
LinearLayout ll =
        (LinearLayout)findViewById(R.id.myLinearLayout);
print(ll,"text size 6 black", 6,0,0,0);
print(ll,"text size 8 black", 8,0,0,0);
print(ll,"text size 10 black", 10,0,0,0);
print(ll,"text size 12 black", 12,0,0,0);
print(ll,"text size 18 red ",18,255,0,0);
print(ll,"text size 24 green ",24,0,255,0);
print(ll,"text size 28 blue ",28,0,0,255);
print(ll,"text size 32 yellow ",32,255,255,0);
print(ll,"text size 34 magenta ",34,255,0,255);
print(ll,"text size 36 cyan ",36,0,255,255);
print(ll,"text size 50 black", 50,0,0,0);
```

El resultado se muestra en la figura 3.10.

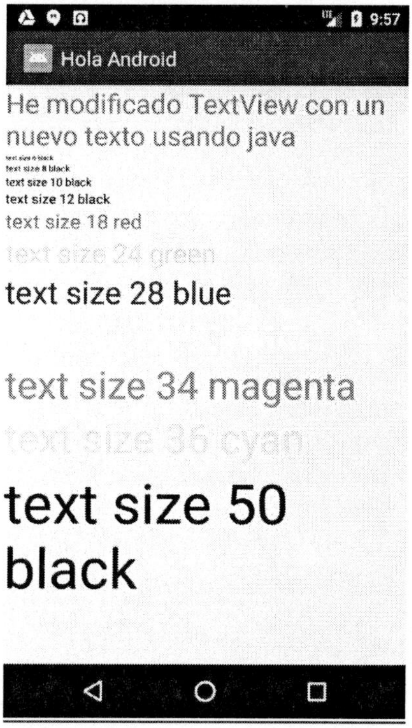

Figura 3.10 Escribir en pantalla usando el método print().

3.8 Escribiendo resultados de operaciones

Para los que son nuevos en Java, recordaremos que los números pueden añadirse a cadenas para formar nuevas cadenas. Por tanto, utilizando `setTex` podemos escribir cualquier texto o el resultado de una operación matemática, por ejemplo:

```
double a=2.25;
double b=1.25;
double c=a+b;
tv.setText("La suma de "+ a + " mas " + b + " es " + c );
```

Aunque `setText` admite solo cadenas, estas se han concatenado con números usando el signo +. También podemos aprovechar una de las funciones `print` definidas en el ejemplo anterior. Aquí tenemos el programa `MainActivity` modificado para escribir el resultado de una operación:

```
public class MainActivity extends Activity {
    @Override
    public void onCreate(Bundle savedInstanceState) {
        super.onCreate(savedInstanceState);
        setContentView(R.layout.main);

        TextView myTextView =
                (TextView)findViewById(R.id.myTextView);
        myTextView.setText(
                "Ejemplo de resultados de operaciones
matemáticas usando java");
        myTextView.setTextColor(Color.argb(255,255,0,0));

        double a=2.25;
        double b=1.25;
        double c=a+b;
        LinearLayout ll = findViewById(R.id.myLinearLayout);
        print(ll,
           "La suma de "+ a + " mas " + b + " es " + c);
    }

    public void print(LinearLayout ll, String texto){

        TextView tv=new TextView(this);
        tv.setTextColor(Color.argb(255,0,0,0));
        tv.setTextSize(18);
        tv.setText(texto);
        ll.addView(tv);
    }
}
```

El resultado se puede ver en la figura 3.11. Esta vez mostramos la captura de pantalla de un dispositivo físico Samsung Galaxy J7.

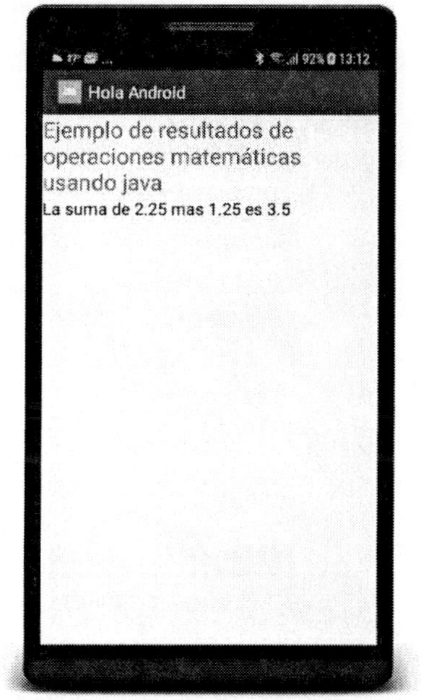

Figura 3.11 Resultado de operaciones matemáticas.

3.9 Ejemplo: una tabla del seno

Como ejemplo algo menos trivial, en lugar de la simple suma anterior, escribamos una tabla de la función seno, *sen(x),* entre 0 y 1:

```
LinearLayout ll=
        (LinearLayout)findViewById(R.id.myLinearLayout);
print(ll,"\n Tabla de sin(x):\n");
for(int i=0;i<10;i++){
    double x=i/10.0;
    double sx=Math.sin(x);
    print(ll, "\n sin( " + x + " ) = " + sx);
}
```

El resultado está en la figura 3.12. Para los nuevos en Java, nótese que el símbolo `\n` indica nueva línea. Este ejemplo sirve, además, para recordar cómo se realiza un ciclo repetitivo (loop) en Java usando `for`.

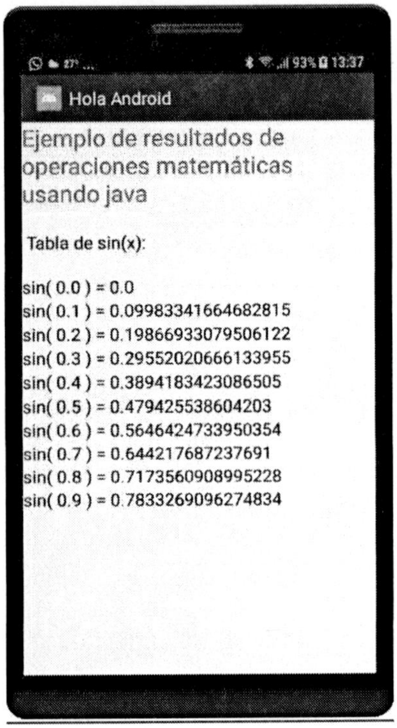

Figura 3.12 Resultado de operaciones matemáticas. Tabla del seno.

3.10 Añadir texto con Append

Crear un objeto TextView para cada línea de texto puede agotar los recursos del dispositivo. Si queremos simplemente añadir texto a un objeto TextView sin cambiar el formato, podemos usar el método `append`. Aquí tenemos un ejemplo:

```
public class MainActivity extends Activity {
    @Override
    public void onCreate(Bundle savedInstanceState) {
        super.onCreate(savedInstanceState);
        setContentView(R.layout.main);

        TextView myTextView =
                (TextView)findViewById(R.id.myTextView);
        myTextView.setText("Texto 1 definido con setText");
```

```
        myTextView.append("\n Texto 2 con append");
        myTextView.append("\n Texto 3 con append");
        myTextView.append("\n Texto 4 con append");
    }
```

El resultado se muestra en la figura 3.13.

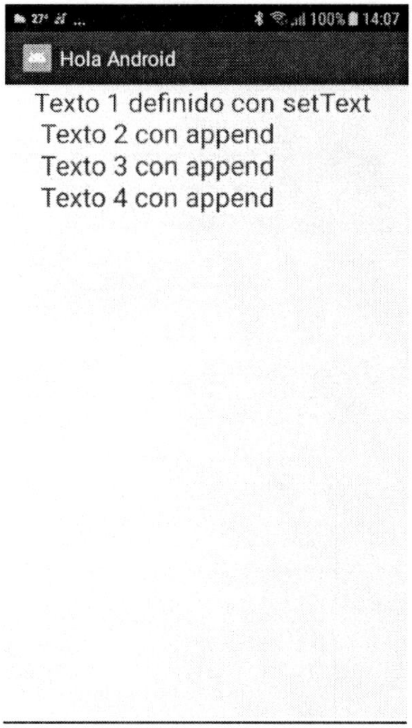

Figura 3.13 Añadir texto a un TextView con append().

3.11 Extendiendo la pantalla con ScrollView

Si escribimos mucho texto en un `Layout`, llega un momento en el que rebosa el espacio de la pantalla y ya no es posible verlo, aunque el texto en teoría está ahí (de forma virtual). Para remediar esto, se puede insertar el `layout` dentro de un `ScrollView`, que permite mover la vista hacia arriba o hacia abajo a lo largo del `layout`. Por ejemplo, la siguiente actividad muestra una tabla de la función seno con cien puntos, que llega a salirse de la pantalla:

```
public class MainActivity extends Activity {
    @Override
    public void onCreate(Bundle savedInstanceState) {
        super.onCreate(savedInstanceState);
```

```
        setContentView(R.layout.main);

        TextView myTextView =
                (TextView)findViewById(R.id.myTextView);
        myTextView.setText("Texto 1 definido con setText");

        for(double x=0; x<1; x=x+0.01){
            double y=Math.sin(x);
            myTextView.append("\n sin("+x+") = "+y);
        }
    }
```

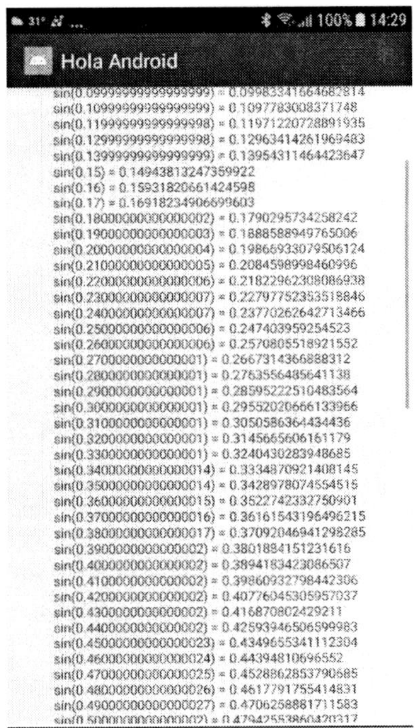

Figura 3.14 Un ScrollView permite extender la vista y acceder a la parte del texto oculta fuera de la pantalla.

Para verla completa basta modificar *main.xml* insertando el `LinearLayout` dentro de un `ScrollView`:

```
<?xml version="1.0" encoding="utf-8"?>
<ScrollView
xmlns:android="http://schemas.android.com/apk/res/android"
    android:layout_width="match_parent"
    android:layout_height="match_parent">
```

```
    <LinearLayout
        android:id="@+id/myLinearLayout"
        android:orientation="vertical"
        android:layout_width="match_parent"
        android:layout_height="match_parent"
        android:background="#ffffaa">

    <TextView
        android:id="@+id/myTextView"
        android:layout_width="wrap_content"
        android:layout_height="wrap_content"
        android:layout_gravity="center"
        android:textColor="#555555"
        android:textSize="12dp"
        android:text="Hola" />

</LinearLayout>
</ScrollView>
```

El resultado se muestra en la figura 3.14. La barra vertical de la derecha indica el sector que se está mostrando.

4. BOTONES

En Android los botones permiten interaccionar con las aplicaciones para realizar acciones. Un botón es un objeto de tipo View que extiende la clase TextView. Por tanto, todo lo que hemos visto para TextView se aplica también a los botones.

4.1 Definición de un botón en el layout

Lo más simple es definir un botón dentro de un `layout` mediante

```
<Button
    android:id="@+id/myButton"
    android:layout_width="match_parent"
    android:layout_height="wrap_content"
    android:text="Botón" />
```

Para ilustrar su uso crearemos un nuevo proyecto llamado *Botones*. En este proyecto crearemos un nuevo fichero XML llamado *`main.xml`*, que contenga un LinearLayout, un TextView y un Button, de la siguiente manera:

```
<?xml version="1.0" encoding="utf-8"?>
<LinearLayout
xmlns:android="http://schemas.android.com/apk/res/android"
    android:orientation="vertical"
    android:layout_width="match_parent"
    android:layout_height="match_parent">

    <TextView
        android:id="@+id/myTextView"
        android:layout_width="match_parent"
        android:layout_height="wrap_content"
        android:textSize="24sp"
        android:text="Pulsa el botón" />

    <Button
        android:id="@+id/myButton"
```

```
        android:layout_width="match_parent"
        android:layout_height="wrap_content"
        android:text="Botón" />
</LinearLayout>
```

Figura 4.1 Un botón simple.

La actividad principal "inflará" este botón junto con el resto del `layout`. Partiremos del siguiente programa MainActivity.java:

```
package es.ugr.amaro.botones;

import android.app.Activity;
import android.os.Bundle;
import android.view.View;
import android.view.View.OnClickListener;
import android.widget.TextView;

public class MainActivity extends Activity implements
OnClickListener{

    @Override
    protected void onCreate(Bundle savedInstanceState) {
        super.onCreate(savedInstanceState);
```

```
        setContentView(R.layout.main);
        TextView myTextView= findViewById(R.id.myTextView);
        myTextView.setText("Ejemplo de botón");
    }

    @Override
    public void onClick(View v) {

    }
}
```

El resultado se muestra en la figura 4.1. Nótese que hemos añadido a la clase `MainActivity` la propiedad

```
implements OnClickListener
```

Esto es necesario para que la actividad "escuche los clics" y responda al pulsar sobre el botón. Para que el botón responda a una acción debemos implementar el método **public void** `onClick(View view),` que se ejecuta cada vez que el botón es pulsado, y que por ahora está vacío. Para completar este ejemplo, primero debemos definir el botón como un objeto de tipo `Button` a partir de su ID en el fichero XML:

```
Button boton=findViewById(R.id.myButton);
```

Luego debemos habilitar este botón para que "escuche" los "clics" en nuestra actividad:

```
boton.setOnClickListener(this);
```

Para finalizar la implementación de la interfaz `OnClickListener`, debemos definir el método `onClick,` que contiene las instrucciones a seguir cuando se pulse el botón:

```
public void onClick(View v) {
    myTextView.setText("Has pulsado el botón");
  }
```

El ejemplo final quedaría así:

```
import android.app.Activity;
import android.os.Bundle;
import android.view.View;
import android.view.View.OnClickListener;
import android.widget.Button;
import android.widget.TextView;

public class MainActivity extends Activity implements
```

```
OnClickListener
    {
        TextView myTextView;
    @Override
    protected void onCreate(Bundle savedInstanceState) {
        super.onCreate(savedInstanceState);
        setContentView(R.layout.main);
        myTextView= findViewById(R.id.myTextView);
        myTextView.setText("Ejemplo de botón");
        Button boton= findViewById(R.id.myButton);
        boton.setOnClickListener(this);
    }

    @Override
    public void onClick(View v) {
        myTextView.setText("Has pulsado el botón");
        }
    }
```

Nótese que en el encabezamiento hemos incluido también las importaciones necesarias para que el programa funcione. Normalmente, Android Studio nos advierte y hace las importaciones necesarias, y nos informa de las opciones si hay más de un paquete con un nombre de clase. Sin embargo, conviene advertir, en el caso de los botones, de que la interfaz `OnClickListener` que hay que importar es

```
import android.view.View.OnClickListener;
```

Un error muy frecuente cuando se comienza a programar en Android es importar la interfaz incorrecta `DialogInterface.OnClickListener;`

En nuestro ejemplo, hemos implementado el método `onClick` para que, al pulsar el botón, se modifique el texto de `myTextView`, que hemos declarado fuera del método `onCreate`, como campo de la clase `MainActivity`, para que esté definido en toda actividad, inclusive en `onClick`:

```
TextView myTextView;
```

Al pulsar el botón, se ejecuta el método `onClick`, que asigna el texto de `myTextView`, y escribe en pantalla el mensaje "has pulsado el botón", como se ve en la figura 4.2.

Figura 4.2 El texto cambia tras pulsar el botón.

4.1 Caso de dos botones

A continuación, añadiremos un segundo botón en *main.xml,* debajo del primero.

```
<?xml version="1.0" encoding="utf-8"?>
<LinearLayout
xmlns:android="http://schemas.android.com/apk/res/android"
    android:orientation="vertical"
    android:layout_width="match_parent"
    android:layout_height="match_parent">

    <TextView
        android:id="@+id/myTextView"
        android:layout_width="match_parent"
        android:layout_height="wrap_content"
        android:textSize="24sp"
        android:text="Pulsa el botón" />

    <Button
        android:id="@+id/myButton1"
        android:layout_width="match_parent"
        android:layout_height="wrap_content"
```

```
        android:text="Botón 1" />

    <Button
        android:id="@+id/myButton2"
        android:layout_width="match_parent"
        android:layout_height="wrap_content"
        android:text="Botón 2" />
</LinearLayout>
```

Igual que en el caso de un botón, hay que definir cada uno de los dos botones como "oyente" mediante `setOnClickListener`:

```
        Button boton1=findViewById(R.id.button1);
        boton1.setOnClickListener(this);
        Button boton2=findViewById(R.id.button2);
        boton2.setOnClickListener(this);
```

Finalmente, definiremos una acción, dependiendo de cuál de los botones se pulse. En el método `onClick(View v)`, el argumento `v` corresponde al botón que se ha pulsado. Para identificar el botón basta comprobar su ID mediante `v.getId()`. El siguiente ejemplo escribe un texto indicando qué botón se ha pulsado.

```
public class MainActivity extends Activity
                        implements OnClickListener{

    TextView myTextView;
    @Override
    protected void onCreate(Bundle savedInstanceState) {
        super.onCreate(savedInstanceState);
        setContentView(R.layout.main);
        myTextView= findViewById(R.id.myTextView);
        myTextView.setText("Ejemplo de botón");

        Button boton1=findViewById(R.id.myButton1);
        boton1.setOnClickListener(this);
        Button boton2=findViewById(R.id.myButton2);
        boton2.setOnClickListener(this);
    }

    @Override
    public void onClick(View v) {
        if (v.getId()==R.id.myButton1)
            myTextView.setText("Has pulsado el botón 1");
        else if (v.getId()==R.id.myButton2)
            myTextView.setText("Has pulsado el botón 2");
    }
}
```

El resultado de pulsar el botón 1 se muestra en la figura 4.3.

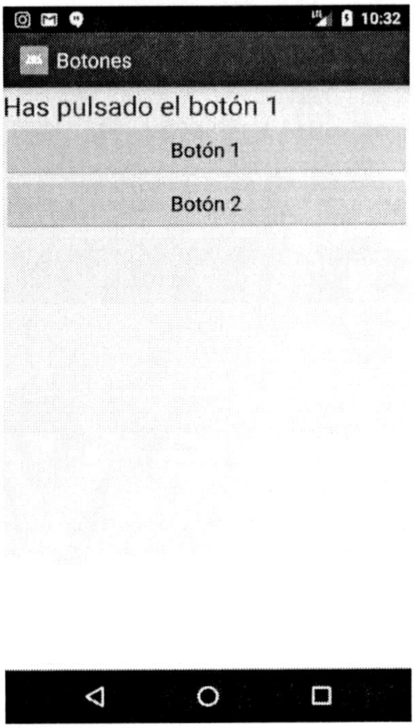

Figura 4.3 El texto cambia según el botón que se ha pulsado.

4.2 Uso de Toast para mostrar un mensaje emergente

En el siguiente ejemplo haremos que nuestra app responda a la pulsación de un botón mostrando un texto en una pantalla emergente durante unos segundos. Esto se puede hacer creando un objeto Toast, ejecutando la instrucción

```
Toast.makeText(this, mensaje, duracion).show();
```

donde `mensaje` es un objeto de tipo String y `duración` es un número entero, que se puede especificar mediante las constantes `Toast.LENGTH_SHORT (=0)` y `Toast.LENGTH_LONG (=1)`. Ilustraremos el funcionamiento de un `Toast` modificando el ejemplo anterior con dos botones. Basta cambiar el método `onClick` de la siguiente forma:

```
public void onClick(View v){

    String mensaje="";
    int duracion=1;
    if(v.getId()==R.id.myButton1) {
```

```
            mensaje="Has pulsado el boton 1";
            duracion=Toast.LENGTH_SHORT;
        }
        else if(v.getId()==R.id.myButton2){
            mensaje="Has pulsado el boton 2";
            duracion=Toast.LENGTH_LONG;
        }
        mensaje=mensaje+" duracion = "+duracion;
        Toast tostada= Toast.makeText(this,mensaje,duracion);
        tostada.show();
    }
```

El resultado después de pulsar el botón 2 se muestra en la figura 4.4.

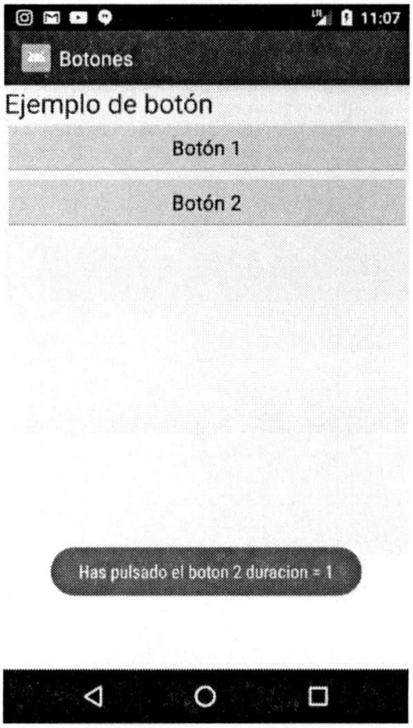

Figura 4.4 Un texto emergente con `Toast` tras pulsar el botón 2.

4.3 Cambiar el texto de un botón

Ya hemos señalado que la clase `Button` es una extensión de la clase `TextView`. Por tanto, se pueden usar todos sus métodos, en particular `setTex()`, de la siguiente forma:

```
((TextView) boton).setText("texto del boton");
```

Nótese que para usar el método hay que convertir el botón a tipo TextView mediante un cast.

En la siguiente aplicación, modificamos el ejemplo anterior para que cada botón muestre el número de veces que se ha pulsado. Basta sustituir el método `onClick` por el siguiente código:

```
int i1=0;
int i2=0;

public void onClick(View v){

    String mensaje="";
    int duracion=1;
    if(v.getId()==R.id.myButton1) {
        i1++;
        ((TextView)v).setText("Pulsado "+i1+" veces");
    }
    else if(v.getId()==R.id.myButton2){
        i2++;
        ((TextView)v).setText("Pulsado "+i2+" veces");
    }
}
```

El resultado se muestra en la figura 4.5.

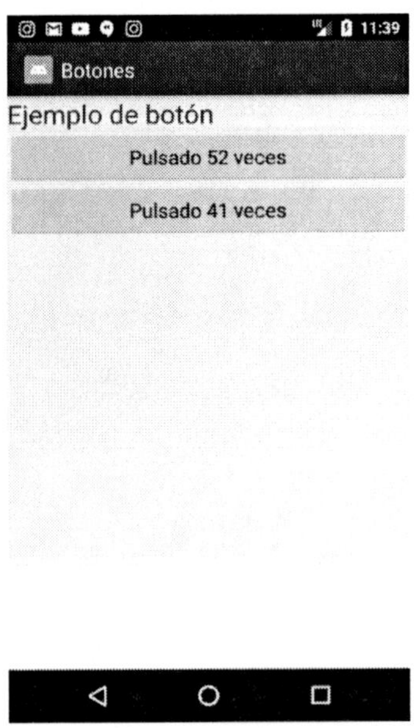

Figura 4.5 Cada botón muestra el número de pulsaciones usando `setText`.

4.4 Cambiar el color de los botones

Con lo que sabemos hasta ahora ya somos capaces de programar una app muy simple con un enfoque más divertido y visual, que juega con las combinaciones de colores. Para cambiar el color de un botón se utiliza el método

```
boton.setBackgroundColor(Color.rgb(red,green,blue)).
```

Como ilustración de este método, partiremos del ejemplo anterior añadiendo un tercer botón con ID `myButton3`:

```
myTextView.setText("Cambie el color de los botones");
Button boton3=findViewById(R.id.myButton3);
boton3.setOnClickListener(this);
```

Luego, redefiniremos el método `onClick` para que el primer botón aumente el componente `red` del color, el segundo el `green` y el tercero el `blue`. Pulsando sobre los distintos botones estos cambian de color. El programa permite explorar la gama de colores avanzando de cinco en cinco. Este es el código que sustituye a `onClick`:

```
int i1=0;
int i2=0;
int i3=0;
int dcolor=5;
int cmax=255;
int red=cmax;
int green=cmax;
int blue=cmax;

public void onClick(View v){

  if(v.getId()==R.id.button1) {
     i1++;
     red=dcolor*i1%cmax;
     }
  else if(v.getId()==R.id.button2){
     i2++;
     green=dcolor*i2%cmax;
  }
  else if(v.getId()==R.id.button3){
     i3++;
     blue=dcolor*i3%cmax;
  }

  ((TextView)v).setText("color "+red+","+green+","+blue);
  v.setBackgroundColor(Color.rgb(red,green,blue));
  }
```

Nótese que cada coordenada de color (red, green, blue) se calcula utilizando la función módulo (denotada en java mediante el símbolo %), ya que debe ser un número entre 0 y 255 (que es el valor de cmax).

```
blue=dcolor*i3%cmax;
```

El resultado se ve en la figura 4.6. Advertimos que este simple juego puede causar adicción si lo instala en su teléfono.

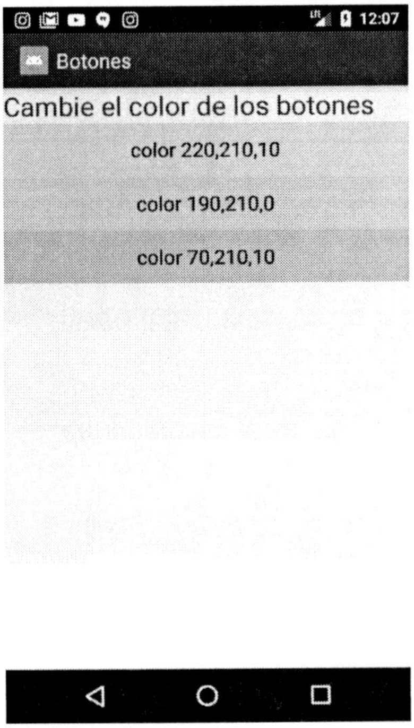

Figura 4.6 Pulsando los botones, cambian de color.

4.5 Calculadora

En esta sección presentamos un ejemplo más funcional del uso de botones en Android: una calculadora con botones para números y operaciones. Esto nos permitirá también introducir el uso de tablas en Android. Crearemos un nuevo proyecto llamado *Calculadora*. Primero definimos los botones en `main.xml`, dispuestos en una tabla, usando un `TableLayout`. Cada fila se especifica con `TableRow`. La primera fila es un título. La segunda fila muestra los números que vamos introduciendo. La tercera fila es un texto para el resultado de los cálculos, que expande tres columnas, y el botón `"="`. Las siguientes filas contienen botones para las teclas numéricas, las operaciones aritméticas, el punto decimal y la tecla de borrado.

```
<?xml version="1.0" encoding="utf-8"?>
<TableLayout
xmlns:android="http://schemas.android.com/apk/res/android"
android:id="@+id/tableLayout1"
android:background="#ffffdd"
android:stretchColumns="*"
android:layout_gravity="center"
android:layout_width="fill_parent"
android:layout_height="match_parent">

<TextView
    android:textColor="#000000"
    android:background="#ffbb44"
    android:textSize="24sp"
    android:layout_gravity="center"
    android:layout_width="fill_parent"
    android:layout_height="wrap_content"
    android:text="Android Calculator"
    />

<TextView
    android:id="@+id/myTextView"
    android:textColor="#000000"
    android:background="#ffffee"
    android:textSize="24sp"
    android:layout_gravity="left"
    android:layout_width="fill_parent"
    android:layout_height="wrap_content"
    android:text="Pulse para empezar a calcular"
    />

<TableRow>
    <TextView
        android:layout_span="3"
        android:id="@+id/myTextView2"
        android:background="#ffdd66"
        android:textColor="#000000"
        android:textSize="24sp"
        android:layout_gravity="left"
        android:layout_width="fill_parent"
        android:layout_height="wrap_content"
        android:text="Resultado"
        />
    <Button
        android:text="="
```

```
        android:textSize="24sp"
        android:layout_span="1"
        android:id="@+id/buttonIgual" />
</TableRow>

<TableRow>
    <Button
        android:text="1"
        android:textSize="24sp"
        android:id="@+id/button1" />
    <Button
        android:text="2"
        android:textSize="24sp"
        android:id="@+id/button2" />
    <Button
        android:text="3"
        android:textSize="24sp"
        android:id="@+id/button3" />
    <Button
        android:text="+"
        android:textSize="24sp"
        android:id="@+id/buttonSuma" />
</TableRow>

<TableRow>
    <Button
        android:text="4"
        android:textSize="24sp"
        android:id="@+id/button4" />
    <Button
        android:text="5"
        android:textSize="24sp"
        android:id="@+id/button5" />
    <Button
        android:text="6"
        android:textSize="24sp"
        android:id="@+id/button6" />
    <Button
        android:text="--"
        android:textSize="24sp"
        android:id="@+id/buttonResta" />
</TableRow>

<TableRow>
    <Button
        android:text="7"
        android:textSize="24sp"
        android:id="@+id/button7" />
```

```
    <Button
        android:text="8"
        android:textSize="24sp"
        android:id="@+id/button8" />
    <Button
        android:text="9"
        android:textSize="24sp"
        android:id="@+id/button9"/>
    <Button
        android:text="x"
        android:textSize="24sp"
        android:id="@+id/buttonMultiplica" />
</TableRow>

<TableRow>
    <Button
        android:text="0"
        android:textSize="24sp"
        android:id="@+id/button0" />
    <Button
        android:text="."
        android:textSize="24sp"
        android:id="@+id/buttonPunto" />
    <Button
        android:text="C"
        android:textSize="24sp"
        android:id="@+id/buttonBorra" />
    <Button
        android:text="/"
        android:textSize="24sp"
        android:id="@+id/buttonDivide" />
</TableRow>
</TableLayout>
```

Este layout se muestra en la figura 4.7.

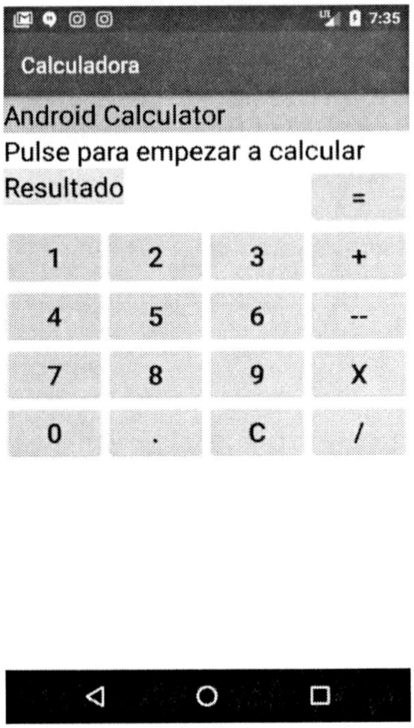

Figura 4.7 Diseño de una calculadora con `TableLayout`.

La actividad `Calculadora.java` contiene un algoritmo muy simple para cálculos elementales. Primero definimos todos los botones en `onCreate`. Seguidamente se define la acción de cada botón en el método `onClick`. Para los botones numéricos, esta consiste en añadir una cifra al número actual que se va almacenando en `myTextView`. Al pulsar un operador, `"+,-,x,/,="`, se invoca el método `calcula`, que realiza la operación anterior y actualiza las variables. Los números que se van introduciendo se almacenan en las variables de clase `m1, m2`. El operador anterior introducido se guarda en la variable `char op1`. La calculadora es muy rudimentaria, pero realiza correctamente las operaciones indicadas. He aquí el listado:

```
package es.ugr.amaro.calculadora;

import android.support.v7.app.AppCompatActivity;
import android.os.Bundle;
import android.view.View;
import android.view.View.OnClickListener;
import android.widget.Button;
import android.widget.TextView;
import android.widget.Toast;
```

```
public class MainActivity extends AppCompatActivity
implements OnClickListener {

    TextView myTextView,myTextView2;

    @Override
    public void onCreate(Bundle savedInstanceState) {
        super.onCreate(savedInstanceState);
        setContentView(R.layout.main);

        myTextView=findViewById(R.id.myTextView);
        myTextView.setText("");
        myTextView2=findViewById(R.id.myTextView2);
        myTextView2.setText("");

        Button boton1=findViewById(R.id.button1);
        boton1.setOnClickListener(this);
        Button boton2=findViewById(R.id.button2);
        boton2.setOnClickListener(this);
        Button boton3=findViewById(R.id.button3);
        boton3.setOnClickListener(this);
        Button boton4=findViewById(R.id.button4);
        boton4.setOnClickListener(this);
        Button boton5=findViewById(R.id.button5);
        boton5.setOnClickListener(this);
        Button boton6=findViewById(R.id.button6);
        boton6.setOnClickListener(this);
        Button boton7=findViewById(R.id.button7);
        boton7.setOnClickListener(this);
        Button boton8=findViewById(R.id.button8);
        boton8.setOnClickListener(this);
        Button boton9=findViewById(R.id.button9);
        boton9.setOnClickListener(this);
        Button boton0=findViewById(R.id.button0);
        boton0.setOnClickListener(this);
        Button botonSuma=findViewById(R.id.buttonSuma);
        botonSuma.setOnClickListener(this);
        Button botonResta=findViewById(R.id.buttonResta);
        botonResta.setOnClickListener(this);
        Button botonMultiplica=
                findViewById(R.id.buttonMultiplica);
        botonMultiplica.setOnClickListener(this);
        Button botonDivide=findViewById(R.id.buttonDivide);
        botonDivide.setOnClickListener(this);
        Button botonPunto=findViewById(R.id.buttonPunto);
        botonPunto.setOnClickListener(this);
        Button botonBorra=findViewById(R.id.buttonBorra);
        botonBorra.setOnClickListener(this);
```

```
        Button botonIgual=findViewById(R.id.buttonIgual);
        botonIgual.setOnClickListener(this);

    }

    double result,m1=0,m2=0;
    char op1='+';

    public void onClick(View v){

        if(v.getId()==R.id.button1)
            myTextView.append("1");
        else if(v.getId()==R.id.button2)
            myTextView.append("2");
        else if(v.getId()==R.id.button3)
            myTextView.append("3");
        else if(v.getId()==R.id.button4)
            myTextView.append("4");
        else if(v.getId()==R.id.button5)
            myTextView.append("5");
        else if(v.getId()==R.id.button6)
            myTextView.append("6");
        else if(v.getId()==R.id.button7)
            myTextView.append("7");
        else if(v.getId()==R.id.button8)
            myTextView.append("8");
        else if(v.getId()==R.id.button9)
            myTextView.append("9");
        else if(v.getId()==R.id.button0)
            myTextView.append("0");
        else if(v.getId()==R.id.buttonPunto)
            myTextView.append(".");
        else if(v.getId()==R.id.buttonBorra){
            myTextView.setText("");
            myTextView2.setText("");
            m1=0;
            op1='+';
        }
        else if(v.getId()==R.id.buttonSuma) calcula('+');
        else if(v.getId()==R.id.buttonResta) calcula('-');
        else if(v.getId()==R.id.buttonMultiplica)
                                            calcula('*');
        else if(v.getId()==R.id.buttonDivide) calcula('/');
        else if(v.getId()==R.id.buttonIgual) calcula('=');
    }
    public void calcula(char op){

        double result=m1;
```

```
        String cadena= myTextView.getText().toString();
        try{
            m2=Double.parseDouble(cadena);
            if(op1=='+') result=m1+m2;
            else if(op1=='-') result=m1-m2;
            else if(op1=='*') result=m1*m2;
            else if(op1=='/') result=m1/m2;
            m1=result;
            op1=op;
            if(op == '='){
                myTextView.setText(""+m1);
                myTextView2.setText(""+m1);
            }else{
                myTextView.setText("");
                myTextView2.setText(""+m1+op1);
            }
        } catch(NumberFormatException nfe){
            Toast.makeText(this,"Tecla incorrecta",
Toast.LENGTH_LONG).show();
        }
    }
}
```

La calculadora en funcionamiento se muestra en la figura 4.8. Nótese que en esta app hemos implementado la clase de compatibilidad `AppCompatActivity` para nuestra actividad, en lugar de `Activity`. Esto no supone ninguna diferencia salvo en el aspecto gráfico.

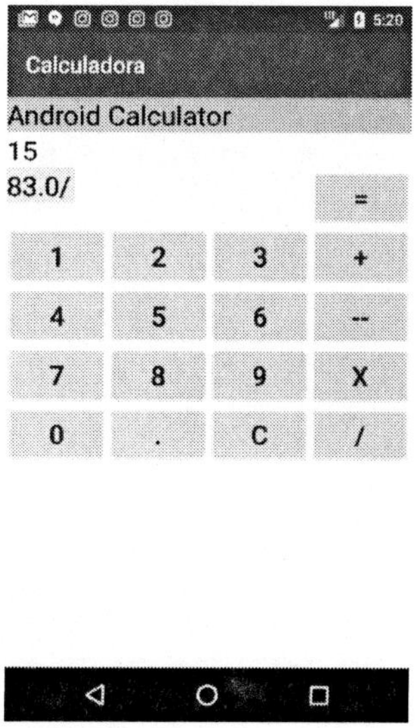

Figura 4.8 Operando con la calculadora.

Hemos previsto que se puedan cometer errores al introducir los datos (por ejemplo, pulsar varios operadores seguidos). Para evitar que la aplicación Android aborte en caso de error, recordamos que Java permite realizar el cálculo dentro de un bloque `try - catch`. Si se produciera un error, se devolvería una excepción de tipo `NumberFormatException` al tratar de transformar en un número la cadena introducida. En caso de error, mostramos un mensaje en la pantalla mediante un `Toast`, pero se puede seguir calculando. Un ejemplo de mensaje de error se muestra en la figura 4.9.

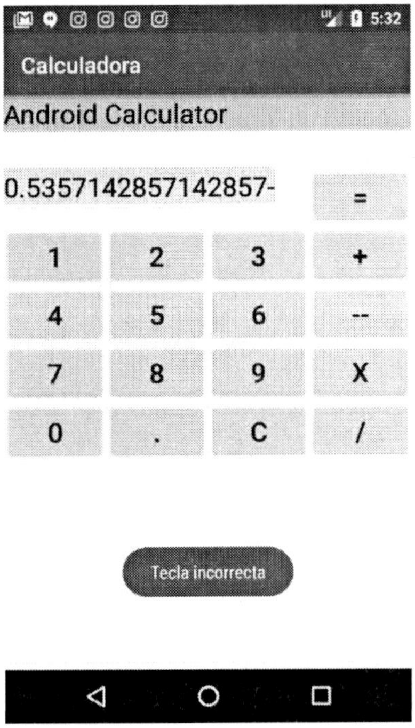

Figura 4.9 Mensaje de error tras una operación inválida con la calculadora.

4.6 Implementar OnClick

En los ejemplos de este capítulo hemos visto que la acción a realizar tras pulsar un botón se define en `onClick(View v)`, que hemos implementado como un método de la clase Activity. En todos los casos hemos declarado que Activity implementa la interfaz View.OnClickListener. Para asignar la acción al botón empleamos la instrucción

```
boton.setOnClickListener(this);
```

El argumento de setOnClickListener es un objeto de una clase que implementa la interfaz View.OnClickListener. En este caso el argumento es `this`, es decir, el objeto de la clase actual, que es Activity. Por tanto, la instrucción anterior asigna al botón el método onClick que implementa Activity.

Pero el método onClick no tiene por qué ser implementado en la clase Activity, sino que puede implementarse en cualquier otra clase de nuestro proyecto. Incluso podríamos tener distintas clases que implementen la interfaz View.OnClickListener para cada botón. Otra opción sería usar una clase anónima para implementar onClick directamente en el argumento de setOnClickListener. Las interfaces y las clases anónimas de Java se discuten en el apendice A. Puede consultar las secciones A.19 y A.20 si no está familiarizado con estos conceptos de Java.

En aras de la claridad, en los ejemplos de este libro preferimos implementar OnClickListener en la actividad actual. Sin embargo, conviene comprender cómo se implementa una interfaz en el argumento de un método con clases anónimas, ya que esto lo veremos a menudo en bloques de código escritos por programadores experimentados.

Veamos un sencillo ejemplo. Creamos un nuevo proyecto con un layout formado por un botón y un texto, como en el siguiente fichero *main.xml*:

```
<?xml version="1.0" encoding="utf-8"?>
<LinearLayout
xmlns:android="http://schemas.android.com/apk/res/android"
    android:orientation="vertical"
    android:background="#ffffaa"
    android:layout_width="match_parent"
    android:layout_height="match_parent">

    <Button
        android:id="@+id/boton"
        android:text="Botón 1"
        android:layout_width="wrap_content"
        android:layout_height="wrap_content" />

    <TextView
        android:id="@+id/tv"
        android:text="Botón implementado en el argumento"
        android:textSize="24dp"
        android:layout_width="match_parent"
        android:layout_height="wrap_content" />

</LinearLayout>
```

El programa Java principal MainActivity.java es el siguiente:

```
package es.ugr.amaro.botonenargumento;

import android.app.Activity;
import android.os.Bundle;
import android.view.View;
import android.widget.Button;
import android.widget.TextView;

public class MainActivity extends Activity {
    TextView tv;

    @Override
    protected void onCreate(Bundle savedInstanceState) {
        super.onCreate(savedInstanceState);
        setContentView(R.layout.main);
        tv=findViewById(R.id.tv);
        Button boton=findViewById(R.id.boton);
        boton.setOnClickListener(new View.OnClickListener() {
            public void onClick(View view) {
                tv.setText("Has pulsado el botón 1");
            }
        });
    }
}
```

Vemos que la implementación del método onClick se realiza dentro del argumento de `setOnClickListener`, donde creamos un nuevo objeto de una clase anónima de tipo `View.OnclickListener` mediante el siguiente código:

```
 boton.setOnClickListener(new View.OnClickListener() {
             public void onClick(View view) {
             tv.setText("Has pulsado el botón 1");}
         });
```

Esta es la forma más compacta de implementar el método onClick, aunque al principio puede parecer confusa debido a la peculiar colocación de los paréntesis y los punto y coma finales. El resultado tras pulsar el botón se ilustra en la figura 4.10.

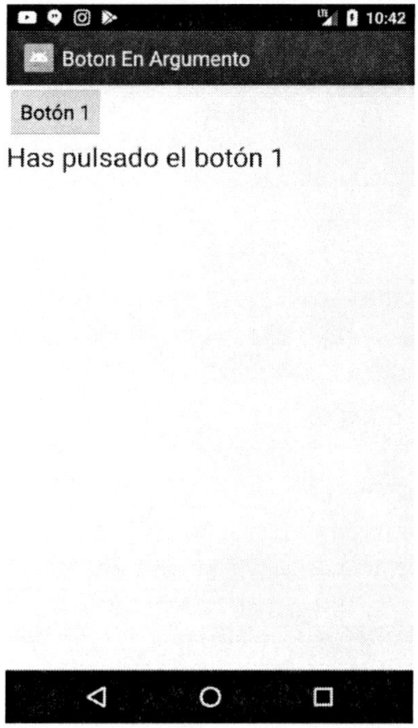

Figura 4.10 OnClick implementado en el argumento.

Para finalizar, ilustramos otra forma de implementar botones con objetos de clases distintas de Activity. Para ello, añadiremos al layout del ejemplo anterior un segundo botón, boton2, debajo del primero, boton1. Después, modificaremos el programa MainActivity de la siguiente forma:

```
public class MainActivity extends Activity {
    TextView tv;

    @Override
    protected void onCreate(Bundle savedInstanceState) {
        super.onCreate(savedInstanceState);
        setContentView(R.layout.main);
        tv=findViewById(R.id.tv);

        Button boton1=findViewById(R.id.boton1);
        Button boton2=findViewById(R.id.boton2);
        boton1.setOnClickListener(new Listener1());
        boton2.setOnClickListener(new Listener2());
    }

    class Listener1 implements View.OnClickListener{
        public void onClick(View view) {
            tv.setText("Has pulsado el boton1");
```

```
            }
        }
        class Listener2 implements View.OnClickListener{
            public void onClick(View view) {
                tv.setText("Has pulsado el boton2");
            }
        }
}
```

Aquí hemos definido dos clases dentro de nuestra actividad, llamadas `Listener1` y `Listener2`, que implementan el método onClick del primer y segundo botón, respectivamente. Luego se invoca el método `setOnClickListener` de cada botón, creando en su argumento un objeto de la clase correspondiente. El resultado de este programa puede verse en la figura 4.11.

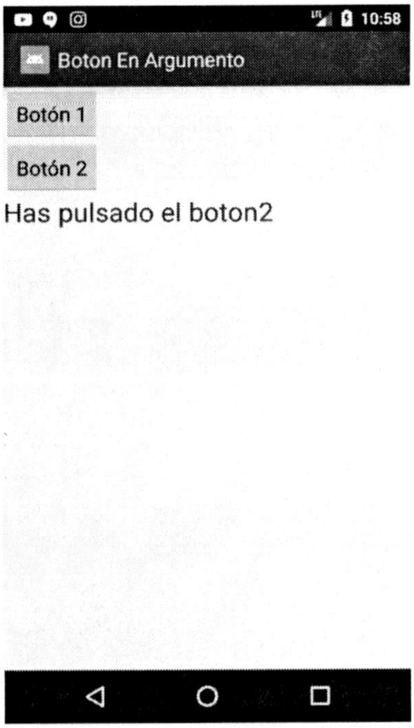

Figura 4.11 Dos botones implementados con dos clases distintas.

5. BARRA DE ACCIÓN E ICONOS

La barra de app, también llamada barra de acción o *toolbar* en las versiones más modernas de Android, es un elemento rectangular de tipo View situado sobre el layout, donde podemos colocar menús y botones con iconos. Hasta ahora hemos visto cómo colocar botones dentro del layout. Pero los botones de la barra de acción son mas fácilmente localizables mediante iconos y los usuarios están familiarizados con su uso, ya que muchas apps populares utilizan este sistema.

5.1 Barra de app básica

Para configurar la barra de acción lo más fácil es crear una nueva aplicación con Android Studio, eligiendo la opción “Basic Activity”, como se muestra en la figura 5.1. A continuación, en la ventana de configuración de la actividad se nos informa de que se va a generar una actividad básica con una barra de app (figura 5.2).

Figura 5.1 Eligiendo el estilo de app Basic Activity.

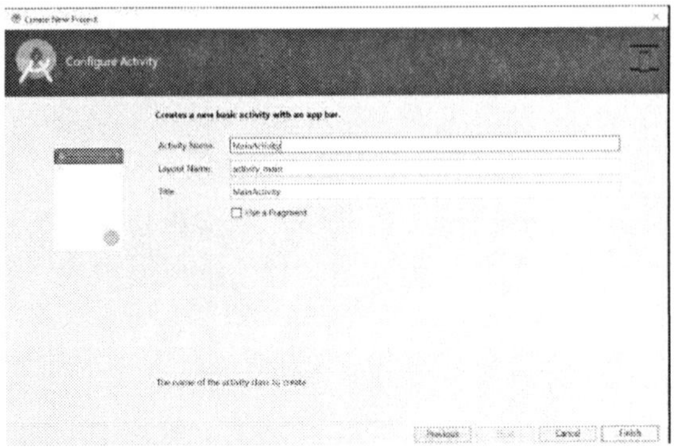

Figura 5.2 Configuración de una actividad básica con una barra de app.

Al pulsar "Finish" se crea un nuevo proyecto, que incluye no solo una barra de acción, sino también un botón flotante en la parte inferior. Al ejecutar esta app básica en el emulador el resultado es el de la figura 5.3. Vemos que el layout es similar al de la actividad básica y que muestra el texto "Hello world" en el centro de la pantalla, pero ahora la barra de app contiene el icono "overflow", simbolizado por tres puntos colocados verticalmente.

El layout también contiene un botón circular "de acción flotante" en la esquina inferior derecha con el icono "email". Este botón es independiente de la barra de app, pero se está extendiendo su uso en todas las aplicaciones con una acción fundamental fácilmente accesible (como enviar un email).

Al examinar el esqueleto de esta aplicación, aparentemente simple, descubrimos que la mayor dificultad en su implementación consiste en que la información está diseminada por muchos ficheros xml y esto puede desbordar la capacidad de comprensión del no iniciado. En efecto, la estructura modular de Android en formato xml permite hacer modificaciones de manera directa en aspectos visuales de la app sin necesidad de modificar los programas Java. Sin embargo, hay que saber cómo hacerlo, y este es uno de los aspectos que más dificultan la aproximación al sistema. En las siguientes secciones veremos ejemplos más sencillos para implementar la barra de app reduciendo al máximo la diseminación de información en ficheros xml, lo que nos permitirá comprender mejor lo que está pasando. Sin embargo, será útil examinar antes los ficheros más importantes de esta aplicación. Más adelante, cuando el lector esté más familiarizado con el sistema, podrá volver sobre sus pasos y profundizar en las ventajas que ofrece el sistema modular de esta app.

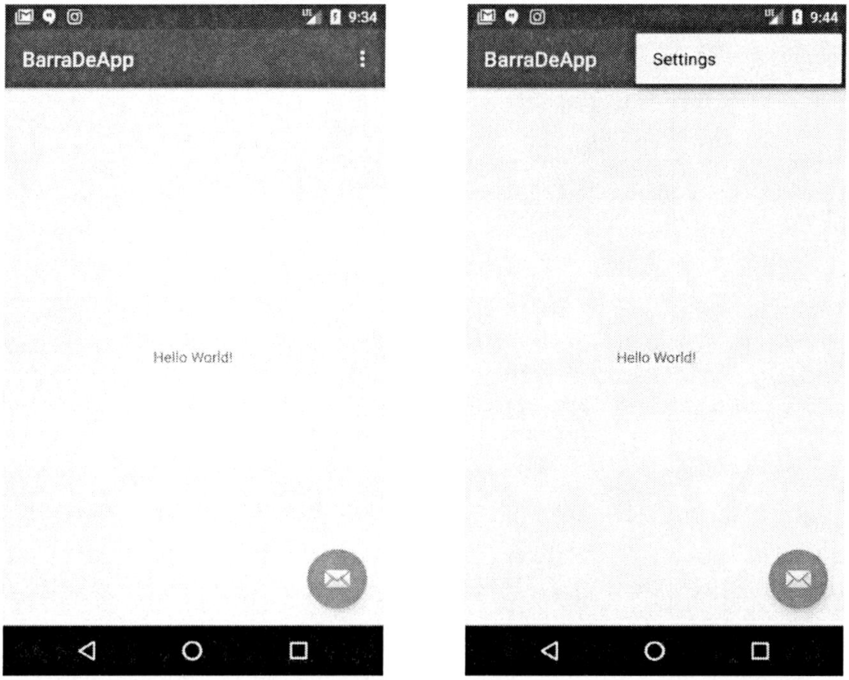

Figura 5.3 Actividad básica con una barra de app que esconde un menú.

En primer lugar, observamos que el layout está definido en dos ficheros: *activity_main.xml* y *content_main.xml.*

El fichero *activity_main.xml* contiene cinco elementos, que son CoordinatorLayout, AppBarLayout, ToolBar, un include del *content_main.xml* y un FloatingActionButton:

```
<?xml version="1.0" encoding="utf-8"?>
<android.support.design.widget.CoordinatorLayout
xmlns:android="http://schemas.android.com/apk/res/android"
    xmlns:app="http://schemas.android.com/apk/res-auto"
    xmlns:tools="http://schemas.android.com/tools"
    android:layout_width="match_parent"
    android:layout_height="match_parent"
    tools:context=".MainActivity">

    <android.support.design.widget.AppBarLayout
        android:layout_width="match_parent"
        android:layout_height="wrap_content"
        android:theme="@style/AppTheme.AppBarOverlay">

        <android.support.v7.widget.Toolbar
```

```
            android:id="@+id/toolbar"
            android:layout_width="match_parent"
            android:layout_height="?attr/actionBarSize"
            android:background="?attr/colorPrimary"
            app:popupTheme="@style/AppTheme.PopupOverlay" />

    </android.support.design.widget.AppBarLayout>

    <include layout="@layout/content_main" />

    <android.support.design.widget.FloatingActionButton
        android:id="@+id/fab"
        android:layout_width="wrap_content"
        android:layout_height="wrap_content"
        android:layout_gravity="bottom|end"
        android:layout_margin="@dimen/fab_margin"
        app:srcCompat="@android:drawable/ic_dialog_email" />

</android.support.design.widget.CoordinatorLayout>
```

CoordinatorLayout y AppBarLayout son tipos especiales de layouts necesarios para implementar acciones que no trataremos aquí. El elemento importante para nosotros es ToolBar, que construye de forma efectiva la barra de la app. Luego vemos que hay una etiqueta include, que permite insertar otro fichero de layout, en este caso *content_main.xml.* Finalmente, FloatingActionButton define el botón de acción flotante.

El fichero *content_main.xml* contiene un ConstraintLayout y un TextView, que es exactamente el mismo que el de la app "Hola Android" que ya hemos visto.

La estructura del menú que va a aparecer en la barra de acción está definida en el fichero *res/menu/menu_main.xml*, que contiene un elemento <menu> con un único botón definido por un elemento <item>:

```
<menu
xmlns:android="http://schemas.android.com/apk/res/android"
    xmlns:app="http://schemas.android.com/apk/res-auto"
    xmlns:tools="http://schemas.android.com/tools"
    tools:context="es.ugr.amaro.barradeapp.MainActivity">
    <item
        android:id="@+id/action_settings"
        android:orderInCategory="100"
        android:title="@string/action_settings"
        app:showAsAction="never" />
</menu>
```

El programa principal Java es el siguiente:

```
package es.ugr.amaro.barradeapp;

import android.os.Bundle;
import android.support.design.widget.FloatingActionButton;
import android.support.design.widget.Snackbar;
import android.support.v7.app.AppCompatActivity;
import android.support.v7.widget.Toolbar;
import android.view.View;
import android.view.Menu;
import android.view.MenuItem;

public class MainActivity extends AppCompatActivity {

    @Override
    protected void onCreate(Bundle savedInstanceState) {
       super.onCreate(savedInstanceState);
       setContentView(R.layout.activity_main);
       Toolbar toolbar = (Toolbar)findViewById(R.id.toolbar);
       setSupportActionBar(toolbar);

       FloatingActionButton fab =
             (FloatingActionButton) findViewById(R.id.fab);
       fab.setOnClickListener(new View.OnClickListener() {
           @Override
           public void onClick(View view) {
              Snackbar.make(view, "Replace with your own
                    action", Snackbar.LENGTH_LONG)
                   .setAction("Action", null).show();
           }
        });
    }

    @Override
    public boolean onCreateOptionsMenu(Menu menu) {
    // Inflate the menu; this adds items to the action bar
        getMenuInflater().inflate(R.menu.menu_main, menu);
        return true;
    }

    @Override
    public boolean onOptionsItemSelected(MenuItem item) {
   // Handle action bar item clicks here.
        int id = item.getItemId();
        if (id == R.id.action_settings) {
            return true;
```

```
        }

        return super.onOptionsItemSelected(item);
    }
}
```

En este programa, en primer lugar se implementa nuestra actividad del tipo AppCompatActivity. Después de inflar el layout, se construye un objeto de tipo `Toolbar`, inflando el Toolbar que hemos definido en el fichero *activity_main.xml* mediante la instrucción

```
Toolbar toolbar = (Toolbar)findViewById(R.id.toolbar);
```

Seguidamente, se hace que el objeto toolbar actúe como barra de acción mediante

```
setSupportActionBar(toolbar);
```

A continuación, se define el botón flotante:

```
FloatingActionButton fab =
            (FloatingActionButton) findViewById(R.id.fab);
```

Luego se implementa la interfaz View.OnClickListener para este botón usando una clase anónima que define el método onClick, como hemos visto en la sección anterior:

```
fab.setOnClickListener(new View.OnClickListener() {…});
```

También se implementan los métodos para inflar el menú de la barra de acción:

```
onCreateOptionsMenu(Menu menu)
```

y, finalmente, el método para definir las acciones al pulsar los ítems del menú:

```
onOptionsItemSelected(MenuItem item)
```

Veremos estos dos métodos en más detalle en la siguiente sección. Otros ficheros importantes se encuentran en la carpeta res/values. El fichero *strings.xml* almacena en forma de strings los títulos que aparecen en el menú:

```
<resources>
    <string name="app_name">BarraDeApp</string>
    <string name="action_settings">Settings</string>
</resources>
```

El archivo colors.xml define colores genéricos que se utilizarán en nuestra app:

```
<?xml version="1.0" encoding="utf-8"?>
<resources>
    <color name="colorPrimary">#3F51B5</color>
    <color name="colorPrimaryDark">#303F9F</color>
    <color name="colorAccent">#FF4081</color>
</resources>
```

Finalmente, el archivo styles.xml define diversos temas o estilos que se utilizarán en nuestra actividad, en la barra de app, etc.

6.2 Barra simple en un layout

En esta sección veremos una forma alternativa de implementar la barra de acción, que es más simple y más fácil de entender. Incluiremos solamente una ToolBar y dejaremos el botón flotante para después. Para el siguiente ejemplo podemos crear un proyecto nuevo con una actividad vacía o modificar el proyecto anterior, reduciendo al máximo el número ficheros. Solo necesitaremos lo que detallamos a continuación.

Un fichero de layout milayout.xml con los siguientes elementos:

```
<?xml version="1.0" encoding="utf-8"?>
<LinearLayout
xmlns:android="http://schemas.android.com/apk/res/android"
    xmlns:app="http://schemas.android.com/apk/res-auto"
    xmlns:tools="http://schemas.android.com/tools"
    android:orientation="vertical"
    android:layout_width="match_parent"
    android:layout_height="match_parent">

    <android.support.v7.widget.Toolbar

        android:id="@+id/toolbar"
        android:layout_width="match_parent"
        android:layout_height="wrap_content"
        app:titleTextColor="#ffffff"
        android:background="#0000ff"
        android:theme=
             "@style/ThemeOverlay.AppCompat.Dark.ActionBar"
        app:popupTheme=
             "@style/ThemeOverlay.AppCompat.Light"/>

    <TextView
        android:id="@+id/textview"
        android:textSize="40dp"
        android:text="La barra de app con un menú"
```

```
        android:layout_width="wrap_content"
        android:layout_height="wrap_content" />

</LinearLayout>
```

En el layout hemos puesto solamente un LinearLayout con una ToolBar y un TextView. La ToolBar contiene los atributos color del texto blanco y fondo azul. También contiene el atributo theme, que define el estilo oscuro. Esto es necesario para que el icono del menú aparezca de color blanco:

```
 android:theme=
         "@style/ThemeOverlay.AppCompat.Dark.ActionBar"
```

Por último, hemos definido el atributo popupTheme con un estilo Light para que el fondo del menú emergente aparezca blanco:

```
  app:popupTheme=
           "@style/ThemeOverlay.AppCompat.Light"
```

Dentro del fichero *AndroidManifest.xml,* dentro de las secciones “application” y “activity” hay que cambiar la propiedad theme a la siguiente:

```
android:theme="@style/Theme.AppCompat.Light.NoActionBar"
```

Esto es necesario para que la barra de acción sea gestionada por nuestra ToolBar. Si no hacemos este cambio el resultado no será el esperado.

Los ítems que aparecerán en el menú los hemos definido en el fichero *res/menu/menu_main.xml*:

```
<menu
xmlns:android="http://schemas.android.com/apk/res/android"
    xmlns:app="http://schemas.android.com/apk/res-auto"
    xmlns:tools="http://schemas.android.com/tools"
    tools:context="es.ugr.amaro.barradeaccion.MainActivity">

    <item
        android:id="@+id/boton1"
        android:orderInCategory="8"
        android:title="botón 1"
        app:showAsAction="never" />
    <item
        android:id="@+id/boton2"
        android:orderInCategory="1"
        android:title="botón 2"
        app:showAsAction="never" />
    <item
        android:id="@+id/boton3"
```

```
        android:orderInCategory="0"
        android:title="botón 3"
        app:showAsAction="never" />
</menu>
```

Cada ítem corresponderá a un botón en el menú emergente. Vemos que hemos puesto tres botones con los títulos *botón 1, botón 2* y *botón 3*. Cada uno tiene una id y un número de orden. Hemos asignado de manera aleatoria los números 8, 1 y 0 para ver qué sucede.

Finalmente, el siguiente fichero Java contiene la actividad de tipo `AppCompatActivity`. En el método `onCreate` se inflan el layout y la toolbar y se prepara la barra de acción. En el método `onCreateOptionsMenu` se infla el menú. Finalmente, en el método `onOptionsItemSelected` se definen las acciones al pulsar los botones del menú. En este ejemplo modificamos el TextView para escribir en la pantalla el número del botón que se ha pulsado.

```
package es.ugr.amaro.barradeaccion;

import android.os.Bundle;
import android.support.v7.app.AppCompatActivity;
import android.support.v7.widget.Toolbar;
import android.view.View;
import android.view.Menu;
import android.view.MenuItem;
import android.widget.TextView;

public class MainActivity extends AppCompatActivity {

    TextView tv;

    @Override
    protected void onCreate(Bundle savedInstanceState) {
        super.onCreate(savedInstanceState);
        setContentView(R.layout.milayout);
       Toolbar toolbar = (Toolbar)findViewById(R.id.toolbar);
        setSupportActionBar(toolbar);
        tv=findViewById(R.id.mitextview);

    @Override
    public boolean onCreateOptionsMenu(Menu menu) {

        getMenuInflater().inflate(R.menu.menu_main, menu);
        return true;
    }

    @Override
    public boolean onOptionsItemSelected(MenuItem item) {
```

```
        int id = item.getItemId();

        if (id == R.id.boton1) {
            tv.append("\n Pulsado el botón 1");
            return true;
        }
        if (id == R.id.boton2) {
            tv.append("\n Pulsado el botón 2");
            return true;
        }
        if (id == R.id.boton3) {
            tv.append("\n Pulsado el botón 3");
            return true;
        }

        return super.onOptionsItemSelected(item);
    }
}
```

El resultado se ve en la figura 5.4. Vemos que el orden de los botones corresponde a la numeración que hemos introducido al definir los ítems del menú. Es decir, han sido ordenados según los números 0, 1 y 8.

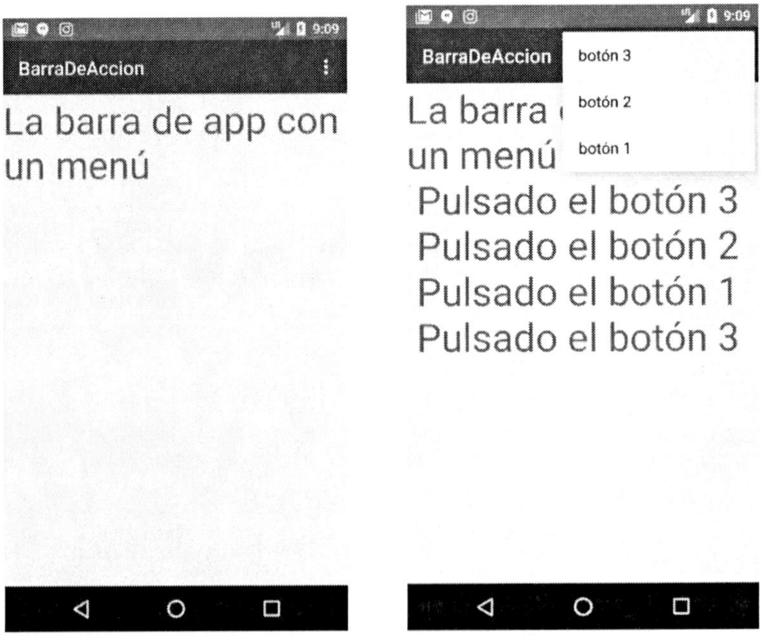

Figura 5.4 Barra de acción con un botón de menú y resultado al pulsar los botones del menú.

5.3 Un botón con icono en la barra

Para poner un botón en la barra de app primero generamos un icono con la herramienta Asset Studio (estudio de recursos), incluida en Android Studio. Pinchando con el botón derecho sobre la carpeta res/drawable, elegiremos las opciones *New > Vector Asset* (figura 5.5).

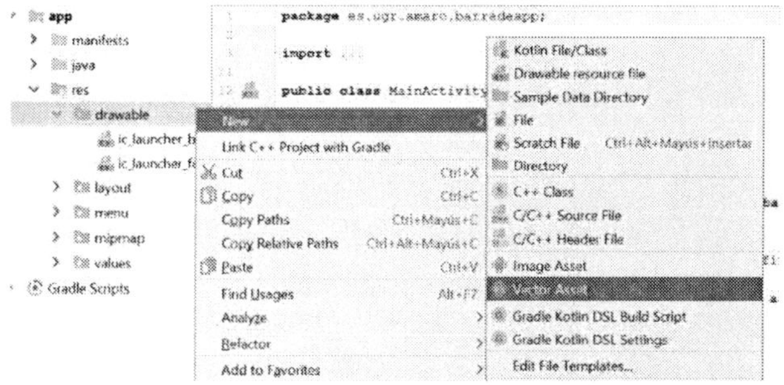

Figura 5.5 Menú para crear un Vector Asset.

Se abre entonces la ventana de configuración del Asset Studio, como se muestra en la figura 5.6.

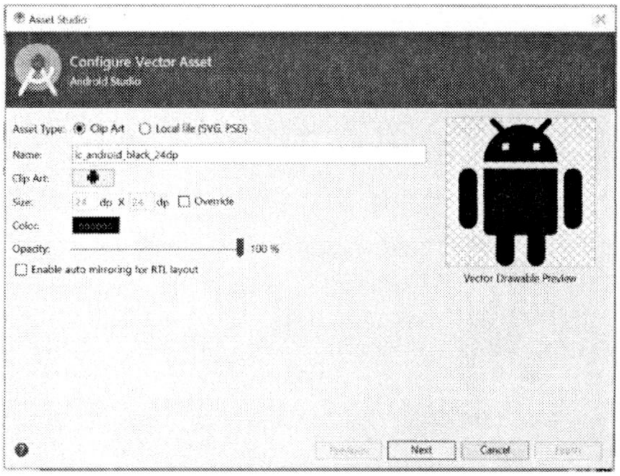

Figura 5.6 Asset Studio.

Pinchando sobre el icono “Clip Art” se abre el cuadro de selección con la lista de todos los iconos disponibles (figura 5.7). En la lista “Action” seleccionaremos el icono “description”.

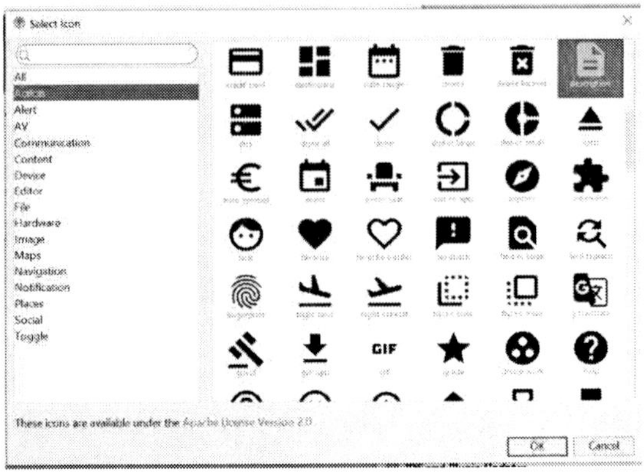

Figura 5.7 Selección de iconos del Asset Studio.

A continuación, elegimos el tamaño del icono, 48 x 48 dp, y color blanco (FFFFFF), y lo renombramos a *ic_description* (figura 5.8).

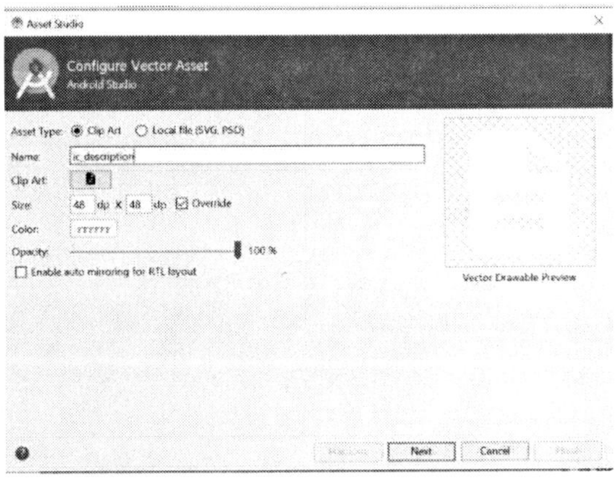

Figura 5.8 Propiedades tamaño y color del icono.

Seguidamente, confirmamos que el icono se va a colocar en la carpeta res/drawable. Pulsando "Finish" veremos que se ha creado un fichero llamado *ic_description.xml* en dicha carpeta. Este fichero contiene los parámetros vectoriales necesarios para dibujar el icono.

A continuación, añadimos el botón en la barra de app. Para ello incluimos el siguiente ítem en el fichero *res/menu/menu_main.xml*:

```
<item
    android:id="@+id/description"
    android:icon="@drawable/ic_description"
```

```
    android:title="Description"
    app:showAsAction="ifRoom"/>
```

Las propiedades del botón que hemos incluido son: la id, el icono, el título (que normalmente no se verá) y la propiedad `showAsAction`, que indica si el botón está oculto o visible. En este caso será visible si hay espacio en la barra.

Finalmente, definimos la acción del botón añadiendo al fichero Java, dentro del método `onOptionsItemSelected`, lo siguiente:

```
if (id == R.id.description) {
    tv.append("\n Pulsado el botón Description");
    return true; }
```

El resultado de pulsar este botón se observa en la captura de pantalla de la figura 5.9.

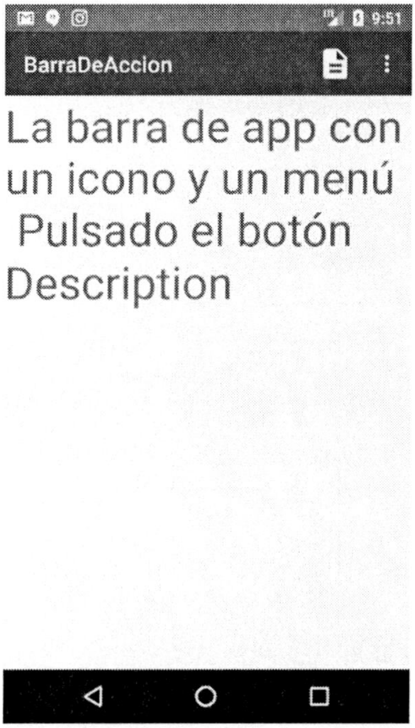

Figura 5.9 Un botón con icono en la barra de app.

5.4 Añadiendo botones a la barra

Para continuar complicando el ejemplo, añadiremos más botones a la barra. Para ello repetiremos los pasos del ejemplo anterior creando tres iconos más y añadiendo tres ítems en el fichero *menu_main*:

```
<item
    android:id="@+id/delete"
    android:icon="@drawable/ic_delete"
    android:title="Delete"
    app:showAsAction="ifRoom"/>
<item
    android:id="@+id/settings"
    android:icon="@drawable/ic_settings"
    android:title="Settings"
    app:showAsAction="ifRoom"/>
<item
    android:id="@+id/build"
    android:icon="@drawable/ic_build"
    android:title="Build"
    app:showAsAction="ifRoom"/>
```

De la misma forma, definiremos la acción de estos botones en el método onOptionsItemSelected:

```
if (id == R.id.delete) {
    tv.setText("Borrado el textView");
    return true; }
if (id == R.id.settings) {
    tv.append("\n Pulsado el botón settings");
    return true; }
if (id == R.id.build) {
    tv.append("\n Pulsado el botón build");
    return true; }
```

El resultado se muestra en la figura 5.10. Vemos que solo dos de los cuatro iconos son visibles, por falta de espacio. Los botones que no caben han pasado a formar parte del menú desplegable, y se muestra su título en vez del icono.

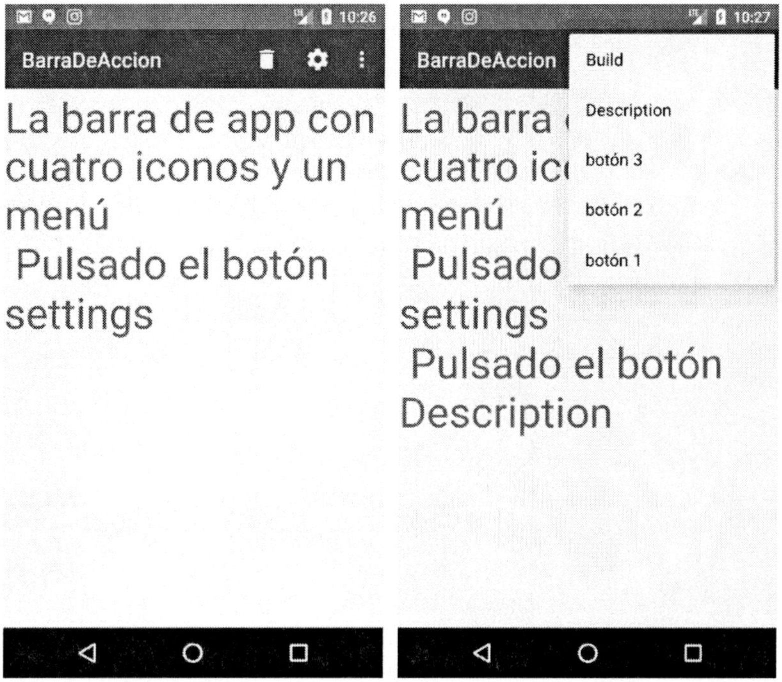

Figura 5.10 Una barra de app con cuatro botones, dos de ellos ocultos por falta de espacio.

Para evitar que se oculten los iconos hay que elegir la opción showAsAction=always de los ítems del menú, de la siguiente forma:

```
<item
    android:id="@+id/delete"
    android:icon="@drawable/ic_delete"
    android:title="Delete"
    app:showAsAction="always"/>
<item
    android:id="@+id/settings"
    android:icon="@drawable/ic_settings"
    android:title="Settings"
    app:showAsAction="always"/>
<item
    android:id="@+id/build"
    android:icon="@drawable/ic_build"
    android:title="Build"
    app:showAsAction="always"/>
<item
    android:id="@+id/description"
    android:icon="@drawable/ic_description"
    android:title="Description"
    app:showAsAction="always"/>
```

Esta opción acortará el título de la barra, abreviándolo con puntos suspensivos para dejar espacio a los iconos, como se ve en la figura 5.11.

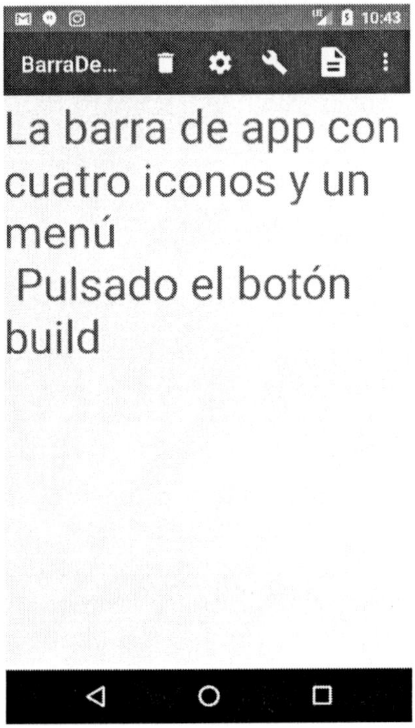

Figura 5.11 Colocación de cuatro iconos en la barra acortando el título.

5.5 Botón flotante

Añadiremos ahora un botón de acción flotante (FAB) al layout del ejemplo anterior, debajo del TextView:

```
<android.support.design.widget.FloatingActionButton
    android:id="@+id/botonflotante"
    android:layout_width="wrap_content"
    android:layout_height="wrap_content"
    android:layout_gravity="bottom|end"
    android:layout_margin="16dp"
    app:srcCompat="@android:drawable/ic_dialog_email" />
```

Este botón se define en el fichero Java dentro de nuestra actividad añadiendo las líneas

```
FloatingActionButton fab = (FloatingActionButton)
                         findViewById(R.id.botonflotante);
fab.setOnClickListener(this);
```

La actividad debe implementar la interfaz `View.OnClickListener`. Definimos el método onClick como para cualquier otro botón:

```
public void onClick(View view){
     Snackbar.make(view, "Has pulsado el Floating Action
Button (FAB)", Snackbar.LENGTH_LONG)
                .setAction("Action", null).show();
}
```

En este caso la acción del botón flotante es abrir una ventana emergente en la parte inferior (Snackbar), similar a un Toast. El resultado se ve en la figura 5.12

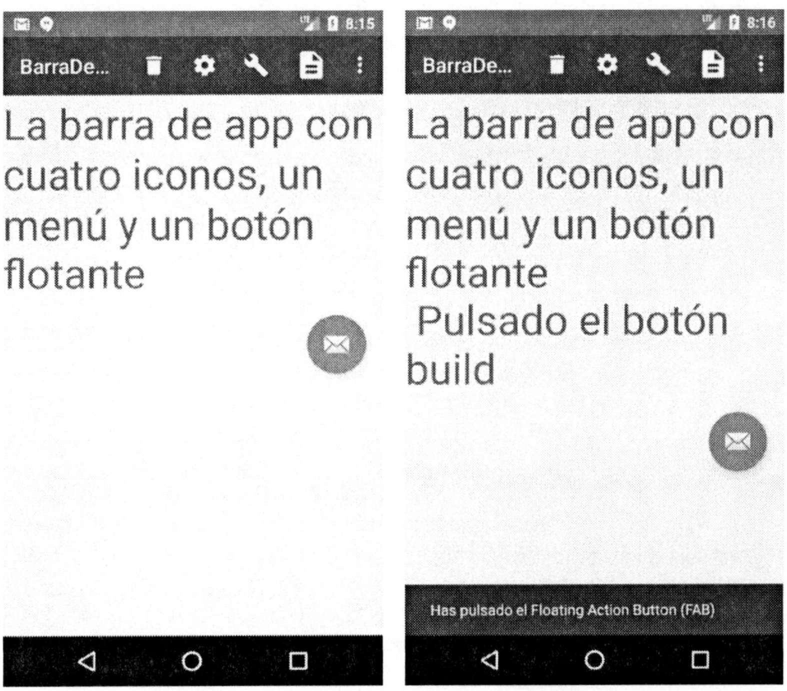

Figura 5.12 Actividad con un botón flotante.

En estas capturas de pantalla vemos que el botón flotante no aparece en la parte inferior de la pantalla, sino que queda siempre debajo del TextView. El problema es que el botón está dentro de un LinearLayout, que no puede gestionar la colocación correcta del botón. Para resolver esto lo más fácil es colocar nuestro layout dentro de un CoordinatorLayout y poner el botón flotante debajo del LinearLayout. El nuevo fichero de layout, *milayout.xml,* quedaría así:

```
<?xml version="1.0" encoding="utf-8"?>
<android.support.design.widget.CoordinatorLayout
xmlns:android="http://schemas.android.com/apk/res/android"
    xmlns:app="http://schemas.android.com/apk/res-auto"
    xmlns:tools="http://schemas.android.com/tools"
    android:layout_width="match_parent"
    android:layout_height="match_parent"
    tools:context=".MainActivity">

<LinearLayout
    android:orientation="vertical"
    android:layout_width="match_parent"
    android:layout_height="match_parent">

    <android.support.v7.widget.Toolbar
        android:id="@+id/toolbar"
        android:layout_width="match_parent"
        android:layout_height="wrap_content"
        app:titleTextColor="#ffffff"
        android:background="#0000ff"
 android:theme="@style/ThemeOverlay.AppCompat.Dark.ActionBar"
app:popupTheme="@style/ThemeOverlay.AppCompat.Light"/>

    <TextView
        android:id="@+id/mitextview"
        android:textSize="40dp"
        android:text= "La barra de app con cuatro iconos, un
                       menú y un botón flotante"
        android:layout_width="wrap_content"
        android:layout_height="wrap_content" />
</LinearLayout>

    <android.support.design.widget.FloatingActionButton
        android:id="@+id/botonflotante"
        android:layout_width="wrap_content"
        android:layout_height="wrap_content"
        android:layout_gravity="bottom|end"
        android:layout_margin="16dp"
        app:srcCompat="@android:drawable/ic_dialog_email" />

</android.support.design.widget.CoordinatorLayout>
```

El resultado se ve en la figura 5.13.

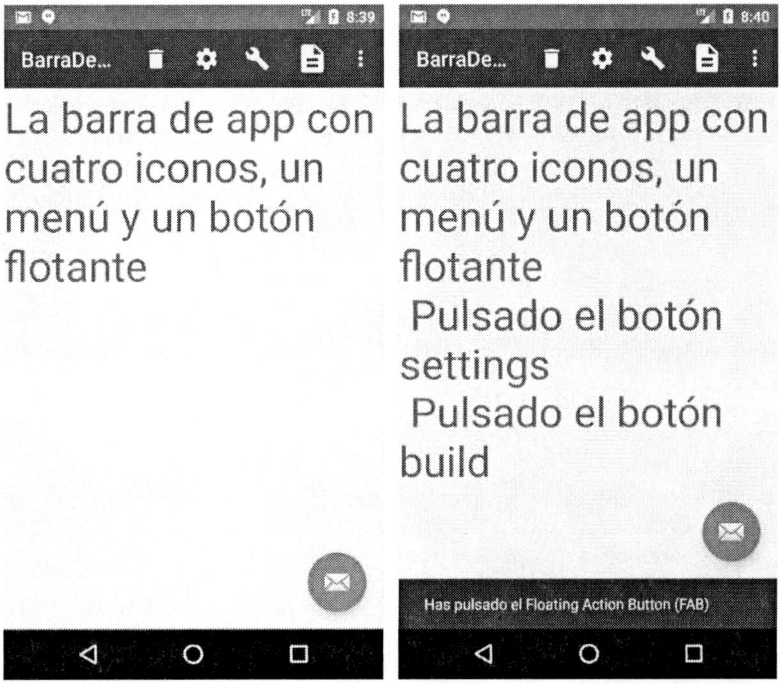

Figura 5.13 Un botón de acción flotante dentro de un CoordinateLayout.

5.6 Botones con iconos

En el boton flotante del ejemplo anterior, se utiliza un icono estándar en la biblioteca de recursos de Android, llamado *ic_dialog_email*. El icono se ha definido en xml mediante la propiedad srcCompat. Por ejemplo:

```
app:srcCompat="@android:drawable/ic_dialog_email"
```

Estos iconos pueden elegirse de entre una nutrida lista de iconos disponibles en el sistema, sin necesidad de utilizar la herramienta de creación de iconos. Pueden aplicarse no solo a un botón flotante, sino también a un botón corriente. Para ilustrar esto, en el siguiente ejemplo mostramos varios botones que contienen un icono y un texto. Creamos un proyecto con una actividad vacía y le ponemos el layout *milayout.xml:*

```
<?xml version="1.0" encoding="utf-8"?>
<ScrollView
xmlns:android="http://schemas.android.com/apk/res/android"
    android:layout_width="match_parent"
```

```
    android:layout_height="match_parent">

    <LinearLayout
        android:id="@+id/myLinearLayout"
        android:orientation="vertical"
        android:layout_width="match_parent"
        android:layout_height="match_parent"
        android:background="#ffffaa">

        <TextView
            android:id="@+id/myTextView"
            android:layout_width="wrap_content"
            android:layout_height="wrap_content"
            android:layout_gravity="center"
            android:textColor="#555555"
            android:textSize="24dp"
            android:text="Botones con iconos" />

        <Button
            android:id="@+id/search"
            android:layout_width="fill_parent"
            android:layout_height="wrap_content"
            android:padding="4dp"
            android:text="Search"
android:drawableLeft="@android:drawable/ic_menu_search"
            android:textSize="24sp"/>

        <Button
            android:id="@+id/alert"
            android:layout_width="fill_parent"
            android:layout_height="wrap_content"
            android:padding="4dp"
            android:text="Alert"
android:drawableLeft="@android:drawable/ic_dialog_alert"
            android:textSize="24sp"/>

        <Button
            android:id="@+id/a"
            android:layout_width="fill_parent"
            android:layout_height="wrap_content"
            android:padding="4dp"
            android:text="Speak"
android:drawableLeft="@android:drawable/ic_btn_speak_now"
            android:textSize="24sp"/>

    </LinearLayout>
</ScrollView>
```

Al layout le hemos puesto un ScrollView para poder albergar muchos botones, como veremos a continuación. A cada botón se le ha colocado un icono a la izquierda, mediante la propiedad drawableLeft. Por ejemplo:

```
android:drawableLeft="@android:drawable/ic_btn_speak_now"
```

Por ahora, el fichero de la actividad es el estándar. El resultado se ve en la figura 5.14.

MainActivity.java:

```
public class MainActivity extends AppCompatActivity {

    @Override
    protected void onCreate(Bundle savedInstanceState) {
        super.onCreate(savedInstanceState);
        setContentView(R.layout.milayout);     }
}
```

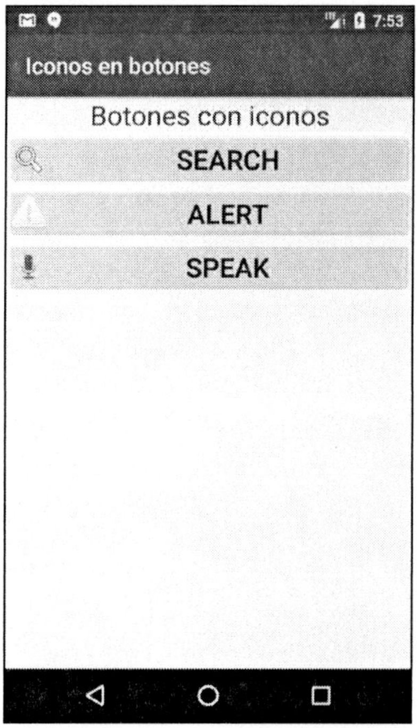

Figura 5.14 Botones con iconos del sistema.

5.7 Botones con Java

Aquí veremos cómo construir botones con Java y asignarles algunas propiedades, como texto, icono e id. Utilizaremos el layout del ejemplo anterior. Vamos a añadir al layout cuatro botones programáticamente, con otros tantos iconos del sistema. Trabajaremos con un array de botones y haremos las asignaciones dentro de un loop. Para extraer los iconos del sistema en primer lugar instanciaremos un objeto Resources, que contiene las referencias a los recursos del sistema, mediante `getResources()`. Luego definimos el icono como un objeto Drawable y lo extraemos de los recursos mediante el método `getDrawable(ic)` de la clase Resources. Su argumento es una constante entera, asociada al icono, que está definida en la clase del sistema android.R.drawable:

```
Resources res=getResources();
Drawable icon;
int ic =android.R.drawable.ic_delete;
icon=res.getDrawable(ic);
```

Para incluir un icono en un botón se usa el método de la clase Button
`setCompoundDrawablesWithIntrinsicBounds(icon,null,null,null);`
Los otros argumentos declarados null también admiten iconos que, en caso de incluirse, serían colocados a la derecha, arriba y abajo del botón.

El programa MainActivity.java es el siguiente (el resultado se ve en la figura 5.15):

```
package es.ugr.amaro.iconosenbotones;

import android.content.res.Resources;
import android.graphics.drawable.Drawable;
import android.support.v7.app.AppCompatActivity;
import android.support.design.widget.Snackbar;
import android.os.Bundle;
import android.view.View;
import android.widget.Button;
import android.widget.LinearLayout;
import android.widget.TextView;

public class MainActivity extends AppCompatActivity
implements View.OnClickListener{

// Array para almacenar los nombres de los iconos
    String icName[] = new String[300];

    @Override
    protected void onCreate(Bundle savedInstanceState) {
        super.onCreate(savedInstanceState);
        setContentView(R.layout.milayout);
```

```
        TextView tv=findViewById(R.id.myTextView);
        LinearLayout ll=findViewById(R.id.myLinearLayout);
        Resources res=getResources();
        Drawable icon;
// array para almacenar los números de los iconos del sistema
        int ic[] = new int[300];
        Button[] boton = new Button[300];

        ic[0]=android.R.drawable.ic_delete;
        icName[0]="delete";
        ic[1]=android.R.drawable.ic_btn_speak_now;
        icName[1]="btn_speak_now";
        ic[2]=android.R.drawable.ic_dialog_alert;
        icName[2]="dialog_alert";
        ic[3]=android.R.drawable.ic_dialog_dialer;
        icName[3]="ic_dialog_dialer";

        for(int j=0; j<4; j++){
          boton[j]=new Button(this);
          boton[j].setText(icName[j]);
          icon=res.getDrawable(ic[j]);
          boton[j].setCompoundDrawablesWithIntrinsicBounds(
                          icon, null, null, null);
          boton[j].setId(j);
          boton[j].setOnClickListener(this);
          ll.addView(boton[j]);
        }
    }
        public void onClick(View view) {
           int n=view.getId();
           Snackbar.make(view,icName[n],Snackbar.LENGTH_LONG)
                   .setAction("Action", null).show();
        }
}
```

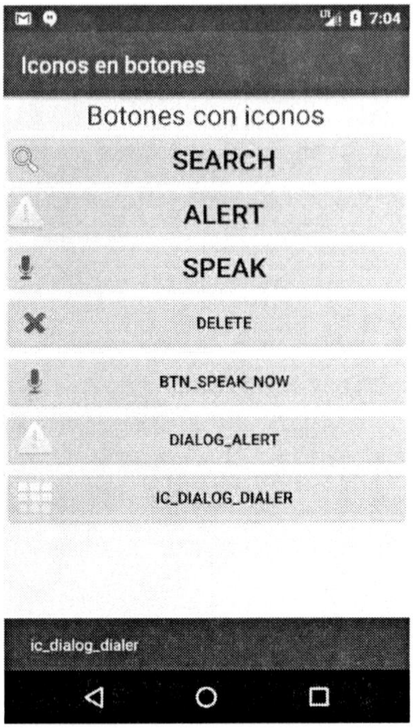

Figura 5.15 Botones creados con Java.

5.8 Iconos del sistema

Para completar el ejemplo, mostraremos múltiples botones con todos los iconos del sistema en un ScrollView. No es fácil encontrar un listado de todos los botones de Android, de manera que esta app nos puede servir de referencia para elegir el icono más conveniente a nuestras necesidades. Como un fichero de layout con tantos botones sería excesivamente largo, implementaremos los botones con un programa. Aplicaremos la misma construcción de un array de botones vista en el ejemplo anterior. Como novedad, veremos cómo extraer con Java todos los campos de una clase desconocida. En efecto, en lugar de ir incluyendo uno a uno todos los iconos, utilizaremos la API Java reflection, que permite inspeccionar los métodos y campos de una clase desconocida a partir de un objeto de la misma.

Partiremos del siguiente fichero de layout, que es el mismo del ejemplo anterior sin los botones, ya que los definiremos todos en Java:

```
<?xml version="1.0" encoding="utf-8"?>
<ScrollView
xmlns:android="http://schemas.android.com/apk/res/android"
    android:layout_width="match_parent"
    android:layout_height="match_parent">
```

```
    <LinearLayout
        android:id="@+id/myLinearLayout"
        android:orientation="vertical"
        android:layout_width="match_parent"
        android:layout_height="match_parent"
        android:background="#ffffaa">

        <TextView
            android:id="@+id/myTextView"
            android:layout_width="wrap_content"
            android:layout_height="wrap_content"
            android:layout_gravity="center"
            android:textColor="#555555"
            android:textSize="24dp"
            android:text="Botones con iconos" />

    </LinearLayout>
</ScrollView>
```

El programa Java es similar al del ejemplo anterior, con la excepción de que no escribiremos explícitamente las constantes enteras asociadas a los iconos. Como estas son más de cien, accederemos a ellas en un loop sobre todos los campos de la clase. Para esto usaremos el paquete *reflect* de Java. Sabiendo que los drawables del sistema están definidos en la clase android.R.drawable, primero construimos un objeto de esa clase:

```
Object d = new android.R.drawable();
```

A partir de este objeto, es posible recuperar todos los campos de su clase y almacenarlos en un array de la clase Field mediante el método `d.getClass().getFields()`. Cada uno de los elementos, `f`, de este array, es de tipo Field y contiene la información sobre un campo de android.R.drawable, es decir, sobre un drawable, o un icono, del sistema. El nombre del icono se obtiene con `f.getName()` y su valor con `f.getInt(d)`. Haciendo un loop que recorre todos estos campos podemos asignar cada icono a un botón. Hay que poner el código del loop en un bloque try/catch por si alguno de sus valores no fuera entero. Al pulsar un botón mostraremos en un snackbar el valor del campo `f` convertido en cadena.

Programa MainActivity.java:

```
package es.ugr.amaro.iconosenbotones;
import android.content.res.Resources;
import android.graphics.drawable.Drawable;
import android.support.v7.app.AppCompatActivity;
import android.support.design.widget.Snackbar;
import android.os.Bundle;
import android.view.View;
```

```
import android.widget.Button;
import android.widget.LinearLayout;
import android.widget.TextView;
import java.lang.reflect.Field;

public class MainActivity extends AppCompatActivity
implements View.OnClickListener{

    String icName[] = new String[300];
    @Override
    protected void onCreate(Bundle savedInstanceState) {
        super.onCreate(savedInstanceState);
        setContentView(R.layout.milayout);
        TextView tv=findViewById(R.id.myTextView);
        LinearLayout ll=findViewById(R.id.myLinearLayout);
        Resources res=getResources();
        Drawable icon;
        int ic[] = new int[300];
        Button[] boton = new Button[300];
// Contador del número de botones
        int i=0;
// Construye un objeto de la clase de drawables
// y realiza un loop sobre todos sus campos
        Object d = new android.R.drawable();
        for(Field f: d.getClass().getFields()) {
            try {
                boton[i] = new Button(this);
                boton[i].setText(i + ": " + f.getName());
                icon = res.getDrawable(f.getInt(d));
                icName[i] = "" + f;
           boton[i].setCompoundDrawablesWithIntrinsicBounds(
                                icon, null, null, null);
                ll.addView(boton[i]);
                boton[i].setId(i);
                boton[i].setOnClickListener(this);
                i++;
            } catch (IllegalAccessException e) {
                e.printStackTrace();
            }
        }
        tv.append("\n Número de iconos del sistema:"+i);
        TextView tv2=new TextView(this);
        tv2.setText("Número de drawables:"+i);
        ll.addView(tv2);
    }
        public void onClick(View view) {
           int n=view.getId();
           Snackbar.make(view,icName[n],Snackbar.LENGTH_LONG)
```

```
                        .setAction("Action", null).show();
            }
}
```

El resultado se ve en la figura 5.15. Vemos que el total de drawables que encontramos en el sistema es de 174 y que no todos son iconos. Debido a que la lista es larga no vamos a incluirla aquí; incluimos solo algunas capturas de pantalla que se muestran en la figuras 5.15 y 5.16.

Figura 5.15 Todos los drawables del sistema colocados como iconos de botones.

Figura 5.16 Todos los drawables del sistema colocados como iconos de botones.

6. INTRODUCCIÓN DE TEXTOS

6.1 EditText

Los campos de texto permiten introducir datos en la aplicación usando un teclado virtual o físico conectado al dispositivo. Al igual que TextView y Button, los campos de texto son objetos de tipo View que se pueden añadir a un Layout codificados en XML o bien programáticamente desde Java.

Para introducir texto interactivamente usaremos un campo de texto editable EditText, que colocaremos dentro del layout de la siguiente forma:

```
<EditText
    android:id="@+id/editText1"
    android:layout_width="match_parent"
    android:layout_height="wrap_content"
    android:text="EditText" />
```

El uso de EditText quedará claro en el siguiente ejemplo. Crearemos un nuevo proyecto con una actividad vacía. Utilizaremos el fichero de layout *milayout.xml*:

```
<?xml version="1.0" encoding="utf-8"?>
<LinearLayout
xmlns:android="http://schemas.android.com/apk/res/android"
    android:background="#ffffdd"
    android:orientation="vertical"
    android:layout_width="match_parent"
    android:layout_height="match_parent">

        <TextView
            android:textSize="24dp"
            android:textColor="#000000"
            android:layout_width="match_parent"
            android:layout_height="wrap_content"
            android:text="Introduzca su nombre"
```

```
        android:id="@+id/text1" />

    <EditText
        android:id="@+id/editText1"
        android:layout_width="match_parent"
        android:layout_height="wrap_content"
        android:text="EditText" />

    <Button
        android:text="Aceptar"
        android:id="@+id/button1"
        android:layout_width="wrap_content"
        android:layout_height="wrap_content"/>

    <TextView
        android:textSize="24dp"
        android:textColor="#000000"
        android:layout_width="fill_parent"
        android:layout_height="wrap_content"
        android:text=""
        android:id="@+id/text2" />

</LinearLayout>
```

Para acceder desde el programa Java al texto introducido en un campo de texto editable, primero definimos el objeto EditText asociado al campo de texto editable y luego lo transformamos en String:

```
EditText  textField=(EditText) findViewById(R.id.editText1);
String    texto = textField.getText().toString();
```

La siguiente actividad permite introducir un nombre, que luego se muestra en pantalla cuando se pulsa un botón:

```
package es.ugr.amaro.inputtext;

import android.support.v7.app.AppCompatActivity;
import android.os.Bundle;
import android.view.View;
import android.widget.Button;
import android.widget.EditText;
import android.widget.TextView;

public class MainActivity extends AppCompatActivity
implements View.OnClickListener{

    TextView tv;
```

```
    EditText textField;
    String nombre;

    @Override
    protected void onCreate(Bundle savedInstanceState) {
        super.onCreate(savedInstanceState);
        setContentView(R.layout.milayout);
        textField=(EditText) findViewById(R.id.editText1);
        Button boton=findViewById(R.id.button1);
        boton.setOnClickListener(this);
        tv=(TextView) findViewById(R.id.text2);
    }

    @Override
    public void onClick(View v){
        nombre = textField.getText().toString();
        tv.append("\nBienvenido, "+nombre);
    }
}
```

El resultado se ve en la figura 6.1.

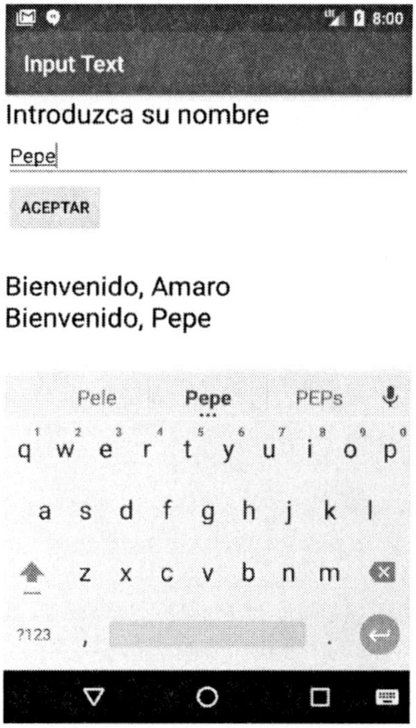

Figura 6.1 Introducir texto con EditText.

6.2 OnKeyListener

En el ejemplo anterior hemos usado un botón para realizar una acción una vez introducido el texto. Podemos eliminar el botón y provocar que la acción se realice al terminar de introducir texto pulsando la tecla ENTER. Para ello debemos implementar la interfaz OnKeyListener. Esto implica que hay que definir el método onKey(), que recibe tres argumentos: el objeto View (en este caso el EditText), el código de la tecla pulsada (que es un número entero asociado al código de caracteres) y el evento que se ha registrado, contenido en un objeto de la clase KeyEvent.

```
class MyKeyListener implements View.OnKeyListener {

  public boolean onKey(View v, int keyCode,KeyEvent event){

     if ((event.getAction() == KeyEvent.ACTION_DOWN)
       && (keyCode == KeyEvent.KEYCODE_ENTER)) {
             // acción a realizar
             . . .
             return true;
     }
     return false;
  }
}
```

Nótese que, al pulsar una tecla, se recoge un evento:

`KeyEvent_ACTION_DOWN`

y que la tecla `ENTER` envía un código:

`KeyEvent.KEYCODE_ENTER.`

Seguidamente, hay que crear un objeto “oyente” (`View.OnKeyListener`), en este caso de la clase `MyKeyListener` que hemos definido:

```
View.OnKeyListener listener= new MyKeyListener();
```

Finalmente, hay que llamar al metodo `setOnKeyListener` de la clase `EditText`:

```
textField.setOnKeyListener(listener);
```

Nuestra implementación se ilustra en la siguiente actividad, que escribe en un TextView la cadena introducida en un EditText cuando se pulsa la tecla ENTER. Dicho texto se muestra también en un Toast. Utilizaremos el fichero *milayout.xml*, que es el mismo que el del ejemplo anterior, y prescindiremos del botón.

ActivityMain.java

```
package es.ugr.amaro.inputtext;

import android.support.v7.app.AppCompatActivity;
import android.os.Bundle;
import android.view.KeyEvent;
import android.view.View;
import android.widget.EditText;
import android.widget.TextView;
import android.widget.Toast;

public class MainActivity extends AppCompatActivity {

    TextView tv;
    EditText textField;

    @Override
    public void onCreate(Bundle savedInstanceState) {

        super.onCreate(savedInstanceState);
        setContentView(R.layout.milayout);
        tv = (TextView) findViewById(R.id.text2);
        textField = (EditText) findViewById(R.id.editText1);

        class MyKeyListener implements View.OnKeyListener {

            public boolean onKey(View v, int keyCode,
                                 KeyEvent event) {
              // si se pulsa la tecla enter
             if ((event.getAction() ==KeyEvent.ACTION_DOWN)
                 && (keyCode == KeyEvent.KEYCODE_ENTER)) {
                   Toast.makeText(MainActivity.this,
                           textField.getText(),
                           Toast.LENGTH_SHORT).show();
                   tv.setText("Bienvenido "
                           + textField.getText());
                   return true;
               }
               return false;
            }
        }
```

```
        View.OnKeyListener listener = new MyKeyListener();
        textField.setOnKeyListener(listener);

    }
}
```

El resultado se muestra en la figura 6.2.

Figura 6.2 EditText e implementación de View.OnKeyListener.

6.2 Forma alternativa de implementar OnKeyListener

El siguiente código es equivalente al del ejemplo anterior. Presentamos aquí este código alternativo para ilustrar la flexibilidad del lenguaje Java. En el caso anterior la interfaz View.OnKeyListener se implementaba definiendo una clase interna dentro del método `onCreate`. En el presente caso la implementamos en la clase principal de la actividad, de forma totalmente análoga a como hemos hecho con los botones para definir el método `onClick`. Esto es consecuencia de que, en Java, cualquier clase puede implementar una interfaz y se puede hacer según convenga.

```
package es.ugr.amaro.inputtext;

import android.support.v7.app.AppCompatActivity;
import android.os.Bundle;
import android.view.KeyEvent;
import android.view.View;
import android.widget.EditText;
import android.widget.TextView;
import android.widget.Toast;

public class MainActivity extends AppCompatActivity
implements View.OnKeyListener{

  TextView tv;
  EditText textField;

  @Override
  public void onCreate(Bundle savedInstanceState) {
        super.onCreate(savedInstanceState);
        setContentView(R.layout.milayout);
        tv = (TextView) findViewById(R.id.text2);
        textField = (EditText) findViewById(R.id.editText1);
        textField.setOnKeyListener(this);
  }

  public boolean onKey(View v, int keyCode, KeyEvent event){
        // si se pulsa la tecla enter
        if ((event.getAction() == KeyEvent.ACTION_DOWN) &&
                (keyCode == KeyEvent.KEYCODE_ENTER)) {
            Toast.makeText(MainActivity.this,
                    textField.getText(),
                    Toast.LENGTH_SHORT).show();
            tv.setText("Bienvenido "
                    + textField.getText());
            return true;
        }
        return false;
  }
}
```

Este programa nos permite entender más fácilmente el código, pues nos ahorramos definir una clase y un objeto internos que dificultan la lectura lineal del programa. Nótese que, puesto que ahora es la clase principal la que implementa OnKeyListener, la llamada a `setOnKeyListener` se realiza con el argumento `this`, el objeto asociado a la clase de nuestra actividad:

```
edittext.setOnKeyListener(this);
```

7. GUARDAR DATOS CON SHAREDPREFERENCES

`SharedPreferences` es una clase para leer y modificar datos. Creando un objeto de esta clase, que llamaremos `misDatos`, se abre un fichero de datos asociado al objeto `misDatos`. La instrucción sería:

```
SharedPreferences misDatos =
                        getSharedPreferences(fichero,acceso);
```

donde `fichero` es el nombre del fichero en el que queremos guardar las preferencias, sin extensión. Si el fichero no existe, se crea uno nuevo. El argumento entero `acceso` es usualmente igual a cero, e indica fichero privado. Para leer las preferencias se usa el método `getString`, o también `getFloat`, o `getInt`, para leer números.

Para modificar las preferencias se utiliza un Editor, un objeto de la clase `SharedPreferences.Editor`, que permite escribir en el fichero datos etiquetados mediante cadenas de texto (entre comillas). Es muy importante recordar que es necesario guardar el fichero con el método `apply` o `commit`. El código para editar podría ser el siguiente:

```
SharedPreferences.Editor miEditor=misDatos.edit();
// escribe los datos
miEditor.putString("nombre",nombre);
miEditor.putFloat("x",x);
miEditor.putFloat("y",y);
// salvar
miEditor.apply();
```

Para leer las preferencias se utilizaría el siguiente código:

```
// Lee en el fichero de preferencias
nombre=misDatos.getString("nombre","Valor por defecto");
x=misDatos.getFloat("x", 0);
y=misDatos.getFloat("y", 0);
```

donde el segundo parámetro de los métodos `getString()` y `getFloat()` es el valor que se devuelve por defecto si el dato no existe.

En el siguiente ejemplo crearemos un nuevo proyecto llamado *Preferencias* y le pondremos el siguiente layout que contiene tres campos de texto editables, donde el usuario introducirá un nombre y dos coordenadas:

milayout.xml

```
<?xml version="1.0" encoding="utf-8"?>
<LinearLayout
xmlns:android="http://schemas.android.com/apk/res/android"
    android:layout_width="match_parent"
    android:layout_height="match_parent"
    android:background="#ffffdd"
    android:orientation="vertical">

    <TextView
        android:textSize="24sp"
        android:textColor="#000000"
        android:layout_width="fill_parent"
        android:layout_height="wrap_content"
        android:text="Introduzca sus preferencias"
        android:id="@+id/text1" />

    <TextView
        android:textSize="24sp"
        android:textColor="#000000"
        android:layout_width="fill_parent"
        android:layout_height="wrap_content"
        android:text="Nombre" />

    <EditText android:id="@+id/nombre"
        android:layout_width="fill_parent"
        android:layout_height="wrap_content"
        android:text="nombre"/>

    <TextView
        android:textSize="24sp"
        android:textColor="#000000"
        android:layout_width="fill_parent"
        android:layout_height="wrap_content"
        android:text="Coordenada X:" />

    <EditText android:id="@+id/coordenadaX"
        android:layout_width="fill_parent"
        android:layout_height="wrap_content"
        android:text="coordenada x"/>
```

```
    <TextView
        android:textSize="24sp"
        android:textColor="#000000"
        android:layout_width="fill_parent"
        android:layout_height="wrap_content"
        android:text="Coordenada Y:" />

    <EditText android:id="@+id/coordenadaY"
        android:layout_width="fill_parent"
        android:layout_height="wrap_content"
        android:text="coordenada y"/>

</LinearLayout>
```

En la siguiente actividad el nombre y las dos coordenadas introducidas se guardan en un fichero de preferencias. El fichero se lee al iniciar la actividad, en el método `onCreate`, y se muestran los valores actuales de los datos en la pantalla, en sus respectivos campos de texto. Los datos se guardan en el método `onPause`. Este método se ejecuta siempre que la actividad pasa a segundo plano o finaliza, momento en el que es conveniente guardar todos los datos importantes, si no queremos perderlos. Usamos un `Toast` para indicar que las preferencias se han guardado.

```
package es.ugr.amaro.preferencias;

import android.content.SharedPreferences;
import android.support.v7.app.AppCompatActivity;
import android.os.Bundle;
import android.widget.EditText;
import android.widget.Toast;

public class MainActivity extends AppCompatActivity {

    SharedPreferences.Editor miEditor;
    SharedPreferences misDatos;
    EditText editNombre,editX,editY;
    String nombre;
    Float x,y;

    @Override
    public void onCreate(Bundle savedInstanceState) {
        super.onCreate(savedInstanceState);
        setContentView(R.layout.milayout);
        // abre los campos de texto
        editNombre=(EditText) findViewById(R.id.nombre);
        editX=(EditText) findViewById(R.id.coordenadaX);
        editY=(EditText) findViewById(R.id.coordenadaY);
```

```
        //Abre un fichero de preferencias.
        // El parámetro 0 indica privado
        misDatos= getSharedPreferences("preferencias",0);
        miEditor=misDatos.edit();
        // Lee en el fichero de preferencias
        nombre=misDatos.getString("nombre","Pepe");
        x=misDatos.getFloat("x", 0);
        y=misDatos.getFloat("y", 0);
        // escribe las preferencias en los campos de texto
        editNombre.setText(nombre);
        editX.setText(""+x);
        editY.setText(""+y);
    }
    // Se ejecuta cuando la actividad se pone en pausa
    @Override
    protected void onPause(){

        super.onPause();
// El editor para misDatos también podría definirse aquí
//          miEditor = misDatos.edit();
        // extrae el contenido de los campos de texto
        nombre=editNombre.getText().toString();
    try { x = Float.parseFloat(editX.getText().toString());
          miEditor.putFloat("x",x);
    }
    catch(Exception e){
          Toast.makeText(this,
                  "Coordenada x no es numérica",1).show();
    }
    try{ y = Float.parseFloat(editY.getText().toString());
         miEditor.putFloat("y",y);
    }
    catch(Exception e){
         Toast.makeText(this,
                  "Coordenada y no es numérica",1).show();
    }
        miEditor.putString("nombre",nombre);
        // salvar
        miEditor.apply();
        Toast.makeText(this,
                    "Preferencias guardadas",1).show();
    }
}
```

Figura 7.1 Guardar datos con `SharedPreferences`.

El resultado se muestra en la figura 7.1. Los datos se guardan cuando se sale de la aplicación, pulsando la tecla “home” o la tecla “back”, por ejemplo. Cuando se vuelve a ejecutar la aplicación los datos guardados se leen y se muestran en la pantalla. La extracción de los números está en un bloque try/catch para evitar errores, en cuyo caso su valor se pone a cero.

El fichero escrito con SharedPreferences se guarda físicamente en el directorio local de datos de la aplicacion. En el caso del dispositivo virtual, desde Android Studio este fichero se puede examinar abriendo el Device File Explorer, situado en la pestaña lateral derecha. La ventana del explorador de ficheros nos permite ver todas las carpetas del dispositivo. La ruta del fichero de preferencias en mi dispositivo virtual es

```
/data/data/es.ugr.amaro.preferencias/shared_prefs/
```

y el fichero con los datos se llama *preferencias.xml.*

Este fichero tiene extensión `xml` y se puede examinar haciendo doble clic sobre él. Su contenido es el siguiente:

```
<?xml version='1.0' encoding='utf-8' standalone='yes' ?>
<map>
    <string name="nombre">Cecilia</string>
```

```
    <float name="x" value="200.0" />
    <float name="y" value="300.0" />
</map>
```

Aquí vemos que los valores numéricos, que en el programa eran `float`, en realidad se almacenan también como cadenas. Hay que advertir que el fichero de preferencias no es accesible desde el explorador si conectamos un dispositivo físico, a no ser que esté rooteado. Por tanto, normalmente los usuarios no podrán examinarlo y solo será accesible desde la app.

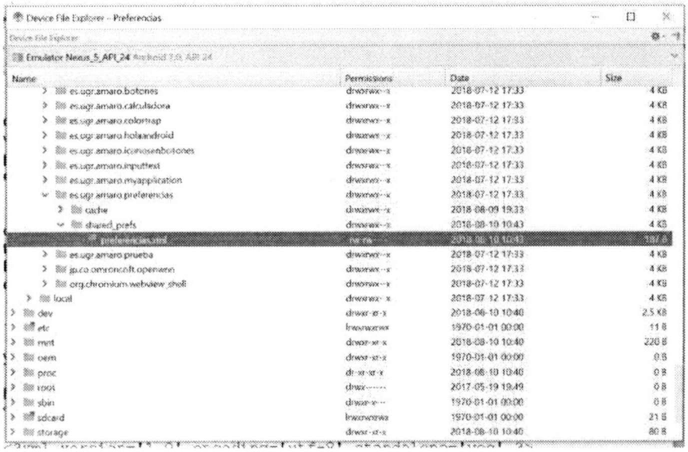

Figura 7.2 Ventana del Device File Explorer en Android Studio.

8. ACTIVIDADES

8.1 Uso de Intent para iniciar actividades

Una aplicación Android puede contener varias actividades. Cada actividad es una clase de Java. Para abrir una nueva actividad se define un objeto `Intent` de la siguiente forma:

```
Intent intencion=new Intent(this,Actividad2.class);
startActivity(intencion);
```

La nueva actividad debe declararse en el fichero *AndroidManifest.xml* de la aplicación mediante

```
<activity
        android:name=".Actividad2"
        android:label="Actividad 2">
</activity>
```

También se pueden pasar datos "extra" de una actividad a otra usando el método `putExtra()`, que requiere como argumentos un par (etiqueta, valor):

```
intencion.putExtra("datoExtra", mensaje);
```

donde `datoExtra` es una etiqueta para referenciar al dato. Para acceder a la variable `String mensaje` desde la actividad 2 se utiliza su etiqueta:

```
String mensaje=getIntent().getStringExtra("datoExtra");
```

Todo esto está ilustrado en el siguiente ejemplo. La actividad principal (Fig. 8.1) tiene un botón para abrir una segunda actividad y le pasa un dato extra que se escribe en pantalla (Fig. 8.2).

Para crear una segunda actividad en Android Studio, pulsamos con el botón derecho en el exporador de archivos sobre la carpeta que contiene los archivos Java de nuestro proyecto. En el menú desplegable buscamos la opción *New > Activity* y elegimos una actividad vacía (o la que nos convenga). Nuestra actividad principal se llama *MainActivity.java*, la segunda actividad se llama *Actividad2.java* y los ficheros de layout se llaman *milayout.xml* y *milayout2.xml*, respectivamente.

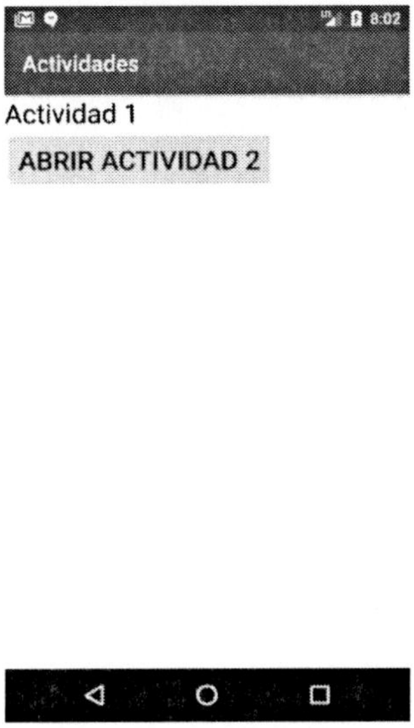

Figura 8.1 Actividad con un botón para abrir otra actividad usando `Intent`.

Figura 8.2 Actividad 2 llamada desde la actividad anterior con un parámetro extra.

Fichero *MainActivity.java*

```
package es.ugr.amaro.actividades;

import android.content.Intent;
import android.support.v7.app.AppCompatActivity;
import android.os.Bundle;
import android.view.View;
import android.widget.Toast;

public class MainActivity extends AppCompatActivity
        implements View.OnClickListener{

    String mensaje;
    @Override
    public void onCreate(Bundle savedInstanceState) {
        super.onCreate(savedInstanceState);
        setContentView(R.layout.milayout);
        View boton=findViewById(R.id.button1);
        boton.setOnClickListener(this);
        mensaje="He enviado este mensaje en un dato extra";
    }

    @Override
    public void onClick(View v) {

        Intent intencion=new Intent(this,Actividad2.class);
        intencion.putExtra("datoExtra", mensaje);
        startActivity(intencion);
        Toast.makeText(this,
                "Abriendo la segunda actividad",1).show();
    }
}
```

Fichero milayout.xml

```
<?xml version="1.0" encoding="utf-8"?>
<LinearLayout
xmlns:android="http://schemas.android.com/apk/res/android"
    android:layout_width="match_parent"
    android:layout_height="match_parent"
    android:orientation="vertical"
    android:background="#ffffcc"
    >
<TextView
```

```
    android:layout_width="fill_parent"
    android:layout_height="wrap_content"
    android:text="Actividad 1"
    android:textColor="#000000"
    android:textSize="24dp"
    />
<Button
    android:text="Abrir actividad 2"
    android:textSize="24dp"
    android:id="@+id/button1"
    android:layout_width="wrap_content"
    android:layout_height="wrap_content">
</Button>
</LinearLayout>
```

Actividad2.java

```
package es.ugr.amaro.actividades;

import android.support.v7.app.AppCompatActivity;
import android.os.Bundle;
import android.widget.TextView;

public class Actividad2 extends AppCompatActivity {

    @Override
    public void onCreate(Bundle savedInstanceState){
        super.onCreate(savedInstanceState);
        setContentView(R.layout.milayout2);
        TextView texto=
                (TextView)findViewById(R.id.miTextView);

        String mensaje=
                getIntent().getStringExtra("datoExtra");
        texto.append("\n datoExtra:"+mensaje);
    }
}
```

Fichero milayout2.xml

```
<?xml version="1.0" encoding="utf-8"?>
<LinearLayout
xmlns:android="http://schemas.android.com/apk/res/android"
    android:layout_width="match_parent"
    android:layout_height="match_parent"
    android:orientation="vertical"
    android:background="#ffffcc">
    <TextView
```

```
        android:id="@+id/miTextView"
        android:layout_width="fill_parent"
        android:layout_height="wrap_content"
        android:text="Bienvenido a la actividad 2"
        android:textColor="#000000"
        android:textSize="24dp"/>
</LinearLayout>
```

8.2 Pasar valores numéricos entre actividades

En el ejemplo anterior enviamos una variable extra `String mensaje` a la segunda actividad usando `putExtra()`. Entre actividades también se pueden pasar variables numéricas `int, float, double` e incluso arrays. Para recuperar estos valores en la segunda actividad hay que usar otros métodos, como `getInt(), getFloat(), getDouble()` o `getDoubleArray()`. Por ejemplo, para pasar un array numérico `mensaje[]` habría que modificar el ejemplo anterior, incluyendo las líneas

```
double[] mensaje = new double[10];
for(int i=0;i<10;i++) nombre[i]=2*i;
Intent intencion=new Intent(this,Actividad2.class);
intencion.putExtra("datoExtra", mensaje);
```

y para recuperar el array en *Actividad2.java* pondríamos:

```
double[] mensaje =
              getIntent().getDoubleArrayExtra("datoExtra");
for (int i=0; i<10; i++)
           texto.append("\n datoExtra "+i+": "+mensaje[i]);
```

La actividad 2 escribe ahora los valores del array, como se ve en la figura 8.3.

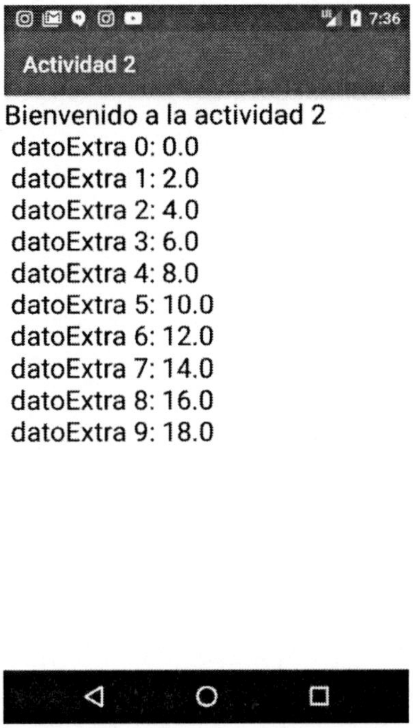

Figura 8.3 Actividad 2 llamada desde la actividad anterior con un array como parámetro extra.

9. COMPARTIR

Ya nos hemos habituado a que las aplicaciones incluyan un botón para compartir datos (texto, fotos, audio, vídeo o archivos) con otras apps (redes sociales, email, enviar a la nube, etc). Al compartir, se inicia una actividad externa a nuestro programa (por ejemplo, una actividad de WhatsApp). Los datos para compartir se envían a la segunda actividad mediante un objeto Intent, como parámetros extra, tal y como hemos visto en el capítulo anterior. En este capítulo veremos una forma relativamente simple de implementar en nuestra actividad un botón para compartir.

8.3 Compartir con ShareActionProvider

Android proporciona la clase ShareActionProvider, un "proveedor de la acción de compartir", que se encarga de gestionar el menú de compartir y de interaccionar con el usuario. El proveedor crea un submenú con las aplicaciones que ofrecen la opción de compartir que hay instaladas en nuestro teléfono y se encarga de memorizar las preferencias del usuario. Incluso añade en el menú el icono para compartir con la última aplicación utilizada (por ejemplo, Instagram o Twitter).

Nuestra aplicación tan solo tiene que definir el botón para compartir con unas pocas instrucciones. El botón para compartir se incluye como cualquier otro ítem en el fichero xml del menú de la barra. Pero hay que indicar que será un botón para compartir, añadiendo a dicho ítem la propiedad ShareActionProvider*:*

```
app:actionProviderClass=
        "android.support.v7.widget.ShareActionProvider"
```

El botón para compartir será gestionado por un objeto de la clase ShareActionProvider. Este objeto se construye al inflar el menú de la barra, es decir, en el método `onCreateOptionsMenu(Menu menu)`.

Primero se selecciona el MenuItem corriespondiente al botón "share" de la barra (este ítem se habrá definido previamente en un fichero xml de menú):

```
MenuItem shareItem = menu.findItem(R.id.share);
```

Luego se construye el ShareActionProvider con ese ítem, ejecutando el método

```
ShareActionProvider saProvider = (ShareActionProvider)
            MenuItemCompat.getActionProvider(shareItem);
```

Hecho esto, ShareActionProvider se encarga de gestionar todos los detalles del botón para compartir, incluido el icono. Nosotros solo debemos preocuparnos de que el objeto `saProvider` reciba la información que queremos compartir. Esta información debemos proporcionarla mediante un objeto Intent:

```
saProvider.setShareIntent(intent);
```

El objeto Intent se habrá construido y configurado previamente de la siguiente forma:

```
Intent intent = new Intent();
intent.setAction(Intent.ACTION_SEND);
intent.setType("text/plain");
intent.putExtra(Intent.EXTRA_TEXT,mensaje);
```

El mensaje para compartir en este caso se ha declarado de tipo texto.
Por ejemplo:

```
String mensaje= "Mensaje para compartir";
```

Vemos que la etiqueta del parámetro extra para compartir tiene un valor específico `Intent.EXTRA_TEXT`, constante definida en la clase `Intent`, que será la etiqueta predefinida que utilizará la segunda actividad para extraer el texto compartido.

En el siguiente ejemplo crearemos un nuevo proyecto llamado *Share*, que tendrá en la barra de acción un botón para compartir un texto con una aplicación externa. Le pondremos una actividad básica, para que se incluya la barra de acción, borraremos el botón flotante y sustituiremos el layout por el siguiente:

Fichero *milayout.xml*:

```
<?xml version="1.0" encoding="utf-8"?>
<LinearLayout
xmlns:android="http://schemas.android.com/apk/res/android"
xmlns:app="http://schemas.android.com/apk/res-auto"
android:background="#ffffdd"
android:orientation="vertical"
android:layout_width="match_parent"
android:layout_height="match_parent">

<android.support.v7.widget.Toolbar
```

```
    android:id="@+id/toolbar"
    android:layout_width="match_parent"
    android:layout_height="wrap_content"
    app:titleTextColor="#ffffff"
    android:background="#0000ff"
    android:theme=
        "@style/ThemeOverlay.AppCompat.Dark.ActionBar"
    app:popupTheme=
        "@style/ThemeOverlay.AppCompat.Light"/>

<TextView
    android:id="@+id/textview"
    android:textSize="35dp"
    android:text="Compartir en la barra de acción con
ShareActionProvider"
    android:layout_width="wrap_content"
    android:layout_height="wrap_content" />

    <TextView
        android:id="@+id/textview2"
        android:textSize="40dp"
        android:text=""
        android:layout_width="wrap_content"
        android:layout_height="wrap_content" />

</LinearLayout>
```

El fichero con el menú de la barra de acción lo modificaremos de la siguiente forma, para incluir un botón “share” (compartir), con la propiedad ShareActionProvider, y dos ítems en el menú oculto.

Fichero *res/menu/menu_main.xml*:

```
<menu
xmlns:android="http://schemas.android.com/apk/res/android"
    xmlns:app="http://schemas.android.com/apk/res-auto"
    xmlns:tools="http://schemas.android.com/tools"
    tools:context="es.ugr.amaro.share.MainActivity">

    <item android:id="@+id/share"
       app:showAsAction="ifRoom"
       android:title="share"
       app:actionProviderClass=
         "android.support.v7.widget.ShareActionProvider" />

    <item
        android:id="@+id/item1"
```

```
        android:orderInCategory="8"
        android:title="Item 1"
        app:showAsAction="never" />
    <item
        android:id="@+id/item2"
        android:orderInCategory="1"
        android:title="Borrar"
        app:showAsAction="never" />

</menu>
```

Procuraremos también que en el fichero *AndroidManifest.xml* se declare la propiedad theme, en la seccion `<application>` y en `<activity>` si fuera necesario, con el siguiente tema:

```
android:theme="@style/Theme.AppCompat.Light.NoActionBar"
```

El programa Java es el siguiente:

MainActivity.java:

```
package es.ugr.amaro.share;

import android.content.Intent;
import android.os.Bundle;
import android.support.v4.view.MenuItemCompat;
import android.support.v7.app.AppCompatActivity;
import android.support.v7.widget.ShareActionProvider;
import android.support.v7.widget.Toolbar;
import android.view.Menu;
import android.view.MenuItem;
import android.widget.TextView;


public class MainActivity extends AppCompatActivity {

    TextView tv;
    Intent intent;
    ShareActionProvider saProvider;
    @Override
    protected void onCreate(Bundle savedInstanceState) {
        super.onCreate(savedInstanceState);
        setContentView(R.layout.milayout);
        tv=findViewById(R.id.textview2);
        Toolbar toolbar =
                        (Toolbar) findViewById(R.id.toolbar);
        setSupportActionBar(toolbar);
```

```
    }

    @Override
    public boolean onCreateOptionsMenu(Menu menu) {
        // Infla el menú
        getMenuInflater().inflate(R.menu.menu_main, menu);
        // Encuentra el MenuItem con el ShareActionProvider
        MenuItem shareItem = menu.findItem(R.id.share);
        // Obtiene su ShareActionProvider
        saProvider =  (ShareActionProvider)
                MenuItemCompat.getActionProvider(shareItem);
        // Construye el intent para compartir
        intent = new Intent();
        intent.setAction(Intent.ACTION_SEND);
        intent.setType("text/plain");
        intent.putExtra(Intent.EXTRA_TEXT,
                "Mensaje compartido con ShareActionProvider");
        // Asigna al ShareActionProvider el intent
        if (saProvider != null) {
            saProvider.setShareIntent(intent);
        }
        return true;
    }

    @Override
    public boolean onOptionsItemSelected(MenuItem item) {
        int id = item.getItemId();

        if (id == R.id.item1) {
            tv.append("\nPulsado el item 1");
            return true;
        }
        if (id == R.id.item2) {
            tv.setText("");
            return true;
        }
        if (id==R.id.share){
            tv.append("\nPulsado el item share");
            intent.putExtra(Intent.EXTRA_TEXT,
                                        "Mensaje Modificado");
            saProvider.setShareIntent(intent);
            return true;
        }
        return super.onOptionsItemSelected(item);
    }
}
```

Nótese que, en el método `onOptionsItemSelected`, hemos añadido una acción para ejecutar si se pulsa el botón “share”. Incluso hemos vuelto a modificar el texto del intent y se lo hemos vuelto a asignar al proveedor. Pero al ejecutar esta aplicación comprobamos que este código no se ejecuta al pulsar el botón de compartir. Esto es así porque el proveedor es quien recibe el evento al pulsar el botón. Por tanto, si queremos modificar el intent y reasignarlo al proveedor, hay que hacerlo en otro lugar, ya que no hay forma de saber si se ha pulsado el botón “compartir”. En la siguiente sección veremos una forma de modificar el intent.

El resultado de ejecutar esta app se ve en las figuras 9.1 y 9.2. Observamos que, depués de compartir el texto (usando Instagram, por ejemplo), al volver a la aplicación el icono de Instagram se ha añadido a la barra de nuestra app. Si en la siguiente acción compartimos con Twitter (o con cualquier otra aplicación), el icono de Twitter (o el que corresponda) aparecerá en la barra. En la lista desplegable para compartir aparecen las últimas apps utilizadas.

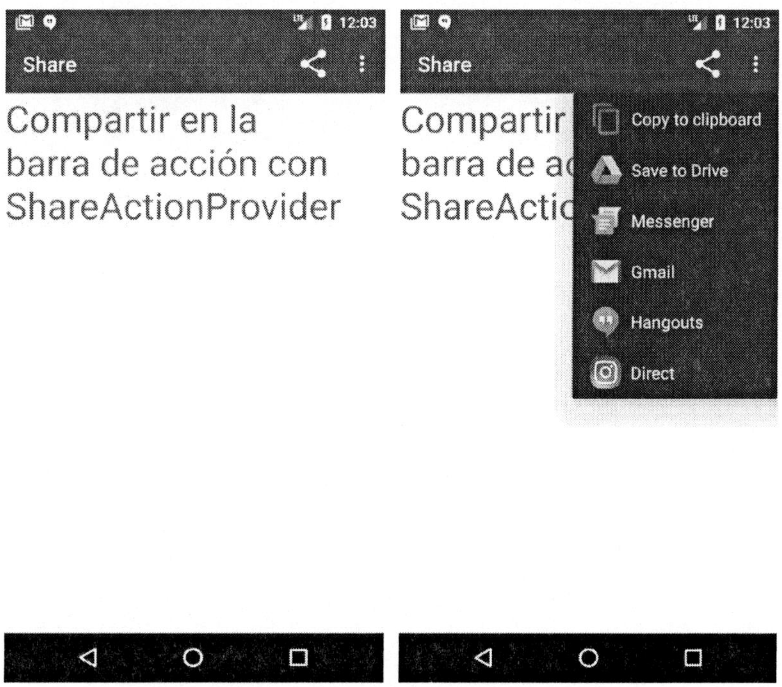

Figura 9.1 Botón para compartir en la barra de acción.

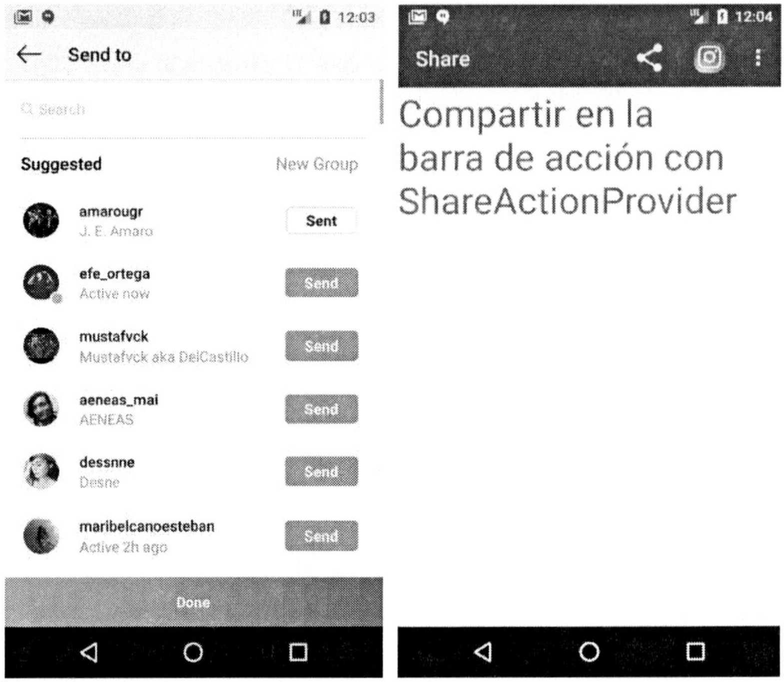

Figura 9.2 Al compartir en Instagram se añade su icono a la barra de acción.

8.4 Actualizar los datos a compartir

En el siguiente ejemplo el usuario escribe en un campo de texto un mensaje que compartirá pulsando el botón "share" de la barra de acción. Esta app se ha construido a partir de la de la sección anterior, añadiendo al layout un EditText y modificando ligeramente el tamaño del texto. También añadimos al menú un botón para borrar el mensaje.

En el programa Java, nuestro EditText debe detectar los cambios de texto a medida que el usuario va escribiendo, para poder modificar el Intent que se va a compartir cada vez que el texto se modifica. Para ello ejecutamos el método

```
miText.addTextChangedListener(this);
```

Este método toma como argumento una interfaz `TextWatcher`, que implementaremos en nuestra actividad. Hay que implementar los tres métodos `beforeTextChanged`, `onTextChanged` y `afterTextChanged`. El contenido de este último método se ejecutará cada vez que el texto del mensaje sufra un cambio, inclusive si se ha copiado texto con *paste*. Es en este momento cuando actualizamos el contenido del Intent que se va a enviar a la segunda actividad para compartir.

Fichero *milayout.xml*:

```
<?xml version="1.0" encoding="utf-8"?>
<LinearLayout
xmlns:android="http://schemas.android.com/apk/res/android"
xmlns:app="http://schemas.android.com/apk/res-auto"
android:background="#ffffdd"
android:orientation="vertical"
android:layout_width="match_parent"
android:layout_height="match_parent">

<android.support.v7.widget.Toolbar

    android:id="@+id/toolbar"
    android:layout_width="match_parent"
    android:layout_height="wrap_content"
    app:titleTextColor="#ffffff"
    android:background="#0000ff"
    android:theme=
        "@style/ThemeOverlay.AppCompat.Dark.ActionBar"
    app:popupTheme=
        "@style/ThemeOverlay.AppCompat.Light"/>

<TextView
    android:id="@+id/textview"
    android:textSize="20dp"
    android:text="Escriba un mensaje para compartir"
    android:layout_width="wrap_content"
    android:layout_height="wrap_content" />

    <EditText
        android:id="@+id/editText"
        android:textSize="25dp"
        android:layout_width="match_parent"
        android:layout_height="wrap_content" />

    <TextView
        android:id="@+id/textview2"
        android:textSize="20dp"
        android:text=""
        android:layout_width="wrap_content"
        android:layout_height="wrap_content" />

</LinearLayout>
```

En el siguiente fichero *menu_main.xml*, los ítems item1 e item2 del menú oculto son indiferentes para este ejemplo.

```
<menu
xmlns:android="http://schemas.android.com/apk/res/android"
    xmlns:app="http://schemas.android.com/apk/res-auto"
    xmlns:tools="http://schemas.android.com/tools"
    tools:context="es.ugr.amaro.share.MainActivity">

    <item
        android:id="@+id/delete"
        android:icon="@android:drawable/ic_delete"
        android:title="Delete"
        app:showAsAction="ifRoom"/>

    <item android:id="@+id/share"
        app:showAsAction="ifRoom"
        android:title="share"
app:actionProviderClass="android.support.v7.widget.ShareActio
nProvider" />

    <item
        android:id="@+id/item1"
        android:orderInCategory="8"
        android:title="Item 1"
        app:showAsAction="never" />
    <item
        android:id="@+id/item2"
        android:orderInCategory="1"
        android:title="Borrar"
        app:showAsAction="never" />

</menu>
```

Fichero *MainActivity.java*:

```
package es.ugr.amaro.share;

import android.content.Intent;
import android.os.Bundle;
import android.support.v4.view.MenuItemCompat;
import android.support.v7.app.AppCompatActivity;
import android.support.v7.widget.ShareActionProvider;
import android.support.v7.widget.Toolbar;
import android.text.Editable;
import android.text.TextWatcher;
import android.view.Menu;
```

```
import android.view.MenuItem;
import android.widget.EditText;
import android.widget.TextView;

public class MainActivity extends AppCompatActivity
                          implements TextWatcher{

    EditText miText;
    String mensaje="";
    TextView tv;
    Intent intent;
    ShareActionProvider saProvider;

    @Override
    protected void onCreate(Bundle savedInstanceState) {
        super.onCreate(savedInstanceState);
        setContentView(R.layout.milayout);
        tv=findViewById(R.id.textview2);
        Toolbar toolbar = (Toolbar)
                          findViewById(R.id.toolbar);
        setSupportActionBar(toolbar);
        miText= findViewById(R.id.editText);
        miText.addTextChangedListener(this);
    }

    @Override
    public boolean onCreateOptionsMenu(Menu menu) {
        // Infla el menú
        getMenuInflater().inflate(R.menu.menu_main, menu);
        // Encuentra el MenuItem con el ShareActionProvider
        MenuItem shareItem = menu.findItem(R.id.share);
        // Obtiene su ShareActionProvider
        saProvider =  (ShareActionProvider)
                 MenuItemCompat.getActionProvider(shareItem);
        // Construye el intent para compartir
        intent = new Intent();
        intent.setAction(Intent.ACTION_SEND);
        intent.setType("text/plain");
        intent.putExtra(Intent.EXTRA_TEXT,
              "Mensaje compartido con ShareActionProvider");
        // Asigna al ShareActionProvider su intent
        if (saProvider != null) {
            saProvider.setShareIntent(intent);
        }
        return true;
    }

    @Override
```

```
    public boolean onOptionsItemSelected(MenuItem item) {
        int id = item.getItemId();

        if (id == R.id.item1) {
            tv.append("\nPulsado el item 1");
            return true;
        }
        if (id == R.id.item2) {
            tv.setText("");
            return true;
        }
        if (id == R.id.delete) {
            miText.setText("");
            tv.setText("Mensaje borrado");
            return true;
        }
        return super.onOptionsItemSelected(item);
    }

    public void beforeTextChanged(CharSequence s,
                        int start, int count, int after) {
        }

    public void onTextChanged(CharSequence s,
                        int start, int before, int count) {
        }

    public void afterTextChanged(Editable s) {
        if (s.length() > 0) {
            mensaje= miText.getText().toString();
            intent.putExtra(Intent.EXTRA_TEXT, mensaje);
            saProvider.setShareIntent(intent);
            tv.setText(mensaje);
        }
    }

}
```

En este programa nótese que los métodos `beforeTextChanged` y `onTextChanged` están vacíos, ya que no sirven a nuestros propósitos, y que solo hemos implementado el método `afterTextChanged(Editable s)`, cuyo argumento será el texto editable. Entonces comprobamos si su longitud es mayor que cero, en cuyo caso actualizamos el Intent. Para monitorizar la operación, también escribimos el contenido del mensaje en el segundo TextView. El resultado de ejecutar esta app en un teléfono Samsung Galaxy y utilizarla para compartir un mensaje en WhatsApp y en Instagram se muestra en las figuras 9.3, 9.4 y 9.5. Este proyecto está disponible en el fichero *Share.zip* de la página de descargas de este libro.

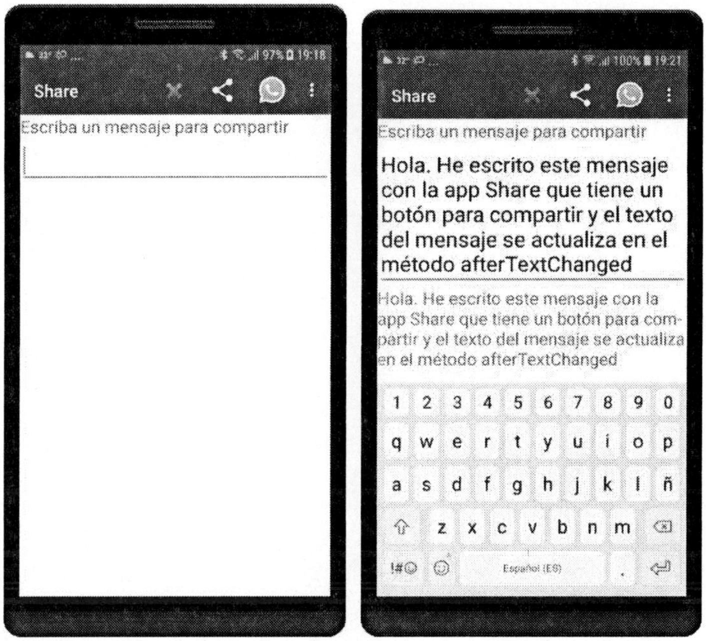

Figura 9.3 Aplicación para compartir un mensaje actualizado con afterTextChanged.

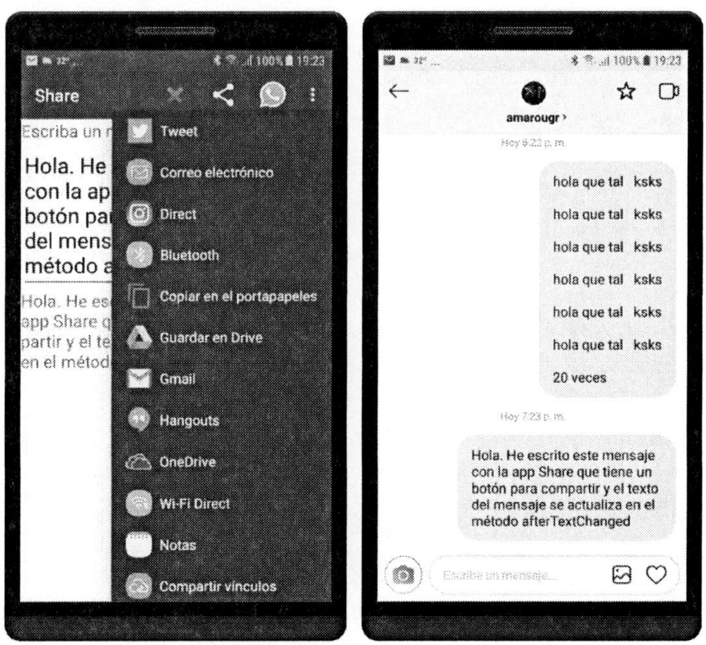

Figura 9.4 Compartiendo un mensaje con Instagram.

Figura 9.5 Compartiendo un mensaje con WhatsApp.

10. MANEJO DE FICHEROS

Los dispositivos Android poseen una unidad de almacenamiento interno (memoria) y pueden tener otra externa, como una tarjeta microSD extraíble. En este capítulo veremos cómo se puede acceder a estas unidades de almacenamiento para leer y escribir ficheros desde nuestra aplicación.

10.1 Permisos de acceso al almacenamiento

La jerga oficial de Android sobre los diversos modos de almacenamiento puede resultar algo confusa. El almacenamiento interno se refiere a la grabación de datos privados en la memoria del dispositivo, mientras que el almacenamiento externo se refiere al almacenamiento de datos públicos en el área de almacenamiento externo compartido. Pero en ambos casos el almacenamiento se realiza en distintos directorios de la memoria interna del teléfono. El usuario y las aplicaciones que no son del sistema solo pueden escribir en una partición conocida como "tarjeta SD", que está montada como una carpeta en modo de escritura, donde se localizan todos los documentos y archivos del usuario. A esta carpeta se accede cuando inspeccionamos la memoria interna del teléfono con un explorador de archivos. También podemos acceder a la tarjeta microSD extraíble, que podría no estar disponible y se utiliza con menos frecuencia.

En las últimas versiones de Android se ha procurado restringir la escritura de ficheros (y el borrado) de forma indiscriminada en localizaciones arbitrarias (carpetas) de la memoria interna. Además, se han añadido comprobaciones de seguridad por parte del usuario. La documentación oficial de Android sugiere que ahora las apps no pueden escribir en cualquier carpeta del dispositivo, sino solo en las carpetas denominadas públicas, como Documents, Downloads, Music, Pictures, Movies, etc. El contenido de estas carpetas, presentes en todos los teléfonos Android, constituye lo que se denomina "almacenamiento externo compartido", ya que son fácilmente accesibles para todas las aplicaciones. En el extremo contrario, toda aplicación posee de forma automática una carpeta propia de uso privado a la que, en teoría, no tienen acceso las otras apps, y que puede utilizarse como almacenamiento interno para datos de uso exclusivo. Las carpetas de almacenamiento interno están localizadas en el directorio `Android` de la tarjeta SD. A continuación, veremos ejemplos sobre cómo explorar y acceder a estos sitios y cómo grabar nuestros datos en ellos.

Para todos estos ejemplos crearemos un proyecto titulado *CheckStorage,* que iremos modificando a lo largo del capítulo. Le pondremos una actividad vacía y el siguiente fichero de layout, que contiene un botón y un TextView, todo dentro de un ScrollView, ya que mostraremos listados de directorios, que pueden ser bastante extensos.

```
<?xml version="1.0" encoding="utf-8"?>

<ScrollView
xmlns:android="http://schemas.android.com/apk/res/android"
    android:layout_width="match_parent"
    android:layout_height="match_parent">

    <LinearLayout
        android:layout_width="match_parent"
        android:layout_height="match_parent"
        android:background="#ffccaa"
        android:orientation="vertical">

        <Button
            android:id="@+id/button"
            android:textSize="18dp"
            android:layout_width="wrap_content"
            android:layout_height="wrap_content"
            android:text="Ckeck" />


        <TextView
            android:id="@+id/texto"
            android:layout_width="fill_parent"
            android:layout_height="wrap_content"
            android:baselineAligned="false"
            android:text="Comprueba almacenamiento"
            android:textColor="#000000"
            android:textSize="18dp" />
    </LinearLayout>

</ScrollView>
```

Las operaciones de lectura y escritura en la memoria requieren, en primer lugar, declarar los correspondientes permisos en el fichero *AndroidManifest.xml,* añadiendo las siguientes líneas, por ejemplo antes de la etiqueta `<application>`:

```
<uses-permission
   android:name="android.permission.READ_EXTERNAL_STORAGE"/>
<uses-permission
   android:name="android.permission.WRITE_EXTERNAL_STORAGE"/>
```

A continuación, modificamos la actividad MainActivity.java para convertirla en un programa que haga lo siguiente:

1. Solicitar al usuario el acceso de lectura/escritura.
2. En caso de recibir permiso acceder al directorio raíz del sistema.
3. Intentar crear un subdirectorio.
4. Escribir en pantalla un listado del contenido del directorio raíz.

Para ello, al pulsar el botón (ver figura 10.1, izquierda) se invoca el método `ActivityCompat.requestPermissions`, lo que provoca la apertura de un cuadro de diálogo que solicita el permiso de acceso al almacenamiento del teléfono (figura 10.2, derecha). Cuando el usuario pulsa el botón “Permitir” (o “Rechazar”), el sistema ejecuta el método `onRequestPermissionsResult`, que es donde debemos llamar a nuestro método, `writeSD`, para leer/escribir.

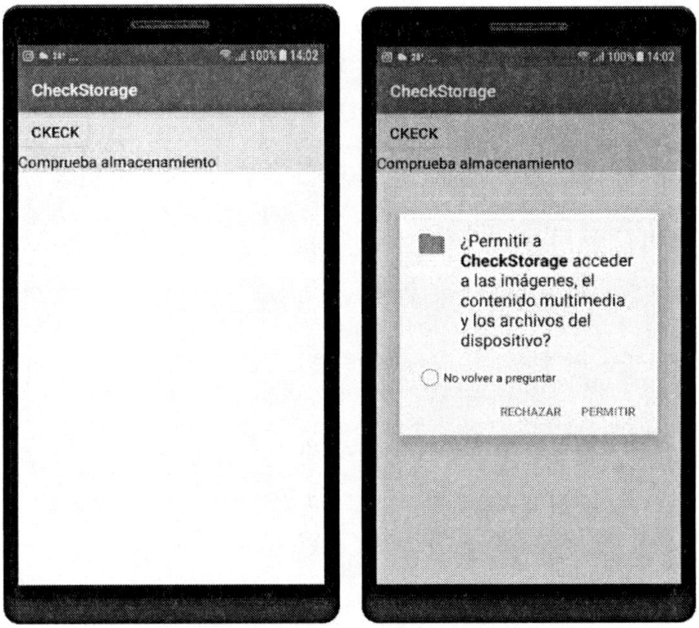

Figura 10.1 Aplicación para acceder al almacenamiento de un teléfono Samsung Galaxy J.

El programa MainActivity.java es el siguiente:

```
package es.ugr.amaro.checkstorage;

import android.Manifest;
import android.content.pm.PackageManager;
import android.os.Environment;
import android.support.v4.app.ActivityCompat;
import android.support.v7.app.AppCompatActivity;
import android.os.Bundle;
import android.view.View;
import android.widget.Button;
import android.widget.TextView;

import java.io.File;
import java.io.FileNotFoundException;
import java.io.FileOutputStream;
import java.io.PrintWriter;

public class MainActivity extends AppCompatActivity
implements View.OnClickListener{

    final int MY_PERMISSIONS=1;
    TextView tv;
    @Override
    protected void onCreate(Bundle savedInstanceState) {
        super.onCreate(savedInstanceState);
        setContentView(R.layout.milayout);
        tv = (TextView) findViewById(R.id.texto);
        Button button=findViewById(R.id.button);
        button.setOnClickListener(this);
    } // ON CREATE

    public void onClick(View v) {

        ActivityCompat.requestPermissions(this,
            new String[]{
            Manifest.permission.WRITE_EXTERNAL_STORAGE},
                MY_PERMISSIONS);
    }

    @Override
    public void onRequestPermissionsResult(int requestCode,
                String permissions[], int[] grantResults) {
        if (requestCode== MY_PERMISSIONS) {
            // Si no se autoriza, los arrays están vacios
            if (grantResults.length > 0
```

```
  && grantResults[0] == PackageManager.PERMISSION_GRANTED) {

      //Permiso concedido. Llamada al método para escribir
        tv.append("\nPermiso concedido para escribir\n");
        tv.append(permissions[0]);
        this.writeSD();

    } else {
      // Permiso denegado
        tv.append("\n\n No permission given");
    }
   }
  } // fin onRequestPermissionsResult

void writeSD() {

     String state = Environment.getExternalStorageState();
     tv.append("\nEstado:" + state);

      /* Comprueba si la memoria externa está montada  */
         if (Environment.MEDIA_MOUNTED.equals(state))
             tv.append("\nExternal storage Mounted");

         // Explorando el directorio raiz
         String rootPath = "/";
         File rootFile = new File(rootPath);
         String rootPath2 = rootFile.getAbsolutePath();
         tv.append("\nAbsolutePath=" + rootPath2);

         // Intenta crear un subdirectorio datos
         File datos = new File(rootFile, "datos");
         if (datos.mkdirs())
             tv.append("\nDirectorio creado" +
                                 datos.getAbsolutePath());
         else
             tv.append("\nNo se puede crear directorio");

         // Listado del directorio
         try {
             String[] listado = rootFile.list();
             int nfiles = listado.length;
             tv.append("\n no. files=" + nfiles);
             for (int i = 0; i < nfiles; i++) {
                 tv.append("\n" + listado[i]);
             }
         } catch (Exception e) {
             tv.append("Error:" + e);
```

```
        }
    }
```

El resultado de ejecutar este programa, tras dar el permiso en un teléfono Samsung Galaxy J, con Android 7, se ve en la figura 10.2.

Vemos que el método `ActivityCompat.requestPermissions` requiere como argumento un array de cadenas, que en este caso contiene un único elemento, `Manifest.permission.`***`WRITE_EXTERNAL_STORAGE`***, con el permiso que pedimos y el código de solicitud, que es una constante entera que hemos definido: **`MY_PERMISSIONS`**`=1`.

Por otro lado, el método `onRequestPermissionsResult` recibe como argumentos el código de solicitud anterior, que aquí se llama `requestCode`, el array de cadenas `permission` con los pemisos que se han pedido y, por último, un array de enteros que contiene el resultado de la solicitud. En este ejemplo, el único permiso solicitado se habrá concedido si el primer elemento resulta ser igual a la constante `PackageManager.`***`PERMISSION_GRANTED`***. En ese caso llamamos al método `writeSD`.

Esta estructura para pedir permisos durante la ejecución es obligatoria a partir de la versión de Android 6.0 (API 23). Habrá que incluirla, por tanto, en todos los proyectos que accedan al almacenamiento.

En este ejemplo, todas las acciones de acceso a la memoria se realizan en el método que hemos llamado `writeSD`:

1. Utilizamos `Environment.getExternalStorageState` para determinar si existe tarjeta SD y si está disponible (mounted). En la figura 10.2 vemos que, en efecto, la tarjeta está montada.
2. Para manejar ficheros usamos la clase `File` del paquete `java.io`.
3. Para crear el subdirectorio `datos` en el directorio raíz "/" aplicamos el método `mkdirs`, que devuelve "TRUE" si el directorio se ha creado con éxito. En este caso, comprobamos que el directorio no se ha creado (figura 10.2), ya que el directorio raíz solo se puede leer y únicamente el superusuario (root) tiene privilegios para escribir.
4. Para obtener un listado del directorio raíz aplicamos el método `list` de la clase File, que devuelve un array con los nombres de todos los ficheros y directorios. Como se ve en la figura 10.2, la lista no está ordenada alfabéticamente.

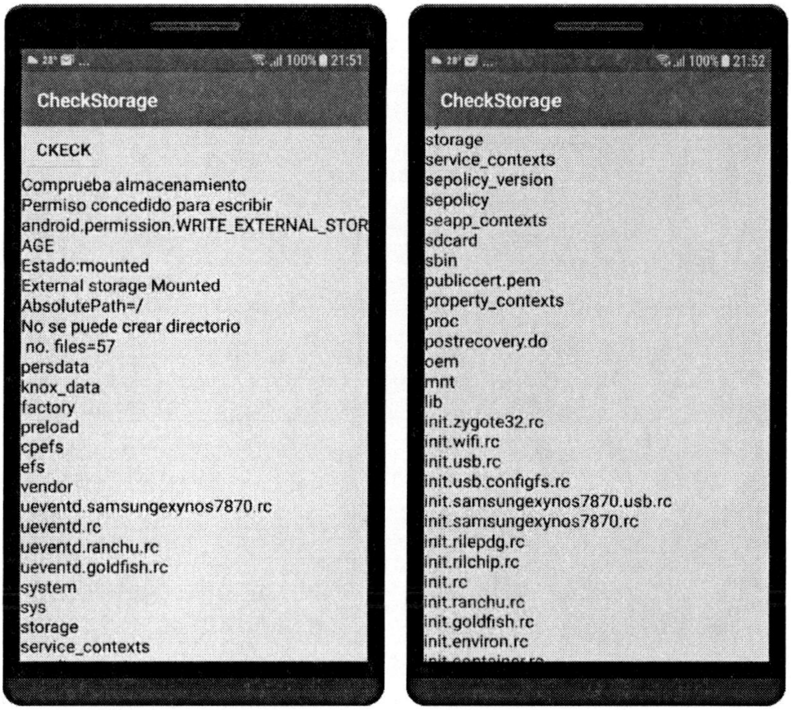

Figura 10.2 Listado del directorio raíz de un teléfono Samsung Galaxy J con versión de Android 7.0.

10.2 Escribir un fichero en la tarjeta SD

En el siguiente ejemplo modificaremos el método `writeSD` de la sección anterior para crear un directorio y escribir un fichero en el área de la memoria donde está permitido escribir. Esta se conoce como tarjeta SD o almacenamiento externo (no hay que confundirla con la tarjeta microSD extraíble). Estará montada en una carpeta del sistema cuya ruta puede depender del fabricante del dispositivo y del modelo. Además, esta ruta no es única porque la tarjeta SD puede ser accesible desde diversos directorios mediante enlaces simbólicos. En los dispositivos más modernos la carpeta SD se suele encontrar en las carpetas `/sdcard` y también en /storage/emulated/0, pero estas localizaciones podrían cambiar. Lo menos arriesgado es obtener dicha ruta ejecutando el método

```
System.getenv("EXTERNAL_STORAGE")
```

En este ejemplo:

1. Accedemos a la tarjeta SD, donde creamos un subdirectorio `datos`.

2. Seguidamente, mostramos un listado del contenido de la tarjeta.
3. Creamos un fichero `datos1.txt` en el subdirectorio `datos`.
4. Para escribir usamos las clases de Java `FileOutputStream` y `PrintWriter`. El método `println` permite escribir una línea en el fichero.
5. Guardamos y cerramos el fichero con `flush` y `close`.

```
void writeSD(){

// Busca el directorio de almacenamiento externo
String root= System.getenv("EXTERNAL_STORAGE");
tv.append("\n\nEXTERNAL_STORAGE:"+root);

File rootFile = new File(root);
String rootPath = rootFile.getAbsolutePath();
tv.append("\nAbsolutePath=" + rootPath);

// Intenta crear un subdirectorio datos
File datos = new File(rootFile, "datos");
if (datos.mkdirs())
    tv.append("\nDirectorio creado" +
            datos.getAbsolutePath());
else
    tv.append("\nNo se puede crear directorio");

try {
    String[] lista = rootFile.list();
    int nfiles = lista.length;
    tv.append("\n no. files=" + nfiles);
    for (int i = 0; i < nfiles; i++) {
        tv.append("\n" + lista[i]);
    }
} catch (Exception e) {
    tv.append("Error:" + e);
}

try{
File fichero=new File(datos,"datos1.txt");
    FileOutputStream fos =
            new FileOutputStream(fichero);
    PrintWriter pw= new PrintWriter(fos);
    pw.println("Primera linea del fichero");
    pw.println("Segunda linea del fichero");
    pw.flush();
    pw.close();
    tv.append("\n\n Fichero grabado");
} catch (FileNotFoundException e){
```

```
            e.printStackTrace();
            tv.append("\n\n "+e);
        }
    } // write SD
```

La figura 10.3 muestra la salida de este programa en un teléfono Samsung Galaxy. Como vemos, la ruta de la tarjeta SD es `/sdcard`. El directorio `datos` se ha creado con éxito y aparece en el listado del contenido de la tarjeta. Finlmente, el fichero `datos1.txt` también se crea con éxito. Si abrimos este fichero usando un explorador de archivos veremos que su contenido es el siguiente:

```
Primera línea del fichero
Segunda línea del fichero
```

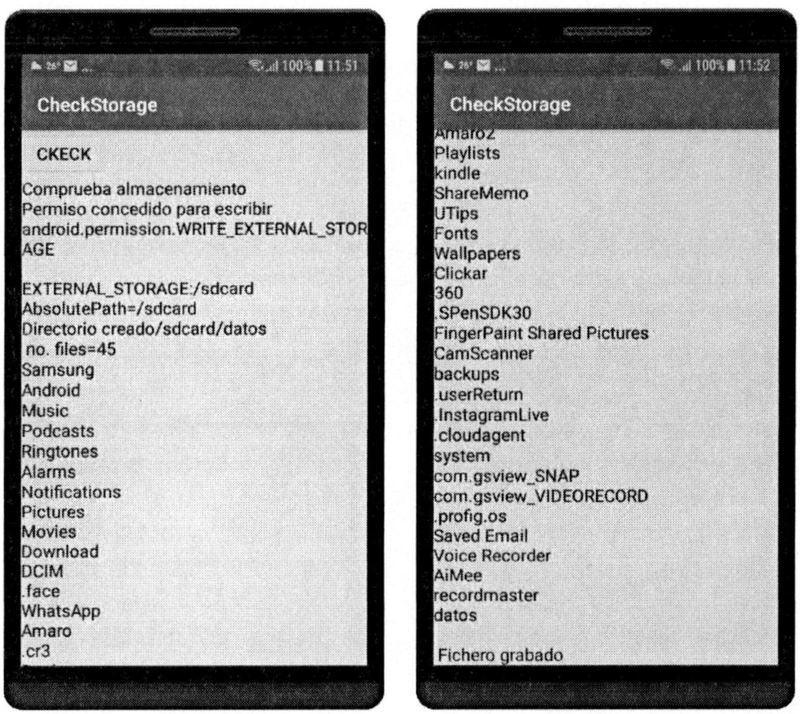

Figura 10.3 Contenido de la tarjeta SD.

Nótese que, en este ejemplo, ha sido posible crear una carpeta en el directorio raíz de la tarjeta SD, cosa que no está entre las opciones de almacenamiento disponibles, según la documentación oficial de Android Developers. Consultando la información más reciente, que se puede encontrar en la página web https://developer.android.com/guide/topics/data/data-storage, vemos que se da a entender que solo es posible el almacenamiento de datos públicos en el almacenamiento externo compartido, compuesto por las carpetas comunes Documents, Music, Pictures, etc., que veremos a continuación.

10.3 Almacenamiento externo compartido

En la sección anterior hemos creado un directorio y un fichero en el directorio raíz de la tarjeta SD. Esta no es una de las opciones de almacenamiento "recomendadas". Comoquiera que, en otras versiones de Android, se podría restringir el acceso a estas áreas de la tarjeta SD, o esto dependiera del fabricante, en el siguiente ejemplo exploraremos la zona recomendada de almacenamiento externo compartido. Esta está compuesta por las carpetas comunes para poner archivos de un tipo determinado, como Documents, Pictures, Music, Downloads, etc. Al poner nuestros archivos en estas carpetas compartidas, los exponemos al escáner de medios del sistema, que podrá identificarlos y serán reconocidos por otras aplicaciones.

En el siguiente ejemplo crearemos un subdirectorio y un archivo en la carpeta compartida Documents. Lo primero que hay que hacer es averiguar la ruta completa de la carpeta Documents. Aunque sabemos que está en la tarjeta SD, y conocemos la ruta de esta gracias al ejemplo anterior, se recomienda usar el método oficial `getExternalStoragePublicDirectory`, ya que la ruta podría variar en distintas versiones de Android, mientras que el método recomendado funcionará siempre. Así pues, para obtener la ruta de la carpeta Documents, crearemos un objeto File apuntando a Documents mediante

```
File documents =
        Environment.getExternalStoragePublicDirectory(
        Environment.DIRECTORY_DOCUMENTS);
```

donde el argumento indica el tipo de directorio de almacenamiento que queremos. Este debe ser uno de los siguientes:

```
DIRECTORY_MUSIC,
DIRECTORY_PODCASTS,
DIRECTORY_RINGTONES,
DIRECTORY_ALARMS,
DIRECTORY_NOTIFICATIONS,
DIRECTORY_PICTURES,
DIRECTORY_MOVIES,
DIRECTORY_DOWNLOADS,
DIRECTORY_DCIM,
DIRECTORY_DOCUMENTS.
```

El procedimiento para crear un directorio y escribir un fichero es similar al ejemplo de la sección anterior. El método `writeSD` queda como sigue:

```
void writeSD(){
    /* Escribe en el almacenamiento externo compartido  */

     // Directorio público Documents del usuario
     File documents =
             Environment.getExternalStoragePublicDirectory(
             Environment.DIRECTORY_DOCUMENTS);
     tv.append("\n documents directory=" + documents);
     File mydocuments = new File(documents, "mydocuments");
     tv.append("\n\nDirectory to be created=" + mydocuments);
     if (mydocuments.exists())
         tv.append("\n\nFile already exists:"
                 + mydocuments.getAbsolutePath());
     else{
         if (mydocuments.mkdirs())
             tv.append("\n\nDirectorio creado:"
                     + mydocuments.getAbsolutePath());
         else
             tv.append("\n\nDirectorio no creado:"
                     + mydocuments.getAbsolutePath());
     }

     // Creamos un fichero en el directorio mydocuments
     try{
         File fichero=new File(mydocuments,"datos1.txt");
         FileOutputStream fos = new FileOutputStream(fichero);
         PrintWriter pw= new PrintWriter(fos);
         pw.println("Primera linea del fichero");
         pw.println("Segunda linea del fichero");
         pw.flush();
         pw.close();
         tv.append("\n\n Fichero grabado");
     } catch (FileNotFoundException e){
         e.printStackTrace();
         tv.append("\n\n "+e);
     }
}  // writeSD
```

En la figura 10.4 podemos ver una captura de pantalla de un teléfono Samsung Galaxy J7. Observamos que la ruta del directorio Documents obtenida es `/storage/emulated/0/Documents`, en lugar de `/sdcard/Documents`, como se deduciría del ejemplo anterior. El lector puede comprobar que ambas rutas son igualmente válidas. Si navegamos ahora con nuestro teléfono hacia la carpeta Documents, veremos que se ha creado un subdirectorio mydocuments y dentro está el fichero *datos1.txt*.

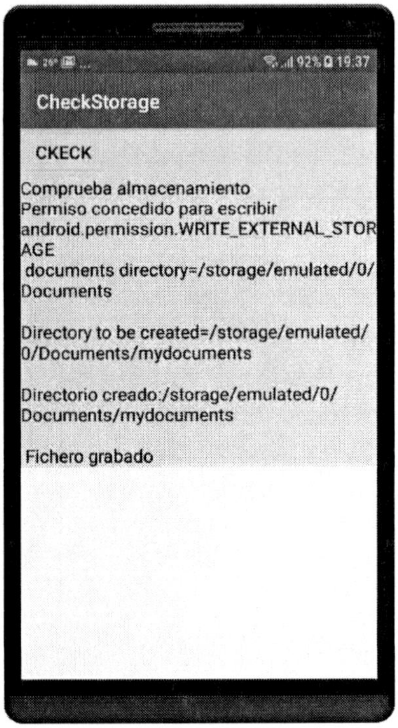

Figura 10.4 Acceso al almacenamiento externo compartido en la carpeta Documents.

10.4 Almacenamiento interno en la tarjeta microSD

La opción de almacenamiento interno permite escribir ficheros en directorios exclusivos de cada aplicación, que normalmente no son accesibles fácilmente o están ocultos para el usuario y otras apps. Tiene la ventaja de que no requiere solicitar permisos de escritura en el manifiesto ni durante la ejecución. Existen varias localizaciones internas que se pueden utilizar, tanto en la tarjeta SD como en la tarjeta microSD extraíble. Todos los datos grabados en estos sitios se eliminan al desinstalar la aplicación.

En el siguiente proyecto, CheckMicroSD, examinaremos varias formas disponibles de almacenamiento interno. En particular, veremos cómo se escriben datos en las carpetas `Android/media`, que están localizadas tanto en la tarjeta SD como en la tarjeta microSD extraíble. El método ilustrado en este ejemplo es la forma más sencilla de escribir en la tarjeta microSD extraíble.

Las siguientes instrucciones

```
File dir = getFilesDir();
File dir = getCacheDir();
File dir = getExternalFilesDir();
File dir[] = getExternalMediaDir();
```

devuelven un objeto de tipo File, `dir`, apuntando a un directorio interno concreto donde podemos escribir. En el caso de `getExternalMediaDir`, obtenemos un array. El primer elemento del array apunta normalmente a la tarjeta SD y el segundo a la tarjeta microSD extraíble (esto nos permite averiguar la ruta de la tarjeta microSD). Este método fue introducido en Android 5.0 y, por tanto, requiere que nuestro proyecto cubra como mínimo el API 21.

Para proceder, en Android Studio crearemos un nuevo proyecto, CheckMicroSD, seleccionando minimun SDK: API 21 Android 5.0 (lollipop). Pondremos una actividad vacía y copiaremos el mismo fichero de layout, *milayout.xml*, usado en los ejemplos de este capítulo. Recordemos que consiste en un ScrollView que contiene un LinearLayout con un un botón y un texto. En AndroidManifest.xml no será necesario declarar ningún permiso de escritura. Ni tampoco dentro del programa Java.

En el programa Java siguiente, accederemos a los directorios internos obtenidos por los métodos mencionados, y crearemos un subdirectorio en cada uno de ellos. También haremos un loop sobre los directorios del array devuelto por `getExternalMediaDir` y grabaremos en cada uno de ellos un fichero de texto.

```
package es.ugr.amaro.checkmicrosd;

import android.os.Bundle;
import android.os.Environment;
import android.support.v7.app.AppCompatActivity;
import android.view.View;
import android.widget.Button;
import android.widget.TextView;

import java.io.File;
import java.io.FileNotFoundException;
import java.io.FileOutputStream;
import java.io.PrintWriter;

public class MainActivity extends AppCompatActivity
implements View.OnClickListener{

    TextView tv;
    @Override
    protected void onCreate(Bundle savedInstanceState) {
```

```
        super.onCreate(savedInstanceState);
        setContentView(R.layout.milayout);
        tv = (TextView) findViewById(R.id.texto);
        Button button=findViewById(R.id.button);
        button.setOnClickListener(this);
    }  // ON CREATE

    public void onClick(View v) {
        writeSD();
    }

    void writeSD(){

        File filesDir=getFilesDir();
        tv.append("\n\nFilesDir="+filesDir);
        File filesSubdir=new File(filesDir,"filesSubdir");
        if(filesSubdir.mkdirs())
            tv.append("\nSubdirectorio creado:"+filesSubdir);

        File cacheDir=getCacheDir();
        tv.append("\n\nCacheDir="+cacheDir);
        File cacheSubdir=new File(cacheDir,"cacheSubdir");
        if(cacheSubdir.mkdirs())
            tv.append("\nSubdirectorio creado:"+cacheSubdir);

        File externalFilesDir=getExternalFilesDir(null);
        tv.append("\n\nExternalFilesDir="+externalFilesDir);
        File externalFilesSubdir=new File(
                externalFilesDir,"externalFilesSubdir");
        if(externalFilesSubdir.mkdirs())
            tv.append("\nSubdirectorio creado:"
                    +externalFilesSubdir);

        // requiere API level 21 (Android 5)
        File[] dirs= getExternalMediaDirs();

        for(File file: dirs) {
            tv.append("\n\n file:" + file);

            File datos = new File(file, "datos");
            if (datos.mkdirs())
                tv.append("\nDirectorio creado:" + datos);
            else
                tv.append("\nDirectorio fallo:" + datos);

            // crea fichero
            try {
                File fichero = new File(datos, "datos1.txt");
```

```
                FileOutputStream fos =
                        new FileOutputStream(fichero);
                PrintWriter pw = new PrintWriter(fos);
                pw.println("Primera linea del fichero");
                pw.flush();
                pw.close();
                tv.append("\n\n Fichero grabado");
            } catch (FileNotFoundException e) {
                e.printStackTrace();
                tv.append("\n\n " + e);
            }

            try {
                String[] lista = datos.list();
                int nfiles = lista.length;
                tv.append("\n no. files=" + nfiles);
                for (int i = 0; i < nfiles; i++) {
                    tv.append("\n" + lista[i]);
                }
            } catch (Exception e) {
                tv.append("Error:" + e);
            }
        }
    } // write SD
}
```

En la figura 10.5 presentamos dos capturas de pantalla de un teléfono Samsung Galaxy J con Android 7. Cabe destacar lo siguiente:

1. El directorio devuelto por `getFilesDir` es `/data/user/0/es.ugr.amaro.checkmicrosd/files`. Este directorio no es accesible normalmente a través de un explorador de archivos. Solo puede accederse a él mediante nuestra aplicación.
2. El directorio devuelto por `getCacheDir` es `/data/user/0/es.ugr.amaro.checkmicrosd/cache`. Este directorio no es accesible normalmente a través de un explorador de archivos. Los archivos de caché deben borrarse cuando no se necesiten.
3. El directorio devuelto por `getExternalFilesDir` es un subdirectorio de `/storage/emulated/0/`, y corresponde al directorio `Android/data/es.ugr.amaro.checkmicrosd/files` de nuestra tarjeta SD. Este directorio sí es accesible a través de un explorador de archivos.
4. El primer directorio devuelto por `getExternalMediaDirs` es un subdirectorio de `/storage/emulated/0/`, y corresponde al directorio `Android/media/es.ugr.amaro.checkmicrosd` de nuestra tarjeta SD. Este directorio también es accesible a través de un explorador de archivos.

5. El segundo directorio devuelto por `getExternalMediaDirs` es un subdirectorio de `/storage/3535-6363`, y corresponde al directorio `Android/media/es.ugr.amaro.checkmicrosd` de nuestra tarjeta microSD extraíble. Por tanto, este es un modo indirecto de conocer la ruta de nuestra tarjeta microSD extraíble, `/storage/3535-6363`. Esta ruta podrá entonces utilizarse para explorar toda la tarjeta microSD. Aunque para escribir en otros directorios deberán utilizarse técnicas alternativas que no veremos aquí.

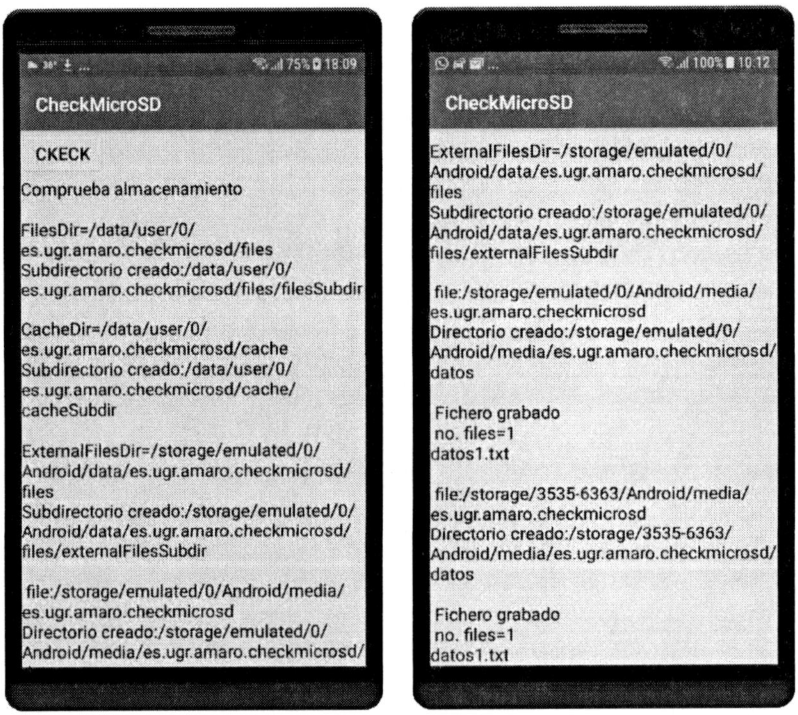

Figura 10.5 Acceso al almacenamiento interno en la tarjeta SD y microSD.

10.5 Leer un fichero en el directorio res

En muchos casos puede ser conveniente almacenar los datos que necesita nuestra aplicación en un fichero de recursos, que se lee cada vez que la app se ejecuta. Los ficheros de recursos son solo de lectura y no pueden reescribirse durante la ejecución.

La siguiente aplicación, ReadResources, lee un fichero de datos `datos1.txt` que hemos copiado previamente en el directorio `res/raw` de la aplicación. Este directorio debe crearse desde Android Studio. Pulsando con el botón derecho sobre la carpeta res en el navegador de archivos, hay que elegir *new > directory* en el menú desplegable. El fichero de nuestro ejemplo contiene las siguientes líneas:

```
0 0.0
1 0.09983341664682815
2 0.19866933079506122
3 0.29552020666133955
4 0.3894183423086505
5 0.479425538604203
6 0.5646424733950354
7 0.644217687237691
8 0.7173560908995228
9 0.7833269096274834
```

En este programa, el fichero `datos1.txt` debe asociarse primero a un `InputStream` mediante la instrucción

```
InputStream input=
            getResources().openRawResource(R.raw.datos1);
```

Para leer el fichero definimos un `InputStreamReader` y un `BufferedReader`

```
InputStreamReader stream= new InputStreamReader(input);
BufferedReader buffer = new BufferedReader(stream);
```

Para leer una línea usamos el método `readline` de `BufferedReader`

```
  String linea=buffer.readLine();
```

Usamos el mismo fichero de layout, `milayout.xml`, de los ejemplos anteriores. El programa Java de nuestra actividad es el siguiente:

```
package es.ugr.amaro.readresources;

import android.support.v7.app.AppCompatActivity;
import android.os.Bundle;
import android.view.View;
import android.widget.Button;
import android.widget.TextView;

import java.io.BufferedReader;
import java.io.InputStream;
import java.io.InputStreamReader;
```

```
public class MainActivity extends AppCompatActivity
implements View.OnClickListener{


    TextView tv;
    @Override
    public void onCreate(Bundle savedInstanceState) {
        super.onCreate(savedInstanceState);
        setContentView(R.layout.milayout);
        tv = (TextView) findViewById(R.id.texto);
        Button button = findViewById(R.id.button);
        button.setOnClickListener(this);
    }

    @Override
    public void onClick(View view) {

    tv.append("\nLeyendo datos de res/raw/datos1.txt:");
        InputStream input=
                getResources().openRawResource(R.raw.datos1);
        InputStreamReader stream=
                new InputStreamReader(input);
        BufferedReader buffer =
                new BufferedReader(stream);

        try{
            String linea;
            while(true){
                linea=buffer.readLine();
                if(linea==null) break;
                tv.append("\n"+linea);
            }
            input.close();
            stream.close();
            buffer.close();
        }catch(Exception e){
            tv.append("\n "+e);
        }
        tv.append("\nEnd of file");
    }
}
```

El resultado tras leer el fichero se muestra en la figura 10.6.

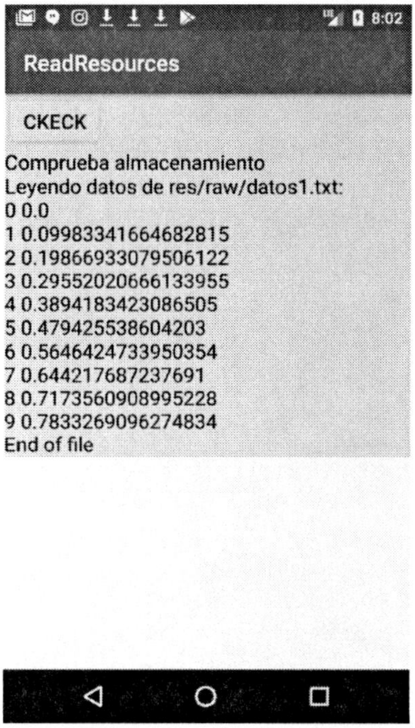

Figura 10.6 Lee un fichero de datos en el directorio res/raw de la aplicación. Captura de pantalla del emulador Nexus 5 con Android 7.

10.6 Leer datos numéricos de un recurso

Para finalizar este capítulo, modificaremos el ejemplo anterior para leer un fichero con datos numéricos. En el ejemplo anterior, hemos leído cada línea de un fichero como una cadena que contenía números separados por varios espacios en blanco. Normalmente será necesario extraer los números por separado para su posterior procesamiento. Aunque este es un tópico de Java y no de Android, por completitud presentamos aquí un ejemplo con una solución elemental. Definimos un método `extraeDouble(String cadena, int posicion)` para extraer de una cadena la cifra numérica que se encuentra en cierta posición. El método se basa en ir cortando la cadena en dos subcadenas buscando el primer espacio en blanco que contiene. Esto se hace en un loop y nos quedamos siempre con la segunda cadena hasta llegar a la posición buscada. El ejemplo de la sección anterior se modificaría así sustituyendo el método onClick por el siguiente:

```
@Override
public void onClick(View view) {
```

```
    tv.append("\nLeyendo datos de res/raw/datos1.txt:");
        InputStream input=
                getResources().openRawResource(R.raw.datos1);
        InputStreamReader stream=
                new InputStreamReader(input);
        BufferedReader buffer =
                new BufferedReader(stream);

        Double a=0.;
        Double b=0.;

        try{
            String linea;
            while(true){
                linea=buffer.readLine();
                if(linea==null) break;
                tv.append("\n"+linea);
                a= extraeDouble(linea,1);
                b= extraeDouble(linea,2);
                tv.append("\na="+a+"  , b="+b);

            }
            input.close();
            stream.close();
            buffer.close();
        }catch(Exception e){
            tv.append("\n "+e);
        }
        tv.append("\nEnd of file");
    }
```

Para finalizar, añadimos el siguiente método a nuestra actividad:

```
double extraeDouble(String s, int posicion){

    String cadena1,cadena2;
    String primera="";
    String segunda=s;

    for(int i=0;i< posicion ;i++) {

        int blanco = segunda.trim().indexOf(" ");
        if(blanco >0) {
            cadena1 = segunda.trim().substring(0, blanco);
            cadena2 = segunda.trim().substring(blanco);
            cadena2 = cadena2.trim();
        }else{
            cadena1= segunda;
```

```
                cadena2="";
            }
            primera = cadena1;
            segunda = cadena2;
        }
            return Double.parseDouble(primera);
    }
```

La captura de pantalla se muestra en la figura 10.7.

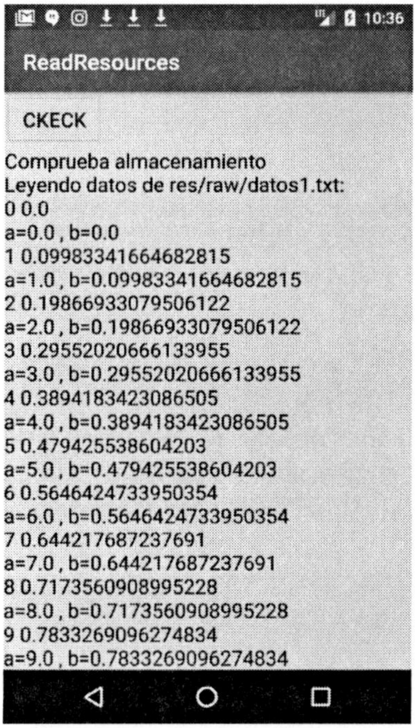

Figura 10.7 Leer datos numéricos de un fichero de recursos.

11. GRÁFICOS

En Android, un gráfico es un objeto de tipo View que se coloca en la pantalla. Cada View contiene un objeto de tipo Canvas, que representa un lienzo sobre el que se puede escribir, dibujar y pintar. El paquete `android.graphics` proporciona herramientas gráficas para dibujar sobre un Canvas. Para ello, se utilizan los métodos de la clase Paint. En este capítulo examinaremos algunas de las muchas posibilidades que ofrece Android para crear gráficos.

11.1 Dibujando en un canvas

La siguiente aplicación muestra en pantalla un objeto llamado `grafico`, de tipo View. No se necesita el fichero de layout *xml*, ya que vamos a construir el objeto directamente en código Java. Para ello, definimos una clase que es una extensión de clase View, cuya estructura general es la siguiente:

```
private class GraficoView extends View {

  public GraficoView(Context context) {
            super(context);
        }

  @Override protected void onDraw(Canvas canvas){
            super.onDraw(canvas);
           /* Instrucciones para dibujar en el canvas  */
        }
}
```

La parte gráfica se define en el método `onDraw(Canvas canvas)`. El canvas representa el lienzo sobre el que se va a dibujar usando las herramientas de pintura contenidas en un objeto `Paint`

```
Paint paint = new Paint();
```

Usamos los métodos de `Paint` para cambiar el color, el tamaño de texto, etc. Por ejemplo, para pintar de blanco:

```
paint.setColor(Color.WHITE);
```

El canvas se pinta entero de este color llamando al método

```
canvas.drawPaint(paint)
```

Para dibujar algo sobre el canvas se dan las coordenadas, `(x,y)`, y el objeto `paint`. Por ejemplo, para "dibujar" un texto:

```
canvas.drawText("texto",x,y,paint)
```

y para dibujar una línea uniendo los puntos `(x1,y1)` y `(x2,y2)`:

```
canvas.drawLine(x1,y1,x2,y2,paint);
```

Hay que tener en cuenta que el origen de coordenadas `(0,0)` se encuentra en la esquina superior izquierda del canvas y que la coordenada "`y`" aumenta hacia abajo. Estas coordenadas son absolutas y se miden en píxeles, por lo que el mismo dibujo no se verá igual en pantallas de distinto tamaño y con distinta resolución. Una pantalla de baja definición podría tener no más de 360 píxeles de ancho. Una pantalla de alta definición puede tener más de 1.080 píxeles de ancho. Para que el mismo dibujo se vea de forma similar en todas las pantallas, las coordenadas deben reescalarse multiplicándose por la densidad de escala de nuestro dispositivo. Esta se obtiene mediante

```
  float s = getResources().getDisplayMetrics().scaledDensity;
```

En el siguiente ejemplo, Graficos1, todas las coordenadas y medidas se multiplican por la densidad de escala. Primeramente, elegimos un tamaño de texto de `25*s`, mediante

```
   paint.setTextSize(25*s);
```

Seguidamente, escribiremos en las coordenadas `(20*s,40*s)` la anchura y la altura del canvas. Dibujamos también una línea horizontal y otra vertical que pasan por ese punto. Además, escribimos el valor de la densidad de escala y, finalmente, escribimos otras cadenas de texto de diversos tamaños.

```
package es.ugr.amaro.graficos1;

import android.content.Context;
import android.graphics.Canvas;
import android.graphics.Color;
import android.graphics.Paint;
```

```
import android.support.v7.app.AppCompatActivity;
import android.os.Bundle;
import android.view.View;

public class MainActivity extends AppCompatActivity {

    @Override
    protected void onCreate(Bundle savedInstanceState) {
        super.onCreate(savedInstanceState);
        GraficoView grafico=new GraficoView(this);
        setContentView(grafico);
    }

    private class GraficoView extends View {

        public GraficoView(Context context) {
            super(context);
        }

        @Override protected void onDraw(Canvas canvas){
            super.onDraw(canvas);
        // pinta el canvas de blanco
            Paint paint=new Paint();
            paint.setColor(Color.WHITE);
            canvas.drawPaint(paint);
        // dimensiones del canvas
            int width=canvas.getWidth();
            int height=canvas.getHeight();
        // densidad de escala
            float s =
            getResources().getDisplayMetrics().scaledDensity;
        // pintura negra
            paint.setColor(Color.BLACK);
        // tamaño de texto 25
            paint.setTextSize(25*s);
            paint.setAntiAlias(true);
        // escribe en el canvas
            canvas.drawText(
                    "width= "+width+", height= "+height,
                    20*s,40*s,paint);
            canvas.drawText("Escala s= "+s,20*s,65*s,paint);
        // En el canvas caben 10 M's de tamaño 36
            paint.setTextSize(36*s);
            canvas.drawText("MMMMMMMMMM",20*s,100*s,paint);
        // Texto pequeño
            paint.setTextSize(12*s);
           String quijote="En un lugar de la mancha de cuyo "
                         +"nombre no quiero acordarme";
```

```
            canvas.drawText(quijote,20*s,120*s,paint);
            paint.setTextSize(20*s);
            canvas.drawText("Longitud="+quijote.length(),
                                         20*s,140*s,paint);

         // dibuja rectas horizontal y vertical
             paint.setColor(Color.rgb(100,20,0));
             canvas.drawLine(0,40*s ,width,40*s,paint);
             paint.setColor(Color.rgb(0,100,20));
             canvas.drawLine(20*s,0,20*s,height,paint);
         }
     }
}
```

Figura 11.1 La anchura y altura del canvas y el valor de la densidad de escala.

El resultado lo vemos en la figura 11.1 para un emulador del Nexus 5 con 1.080 píxeles de anchura y 1.536 de altura. Observamos que, en este caso, la densidad de escala vale 3. Como hemos multiplicado todas nuestras dimensiones por 3 en este canvas, el dibujo se vería similar en un teléfono con 360 píxeles de ancho y densidad de escala igual a 1 (debido a que 360*3 = 1.080). Obsérvese también que en la pantalla caben holgadamente diez caracteres M mayúscula con tamaño 36*s. El tamaño de una fuente corresponde aproximadamente a la anchura de una caja que contiene una M mayúscula. En una pantalla de 360 píxeles cabrían exactamente 10 cajas de 36 píxeles de ancho, una junto a otra. Por tanto, es de esperar que diez caracteres M mayúscula con anchura 36*s se ajusten bien a cualquier pantalla, como se puede comprobar en la figura 11.1. Por otro lado, se comprueba que un tamaño de fuente 12*s es suficientemente pequeño como para que el comienzo de la primera frase del Quijote, “En un lugar de la Mancha de cuyo nombre no quiero acordarme”, con 59 caracteres de longitud, quepa en una línea. Esto nos da una forma de estimar los tamaños de fuente que debemos elegir en cada situación.

11.2 Formato del texto

En la siguiente actividad ilustramos el uso de distintos métodos de la clase Paint para cambiar las propiedades del texto: alineamiento, inclinación, escalado en anchura, estilo de fuente y antialias. El código es autoexplicativo. El antialias se refiere al suavizado de los bordes de los caracteres para evitar el efecto de pixelado. El resultado se ve en la figura 11.2.

```
package es.ugr.amaro.graficos2;

import android.content.Context;
import android.graphics.Canvas;
import android.graphics.Color;
import android.graphics.Paint;
import android.graphics.Typeface;
import android.support.v7.app.AppCompatActivity;
import android.os.Bundle;
import android.view.View;

public class MainActivity extends AppCompatActivity {

    @Override
    public void onCreate(Bundle savedInstanceState) {
        super.onCreate(savedInstanceState);
        GraficoView grafico =new GraficoView(this);
        setContentView(grafico);
    }

    private class GraficoView extends View {

        public GraficoView(Context context) {
            super(context);
        }

        @Override protected void onDraw(Canvas canvas){
            super.onDraw(canvas);
            Paint paint=new Paint();
            paint.setColor(Color.LTGRAY);
            canvas.drawPaint(paint);
```

```
    // Anchura y altura del canvas
        int width=canvas.getWidth();
        int height=canvas.getHeight();
    // densidad de escala
      float s =
        getResources().getDisplayMetrics().scaledDensity;
    // Tamaño del texto
        paint.setTextSize(25*s);
        paint.setAntiAlias(true);
    // Alinear texto
        paint.setColor(Color.rgb(0,100,20));
        canvas.drawLine(width/2,0,width/2,height,paint);
        paint.setColor(Color.BLACK);
        paint.setTextAlign(Paint.Align.CENTER);
        canvas.drawText("Align.CENTER",width/2,40*s,
                                                paint);
        paint.setTextAlign(Paint.Align.RIGHT);
        canvas.drawText("Align.RIGHT",width/2, 80*s,
                                                paint);
        paint.setTextAlign(Paint.Align.LEFT);
        canvas.drawText("Align.LEFT",width/2, 120*s,
                                                paint);
// Torcer texto
        paint.setTextSkewX(0.2f);
        canvas.drawText("SkewX 0.2",20*s, 170*s, paint);
        paint.setTextSkewX(-0.2f);
        canvas.drawText("SkewX -0.2",width/2, 170*s,
                                               paint);
        paint.setTextSkewX(0f);
  // Escalar el texto
        paint.setTextScaleX(2f);
        canvas.drawText("TextScaleX 2",10*s, 210*s,
                                                paint);
        paint.setTextScaleX(-2f);
        canvas.drawText("TextScaleX -2",width, 250*s,
                                                paint);
        paint.setTextSize(50*s);
        paint.setTextScaleX(0.5f);
        canvas.drawText("TextScaleX 0.5",width/2, 300*s,
                                                paint);
        paint.setTextScaleX(1f);
        paint.setTextSize(30*s);
// ESTILO DEL TEXTO
        paint.setTypeface(Typeface.SANS_SERIF);
        canvas.drawText("Sans serif",20*s, 290*s, paint);
        paint.setTypeface(Typeface.DEFAULT_BOLD);
        canvas.drawText("Default bold",20*s, 330*s,
```

```
                                                     paint);
                paint.setTypeface(Typeface.MONOSPACE);
                canvas.drawText("Monospace",20*s, 370*s, paint);
                paint.setTypeface(Typeface.SERIF);
                canvas.drawText("Serif",20*s, 410*s, paint);
                paint.setTypeface(Typeface.DEFAULT);
          // Alias (suavizado)
                paint.setTextSize(50*s);
                paint.setAntiAlias(false);
                canvas.drawText("Antialias false",20*s, 450*s,
                                                     paint);
                paint.setAntiAlias(true);
                canvas.drawText("Antialias true",20*s, 500*s,
                                                     paint);
            }
        }
}
```

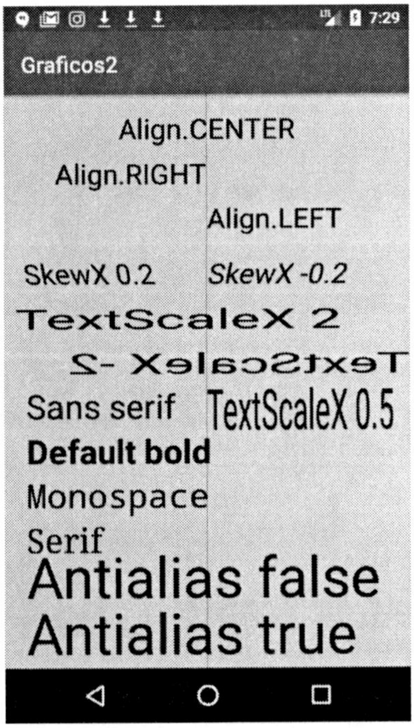

Figura 11.2 Controlando propiedades del texto con Paint.

11.3 Altura del canvas

En el siguiente ejemplo dividimos el canvas en partes iguales dibujando renglones horizontales equiespaciados. También escribimos en pantalla los valores de la densidad de escala, anchura y altura del canvas y la relación de aspecto. En la figura 11.3 vemos el resultado de ejecutar esta aplicación en dos dispositivos diferentes. El de la izquierda es un teléfono Samsung Galaxy J7. Las dimensiones del canvas en este caso son 720 x 1.120 y la densidad de escala es 2. El de la derecha es un emulador de un Nexus 5 con canvas 1.080 x 1.536 y la densidad de escala es igual a 3. Comparando las dos capturas de pantalla de la figura 11.3 podemos apreciar la utilidad de la densidad de escala a la hora de dibujar los gráficos. El resultado tiene aspecto similar en teléfonos de distinta resolución de pantalla, aunque los números que aparecen en pantalla son distintos en ambos casos. Además, estos dos teléfonos se diferencian también en la relación de aspecto altura/anchura, lo que hace que el número de renglones dibujados también sea distinto.

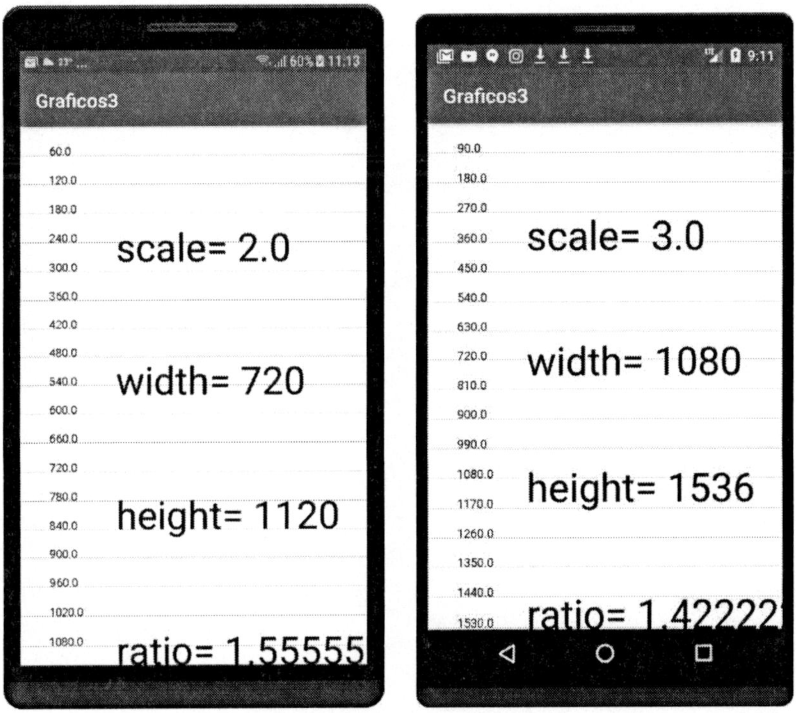

Figura 11.3 La misma app ejecutada en dos teléfonos con distinta resolución y distinta relación de aspecto.

```
package es.ugr.amaro.graficos3;

import android.app.Activity;
import android.content.Context;
import android.graphics.Canvas;
import android.graphics.Color;
import android.graphics.Paint;
```

```
import android.support.v7.app.AppCompatActivity;
import android.os.Bundle;
import android.view.View;

public class MainActivity extends AppCompatActivity {

        @Override
        public void onCreate(Bundle savedInstanceState) {
            super.onCreate(savedInstanceState);
            SpecialView myView= new SpecialView(this);
            setContentView(myView);
        }

        private class SpecialView extends View {

            public SpecialView(Context context) {
                super(context);}

            @Override protected void onDraw(Canvas canvas){
                int width=canvas.getWidth();
                int height=canvas.getHeight();
            float s=
            getResources().getDisplayMetrics().scaledDensity;
                canvas.drawColor(Color.WHITE);

                Paint paintBlack=new Paint();
                Paint paintGray=new Paint();
                paintBlack.setColor(Color.BLACK);
                paintGray.setColor(Color.GRAY);

                paintBlack.setTextSize(12*s);
                float paso=30*s;
                for(float y=paso;y<height;y=y+paso){
                    canvas.drawLine(0,y,width,y, paintGray);
                    canvas.drawText(""+y,paso,y,paintBlack);
                }

                paintBlack.setTextSize(40*s);
                paintBlack.setAntiAlias(true);
                canvas.drawText("scale= "+s,100*s,height/4,
                                                paintBlack);
                canvas.drawText("width="+width,
                                    100*s,height/2,paintBlack);
                canvas.drawText("height= "+height,
                                  100*s,3*height/4,paintBlack);

                float ratio=(height+0f)/width;
                canvas.drawText("ratio= "+ratio,
```

```
                                    100*s,height,paintBlack);

        }// onDraw
    }// SpecialView
}// MainActivity
```

11.4 Diagonales del canvas

Las dimensiones correctas del canvas también pueden obtenerse con los métodos de la clase View `getMeasuredWidth`, `getMeasuredHeight`, o, alternativamente, con `getBottom`, `getRight`. En el siguiente ejemplo mostramos en pantalla ambos conjuntos de dimensiones y dibujamos las dos diagonales del teléfono. Modificamos la anchura de las líneas trazadas, con `paint.setStrokeWidth(2*s)`, teniendo en cuenta la densidad de escala, de manera que el grosor aparente sea independiente de la resolución de pantalla. En la figura 11.4 vemos las capturas de pantalla de dos teléfonos distintos.

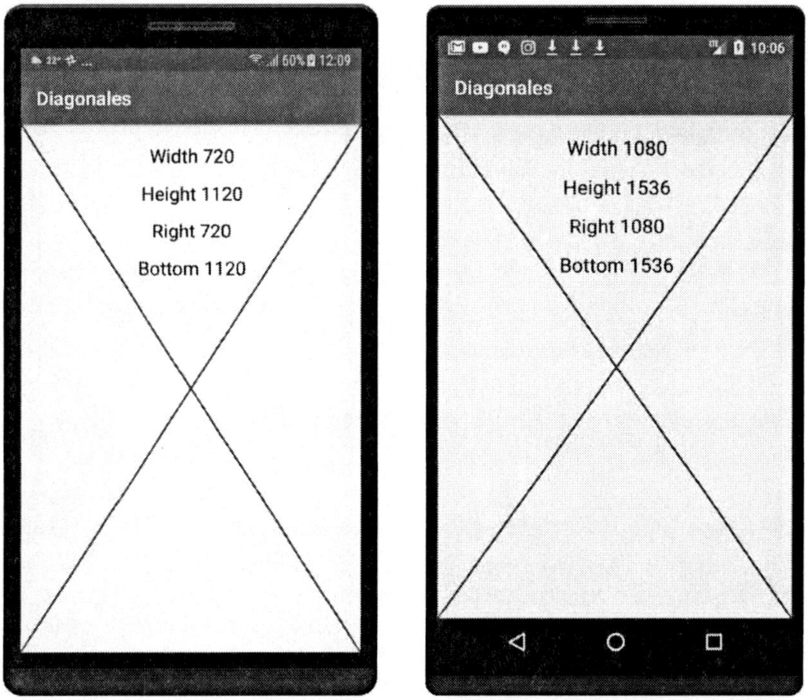

Figura 11.4 Las diagonales de dos teléfonos distintos: un Samsung Galaxy J y un Nexus 5 emulado.

```
package es.ugr.amaro.diagonales;
```

```
import android.content.Context;
import android.graphics.Canvas;
import android.graphics.Color;
import android.graphics.Paint;
import android.support.v7.app.AppCompatActivity;
import android.os.Bundle;
import android.view.View;


public class MainActivity extends AppCompatActivity {

    public void onCreate(Bundle savedInstanceState) {
        super.onCreate(savedInstanceState);
        SpecialView myView = new SpecialView(this);
        setContentView(myView);
    }

    class SpecialView extends View {

        public SpecialView(Context context) {
            super(context); }
        @Override
        protected void onDraw(Canvas canvas){

            int width=getMeasuredWidth();
            int height=getMeasuredHeight();
            int bottom=getBottom();
            int right=getRight();
            float s=
            getResources().getDisplayMetrics().scaledDensity;
            canvas.drawColor(Color.YELLOW);
            Paint paint=new Paint();
            paint.setColor(Color.BLACK);
            paint.setTextSize(20*s);
            paint.setAntiAlias(true);
            paint.setTextAlign(Paint.Align.CENTER);

            canvas.drawText("Width "+width, width/2,40*s,
                                                    paint);
            canvas.drawText("Height "+height, width/2,80*s,
                                                    paint);
            canvas.drawText("Right "+right, width/2,120*s,
                                                    paint);
            canvas.drawText("Bottom "+bottom,width/2,160*s,
                                                    paint);
            paint.setColor(Color.BLUE);
            paint.setStrokeWidth(2*s);
            canvas.drawLine(0,0,right,bottom, paint);
```

```
            canvas.drawLine(right,0,0,bottom, paint);

        }  // onDraw
    } // SpecialView
} // MainActivity
```

En la figura 11.5 vemos cómo cambian las dimensiones cuando giramos el dispositivo. Un detalle importante a tener en cuenta es que al hacer esto la anchura no se transforma en altura ni la altura en anchura, ya que hay que considerar la altura de las barras de app y de notificaciones. En efecto, un Samsung Galaxy J tiene un canvas de 720 x 1.120 en vertical y de 1.280 x 576 en horizontal. Para aprovechar toda la pantalla habría que ocultar las barras activando un modo de pantalla completa.

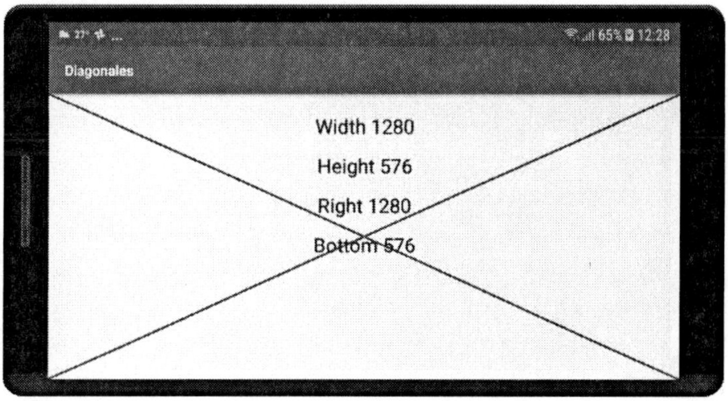

Figura 11.5 Examinando las dimensiones del canvas rotado.

11.5 Formas geométricas

En la siguiente aplicación mostramos cómo dibujar figuras geométricas simples, como círculos y cuadrados de varios colores. Normalmente, el color del Paint se utiliza para pintar el interior de la figura. Para dibujar los bordes debemos pintar de nuevo usando el Paint en estilo STROKE. Esto se ilustra en el ejemplo pintando el perímetro de los cuadrados con distintos grosores. El canvas lo enmarcamos dibujando un rectángulo. El resultado se ve en la figura 11.6.

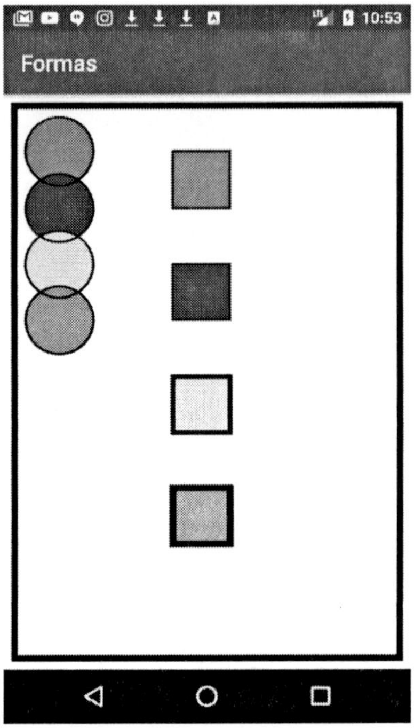

Figura 11.6 Formas geométricas.

```
package es.ugr.amaro.formas;

import android.content.Context;
import android.graphics.Canvas;
import android.graphics.Color;
import android.graphics.Paint;
import android.support.v7.app.AppCompatActivity;
import android.os.Bundle;
import android.view.View;

public class MainActivity extends AppCompatActivity {


    public void onCreate(Bundle savedInstanceState) {
        super.onCreate(savedInstanceState);
        SpecialView myView=new SpecialView(this);
        setContentView(myView);
    }

    class SpecialView extends View {
        public SpecialView(Context context) {
            super(context);}
```

```
    @Override
    protected void onDraw(Canvas canvas){

        int bottom=getBottom();
        int right=getRight();
        float s=
        getResources().getDisplayMetrics().scaledDensity;

        canvas.drawColor(Color.WHITE);
        Paint paint=new Paint();
        paint.setAntiAlias(true);
        paint.setStyle(Paint.Style.FILL);
        paint.setColor(Color.RED);
        // Dibuja circulos y cuadrados de varios colores
        float radio=30*s;
        canvas.drawCircle(50*s,50*s,radio,paint);
        canvas.drawRect(150*s,50*s,200*s,100*s, paint);
        paint.setColor(Color.BLUE);
        canvas.drawCircle(50*s,100*s,radio,paint);
        canvas.drawRect(150*s,150*s,200*s,200*s, paint);
        paint.setColor(Color.GREEN);
        canvas.drawCircle(50*s,150*s,radio,paint);
        canvas.drawRect(150*s,250*s,200*s,300*s, paint);
        paint.setColor(Color.MAGENTA);
        canvas.drawCircle(50*s,200*s,radio,paint);
        canvas.drawRect(150*s,350*s,200*s,400*s, paint);
        // Traza los bordes
        paint.setColor(Color.BLACK);
        paint.setStyle(Paint.Style.STROKE);
        paint.setStrokeWidth(2*s);
        canvas.drawCircle(50*s,50*s,radio,paint);
        canvas.drawCircle(50*s,100*s,radio,paint);
        canvas.drawCircle(50*s,150*s,radio,paint);
        canvas.drawCircle(50*s,200*s,radio,paint);

        canvas.drawRect(150*s,50*s,200*s,100*s, paint);
        canvas.drawRect(150*s,150*s,200*s,200*s, paint);
        paint.setStrokeWidth(4*s);
        canvas.drawRect(150*s,250*s,200*s,300*s, paint);
        paint.setStrokeWidth(6*s);
        canvas.drawRect(150*s,350*s,200*s,400*s, paint);
        canvas.drawRect(10*s,10*s,right-10*s,bottom-10*s,
                                                   paint);
    }
  }
}
```

11.6 Curvas

En el siguiente ejemplo mostramos cómo se puede dibujar una curva compleja mediante un objeto de tipo `Path`. Este está compuesto de muchas líneas o segmentos unidos, que se añaden al objeto con el método `lineTo`. El origen de la curva resultante se puede trasladar a cualquier posición con el método `offset`. La curva se puede dibujar con distintos estilos de trazo: línea discontinua, línea de puntos y trazos, línea de puntos, etc. Para ello se usa `setPathEffect`. En este ejemplo dibujamos una onda, o señal sinusoidal, que se obtiene multiplicando la función matemática *sin(x)* por una amplitud y escalando la coordenada x de manera que el canvas admita 5 longitudes de onda. El resultado se ve en la figura 11.7.

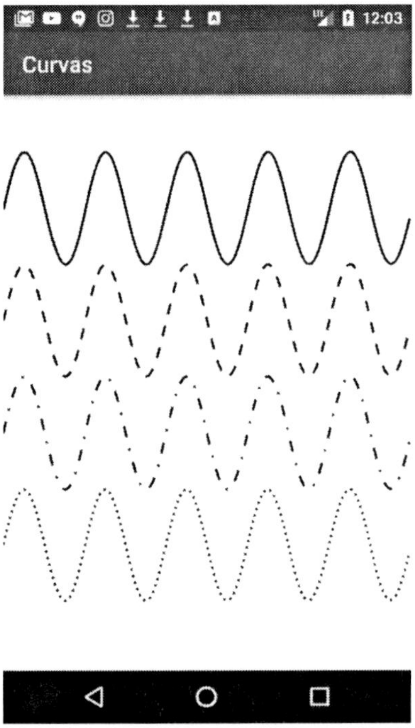

Figura 11.7 Curvas. Representación gráfica de una señal sinusoidal.

```
package es.ugr.amaro.curvas;

import android.content.Context;
import android.graphics.Canvas;
import android.graphics.Color;
import android.graphics.DashPathEffect;
import android.graphics.Paint;
```

```
import android.graphics.Path;
import android.support.v7.app.AppCompatActivity;
import android.os.Bundle;
import android.view.View;

public class MainActivity extends AppCompatActivity {

    public void onCreate(Bundle savedInstanceState) {
        super.onCreate(savedInstanceState);
        SpecialView myView = new SpecialView(this);
        setContentView(myView);
    }
    class SpecialView extends View {

        public SpecialView(Context context) {
            super(context);
        }
        @Override
        protected void onDraw(Canvas canvas){

            int width=getMeasuredWidth();
            float s=
            getResources().getDisplayMetrics().scaledDensity;
            canvas.drawColor(Color.WHITE);
            Paint paint=new Paint();
            paint.setColor(Color.BLACK);
            paint.setStyle(Paint.Style.STROKE);
            paint.setStrokeWidth(2*s);
            paint.setAntiAlias(true);

            Path path=new Path();
            path.moveTo(0, 0);
       // Parametros para la onda
            float paso=2*s;
            float longitud=width/5.0f;
            float dospi= 2*(float)Math.PI;
            float amplitud=-50*s;
            for(float x=paso;x<width;x=x+paso){
                path.lineTo(x,
                (float) Math.sin(dospi*x/longitud)*amplitud);
            }
            path.offset(0,100*s);
            canvas.drawPath(path,paint);

            float[] intervalos={10*s,10*s};
            DashPathEffect dash =
                    new DashPathEffect(intervalos,0);
            paint.setPathEffect(dash);
```

```
            path.offset(0,100*s);
            canvas.drawPath(path,paint);

            float[] intervalos2={10*s,10*s,2*s,10*s};
            DashPathEffect dash2 =
                    new DashPathEffect(intervalos2,0);
            paint.setPathEffect(dash2);
            path.offset(0,100*s);
            canvas.drawPath(path,paint);

            float[] intervalos3={2*s,4*s};
            DashPathEffect dash3 =
                    new DashPathEffect(intervalos3,0);
            paint.setPathEffect(dash3);
            path.offset(0,100*s);
            canvas.drawPath(path,paint);

        }
    }

}
```

11.7 Traslaciones y rotaciones

El canvas puede sufrir traslaciones y rotaciones, aparte de otras transformaciones más generales. En el siguiente ejemplo realizamos una traslación y una rotación. El origen del canvas se traslada a la posición (x,y) con `canvas.translate(x,y)`. La rotación de un ángulo, en grados, con respecto a un punto, se realiza mediante `canvas.rotate(alfa,centerX,centerY)`. En el ejemplo, la rotación se realiza con respecto al punto medio de un texto que se va a rotar. El rectángulo que limita al texto (bounding box) se dibuja en rojo antes de la rotación. Antes de las transformaciones guardamos el estado del canvas con `canvas.save()` para poder restablecerlo luego. El canvas vuelve a su posición inicial con `canvas.restore()`. El resultado se ve en la figura 11.8.

Figura 11.8 Traslación y rotación del canvas.

```
package es.ugr.amaro.rotaciones;

import android.content.Context;
import android.graphics.Canvas;
import android.graphics.Color;
import android.graphics.Paint;
import android.graphics.Rect;
import android.support.v7.app.AppCompatActivity;
import android.os.Bundle;
import android.view.View;

public class MainActivity extends AppCompatActivity {

    public void onCreate(Bundle savedInstanceState) {
        super.onCreate(savedInstanceState);
        SpecialView myView = new SpecialView(this);
        setContentView(myView);
    }

    class SpecialView extends View {

        public SpecialView(Context context) {
            super(context);
```

```
        }
        @Override
        protected void onDraw(Canvas canvas){

            float s=
            getResources().getDisplayMetrics().scaledDensity;
            canvas.drawColor(Color.WHITE);
            Paint paint=new Paint();
            paint.setTextSize(30*s);
            paint.setAntiAlias(true);

            // salva el canvas antes de tramsformar
            canvas.save();

            // Traslada el origen del canvas
            float x=50*s;
            float y=150*s;
            canvas.translate(x,y);

            // rectangulo bounding-box de un texto
            String texto="Rotación del canvas";
            Rect bounds= new Rect();
            paint.getTextBounds(texto,0,texto.length(),
                                                    bounds);
            paint.setColor(Color.RED);
            paint.setStyle(Paint.Style.STROKE);
            paint.setStrokeWidth(2*s);
            // dibuja el rectángulo en el origen
            canvas.drawRect(bounds,paint);
            //centro del rectangulo
            float centerX=bounds.exactCenterX();
            float centerY=bounds.exactCenterY();

            //rotación respecto al centro del rectangulo
            canvas.rotate(-45,centerX,centerY);
            // escribe en el origen del canvas rotado
            paint.setColor(Color.BLACK);
            paint.setStyle(Paint.Style.FILL);
            canvas.drawText(texto,0,0,paint);

            // restablece el canvas
            canvas.restore();
            canvas.drawText(
                    "Tras la rotación",50*s,300*s,paint);
            }
        }
}
```

11.8 Texto siguiendo una curva

En el siguiente ejemplo contruimos una curva de tipo `Path` que contiene un círculo. A continuación, escribimos un texto siguiendo la curva mediante el método `canvas.drawTextOnPath()`. El parámetro `vOffset` define la distancia vertical del texto (perpendicular a la curva), mientras que `hOffset` define la distancia horizontal del texto a lo largo de la curva hasta su origen. Este método nos da total control sobre la dirección que sigue un texto. El efecto se ve en la figura 11.9.

Figura 11.9 Texto siguiendo una curva.

```
package es.ugr.amaro.textonpath;

import android.content.Context;
import android.graphics.Canvas;
import android.graphics.Color;
import android.graphics.Paint;
import android.graphics.Path;
import android.support.v7.app.AppCompatActivity;
import android.os.Bundle;
import android.view.View;
```

```
public class MainActivity extends AppCompatActivity {

    @Override
    public void onCreate(Bundle savedInstanceState) {
        super.onCreate(savedInstanceState);
        SpecialView myView = new SpecialView(this);
        setContentView(myView);
    }

    class SpecialView extends View {

        public SpecialView(Context context) {
            super(context);
        }
        @Override
        protected void onDraw(Canvas canvas){

            int width=getWidth();
            int height=getHeight();
            float s =
            getResources().getDisplayMetrics().scaledDensity;
            canvas.drawColor(Color.LTGRAY);
            Paint paint=new Paint();
            paint.setTextSize(50*s);
            paint.setAntiAlias(true);
            paint.setColor(Color.RED);
            paint.setStyle(Paint.Style.STROKE);
            paint.setStrokeWidth(2*s);

    // círculo en sentido clock-wise
            Path path=new Path();
            Path.Direction dir= Path.Direction.CW;
            float radio=100*s;
            path.addCircle(width/2,height/2,radio,dir);
            canvas.drawPath(path, paint);

    // texto a una distancia vOffset sobre el path
            float hOffset=0;
            float vOffset=-20*s;
            paint.setColor(Color.BLACK);
            canvas.drawTextOnPath("texto en path externo",
                        path, hOffset, vOffset, paint);

  // texto bajo el path
            vOffset=20*s;
            hOffset=100*s;
            paint.setStyle(Paint.Style.FILL);
```

```
            paint.setTextSize(20*s);
            canvas.drawTextOnPath(
                            "texto interior comenzando a "
                            +hOffset+" del punto inicial",
                    path, hOffset, vOffset, paint);
        }
    }
}
```

11.9 Caracteres Unicode

Muchos caracteres especiales pueden escribirse usando el código Unicode. En la actividad del siguiente ejemplo construimos una clase de tipo View que escribe en la pantalla algunos de estos caracteres, en este caso letras griegas y símbolos matemáticos. En la figura 11.10 vemos una captura de pantalla.

```
package es.ugr.amaro.unicode;

import android.content.Context;
import android.graphics.Canvas;
import android.graphics.Color;
import android.graphics.Paint;
import android.support.v7.app.AppCompatActivity;
import android.os.Bundle;
import android.view.View;

public class MainActivity extends AppCompatActivity {

    @Override
    protected void onCreate(Bundle savedInstanceState) {
        super.onCreate(savedInstanceState);
        SpecialView myView= new SpecialView(this);
        setContentView(myView);
    }

    class SpecialView extends View {

        public SpecialView(Context context) {
            super(context);
        }
        @Override
        protected void onDraw(Canvas canvas){

            float s =
            getResources().getDisplayMetrics().scaledDensity;
            int width=getWidth();
            int height=getHeight();
```

```
canvas.drawColor(Color.WHITE);
Paint paint=new Paint();
paint.setTextSize(25*s);
paint.setAntiAlias(true);
paint.setColor(Color.BLACK);

canvas.drawText("Unicode", 20*s,25*s,paint);
canvas.drawText("http://www.unicode.org",
        20*s,height-10*s,paint);

float[] fila=new float[20];
float paso=25*s;
fila[0]=2*paso;
for(int i=0; i<20; i++)
    fila[i]=fila[0]+paso*i;
float c1=20*s;

paint.setTextSize(20*s);

canvas.drawText("\u222B \\u222B", c1,fila[0],paint);
canvas.drawText("\u2202 \\u2202", c1,fila[1],paint);
canvas.drawText("\u2206 \\u2207", c1,fila[2],paint);
canvas.drawText("\u220A \\u220A", c1,fila[3],paint);
canvas.drawText("\u2297 \\u2297", c1,fila[4],paint);
canvas.drawText("\u2264 \\u2264", c1,fila[5],paint);
canvas.drawText("\u2265 \\u2265", c1,fila[6],paint);
canvas.drawText("\u2218 \\u2218", c1,fila[7],paint);
canvas.drawText("\u2243 \\u2243", c1,fila[8],paint);
canvas.drawText("\u221A \\u221A", c1,fila[9],paint);
canvas.drawText("\u221B \\u221B",c1,fila[10],paint);
canvas.drawText("\u222C \\u222C",c1,fila[11],paint);
canvas.drawText("\u222D \\u222D", c1,fila[12],paint);

int w=width/3;
canvas.drawText("\u03B1 \\u03B1", w,fila[0],paint);
canvas.drawText("\u03B2 \\u03B2", w,fila[1],paint);
canvas.drawText("\u03B3 \\u03B3", w,fila[2],paint);
canvas.drawText("\u03B4 \\u03B4", w,fila[3],paint);
canvas.drawText("\u03B5 \\u03B5", w,fila[4],paint);
canvas.drawText("\u03B6 \\u03B6", w,fila[5],paint);
canvas.drawText("\u03B7 \\u03B7", w,fila[6],paint);
canvas.drawText("\u03B8 \\u03B8", w,fila[7],paint);
canvas.drawText("\u03B9 \\u03B9", w,fila[8],paint);
canvas.drawText("\u03BA \\u03BA", w,fila[9],paint);
canvas.drawText("\u03BB \\u03BB", w,fila[10],paint);
canvas.drawText("\u03BC \\u03BC", w,fila[11],paint);
canvas.drawText("\u03BD \\u03BD", w,fila[12],paint);
canvas.drawText("\u03BE \\u03BE", w,fila[13],paint);
```

```
        canvas.drawText("\u03BF \\u03BF", w,fila[14],paint);

           w=2*width/3;
        canvas.drawText("\u03C1 \\u03C1", w,fila[0],paint);
        canvas.drawText("\u03C2 \\u03C2", w,fila[1],paint);
        canvas.drawText("\u03C3 \\u03C3", w,fila[2],paint);
        canvas.drawText("\u03C4 \\u03C4", w,fila[3],paint);
        canvas.drawText("\u03C5 \\u03C5", w,fila[4],paint);
        canvas.drawText("\u03C6 \\u03C6", w,fila[5],paint);
        canvas.drawText("\u03C7 \\u03C7", w,fila[6],paint);
        canvas.drawText("\u03C8 \\u03C8", w,fila[7],paint);
        canvas.drawText("\u03C9 \\u03C9", w,fila[8],paint);
        canvas.drawText("\u03CA \\u03CA", w,fila[9],paint);
        canvas.drawText("\u03CB \\u03CB", w,fila[10],paint);
        canvas.drawText("\u03CC \\u03CC", w,fila[11],paint);
        canvas.drawText("\u03CD \\u03CD", w,fila[12],paint);
        canvas.drawText("\u03CE \\u03CE", w,fila[13],paint);
        canvas.drawText("\u03CF \\u03CF", w,fila[14],paint);

        canvas.drawText("\u03a3 \\u03a3",c1,fila[13],paint);
       canvas.drawText("\u03a6 \\u03a6", c1,fila[14],paint);
       canvas.drawText("\u03a8 \\u03a8", c1,fila[15],paint);
       canvas.drawText("\u03a9 \\u03a9", c1,fila[16],paint);
       }
   }
}
```

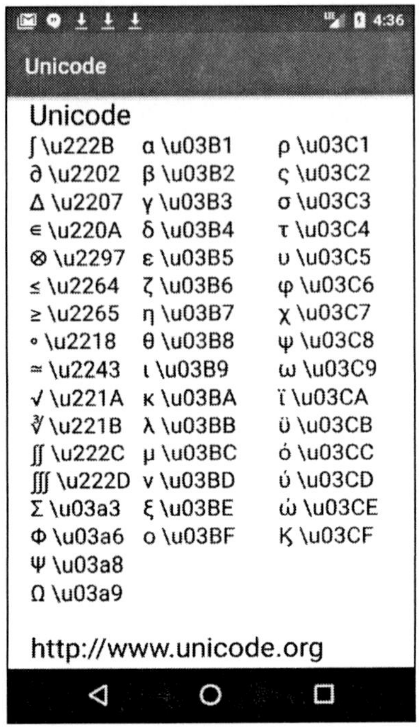

Figura 11.10 Caracteres Unicode.

11.10 Añadir gráficos a un Layout

Hasta ahora en este capítulo las dimensiones de nuestros objetos gráficos de tipo View han sido controladas por el sistema, y han ocupado toda la parte disponible de la pantalla. Veremos a continuación cómo pueden modificarse las dimensiones (anchura y altura) de nuestros objetos View, de manera que puedan añadirse a un layout. Imaginemos que queremos añadir nuestro View a un LinearLayout. Para ello, primero creamos un objeto de tipo `LinearLayout.LayoutParams`, que almacenará la anchura y altura y otros parámetros. Luego, asignamos esa geometría a nuestro View mediante el método `setLayoutParams`:

```
LinearLayout.LayoutParams params=
                    new LinearLayout.LayoutParams(w,h1);
view1.setLayoutParams(params);
```

En el siguiente ejemplo añadimos tres objetos View a un layout con tres geometrías distintas. Cada View contiene un texto que indica su anchura y su altura y un color de fondo. Para ello, crearemos un nuevo proyecto con una actividad vacía y le pondremos el siguiente fichero de layout, *milayout.xml*, que contiene un LinearLayout y un TextView.

```
<?xml version="1.0" encoding="utf-8"?>
<LinearLayout
```

```
xmlns:android="http://schemas.android.com/apk/res/android"
    android:orientation="vertical"
    android:id="@+id/milayout"
    android:background="#ffffff"
    android:layout_width="match_parent"
    android:layout_height="match_parent">

    <TextView android:text="LayoutParams"
            android:id="@+id/textView1"
            android:textSize="25dp"
            android:layout_width="wrap_content"
            android:layout_height="wrap_content">
    </TextView>
</LinearLayout>
```

En el siguiente programa, MainActivity.java, construimos tres objetos de tipo View de distintos tamaños y los añadimos al layout. El constructor de nuestro View admite como parámetros un texto a escribir y un color de fondo.

```
package es.ugr.amaro.layoutparams;

import android.content.Context;
import android.graphics.Canvas;
import android.graphics.Color;
import android.graphics.Paint;
import android.graphics.Rect;
import android.support.v7.app.AppCompatActivity;
import android.os.Bundle;
import android.view.Gravity;
import android.view.View;
import android.widget.LinearLayout;

public class MainActivity extends AppCompatActivity {

    float s;
    @Override
    protected void onCreate(Bundle savedInstanceState) {
        super.onCreate(savedInstanceState);
        setContentView(R.layout.milayout);
        s=getResources().getDisplayMetrics().scaledDensity;
        LinearLayout milayout=
                (LinearLayout)findViewById(R.id.milayout);

        // obtiene dimensiones del layout en un rectangulo.
        Rect window=new Rect();
        milayout.getWindowVisibleDisplayFrame(window);
        int w = window.width();
        int h = window.height();
```

```
        // Añade un objeto View con anchura y altura
        int h1=h/3;
        String texto=""+w+"x"+h1;
        int color=Color.argb(100,100,0,0);
        SpecialView view1=new SpecialView(this,color,texto);
        LinearLayout.LayoutParams params
                      = new LinearLayout.LayoutParams(w,h1);
        view1.setLayoutParams(params);
        milayout.addView(view1);

        // Añade segundo objeto View
        int w2=2*w/3;
        texto=""+w2+"x"+h1;
        color=Color.argb(100,0,100,0);
        SpecialView view2=new SpecialView(this,color,texto);
        params=new LinearLayout.LayoutParams(w2,h1);
        view2.setLayoutParams(params);
        milayout.addView(view2);

        // Añade tercer objeto view
        int w3=w/3;
        texto=""+w3+"x"+h1;
        color=Color.argb(100,0,0,100);
        SpecialView view3=new SpecialView(this,color,texto);
        params=new LinearLayout.LayoutParams(w3,h1);
        params.gravity= Gravity.RIGHT;
        view3.setLayoutParams(params);
        milayout.addView(view3);
    }

    //Clase View con un texto y un color de fondo
    class SpecialView extends View {

        int color;
        String texto;

        public SpecialView(Context context,
                           int color,String texto) {
            super(context);
            this.color=color;
            this.texto=texto;
        }

        protected void onDraw(Canvas canvas){

            canvas.drawColor(color);
            Paint paint=new Paint();
```

```
                paint.setAntiAlias(true);
                paint.setColor(Color.BLACK);
                paint.setTextSize(20*s);
                canvas.drawText(texto, 10*s, 25*s, paint);
            }
        }
}
```

Figura 11.11 Añadiendo a un Layout objetos View con cierta anchura y altura usando LayoutParams.

El resultado se ve en la figura 11.11. El primer objeto View tiene la anchura de la pantalla. Esta anchura la hemos obtenido a partir de las dimensiones del LinearLayout (que en este caso ocupa la pantalla completa). Estas se almacenan en un rectángulo usando el método `getWindowVisibleDisplayFrame`:

```
Rect window=new Rect();
milayout.getWindowVisibleDisplayFrame(window);
int w = window.width();
```

Los otros dos View tienen anchuras de 2/3 y 1/3 de la pantalla, respectivamente, y cada uno tiene 1/3 de la altura del layout. Nótese que el TextView también ocupa un espacio del Layout y por eso el último View se sale de la pantalla por abajo.

12. GRÁFICOS INTERACTIVOS

La pantalla táctil es una parte esencial de los dispositivos móviles, que generalmente no tienen teclado. Android detecta los eventos que ocurren cuando tocamos la pantalla, o cuando arrastramos los dedos por ella, y reacciona ante ellos. Ya hemos visto ejemplos al definir el método `onClick` para los botones. En este capítulo introduciremos el método `onTouchEvent` de la clase View. Este método nos permite ir más allá de los botones e interaccionar directamente con los gráficos, mover objetos e incluso dibujar nosotros mismos en la pantalla.

12.1 Evento ACTION_DOWN

La siguiente actividad ilustra el uso del método `onTouchEvent(Event)`. Este método se ejecuta cada vez que tocamos la pantalla. Su argumento es un evento, un objeto de la clase MotionEvent, que el sistema envía a nuestra actividad con la información de las coordenadas de la pantalla donde ha tenido lugar el evento. Los valores de las coordenadas se obtienen ejecutando los métodos `getX` y `getY` del objeto MotionEvent. En este ejemplo definimos un objeto View, dibujamos un círculo rojo en el punto donde hemos tocado, y escribimos en la pantalla los valores de las coordenadas de ese punto. El evento que dispara la acción es ACTION_DOWN (tocar la pantalla). La pantalla debe volver a dibujarse cada vez que haya un evento. Para ello, ejecutamos el método `invalidate`. Una captura de pantalla se muestra en la figura 12.1.

```
package es.ugr.amaro.actiondown;

import android.content.Context;
import android.graphics.Canvas;
import android.graphics.Color;
import android.graphics.Paint;
import android.support.v7.app.AppCompatActivity;
import android.os.Bundle;
import android.view.MotionEvent;
import android.view.View;

public class MainActivity extends AppCompatActivity {
```

```
    @Override
    public void onCreate(Bundle savedInstanceState) {
        super.onCreate(savedInstanceState);
        SpecialView myView=new SpecialView(this);
        setContentView(myView);
    }

    class SpecialView extends View {
        float s=
            getResources().getDisplayMetrics().scaledDensity;
        float x=50*s;
        float y=50*s;

        public SpecialView(Context context){
            super(context);
        }

        @Override
        protected void onDraw(Canvas canvas){

            Paint paint=new Paint();
            paint.setAntiAlias(true);
            paint.setStrokeWidth(2*s);
            paint.setTextSize(20*s);
            canvas.drawColor(Color.rgb(250,230,200));
            paint.setColor(Color.RED);
            canvas.drawCircle(x,y,20*s, paint);
            paint.setColor(Color.BLACK);
            canvas.drawText("x= "+x, 100*s, 50*s, paint);
            canvas.drawText("y= "+y, 100*s, 90*s, paint);
        }

        @Override
        public boolean onTouchEvent(MotionEvent evento) {
            if(evento.getAction()==MotionEvent.ACTION_DOWN){
                x=evento.getX();
                y=evento.getY();
                // obliga a dibujar la pantalla
                invalidate();
            }
            return true;
        }
    }
}
```

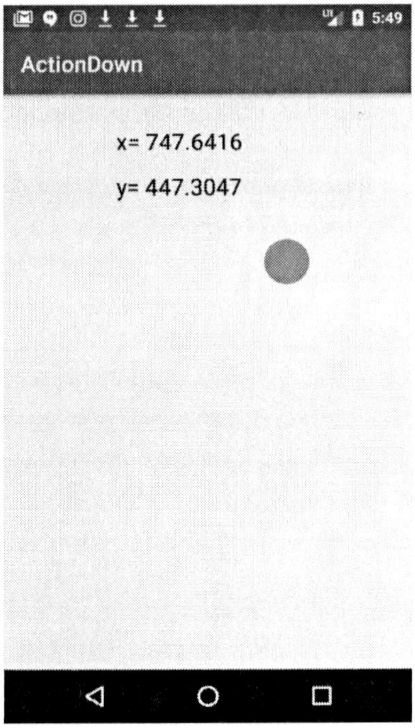

Figura 12.1 Uso de onTouchEvent con un evento ACTION_DOWN.

12.2 Evento ACTION_UP

Cuando levantamos el dedo de la pantalla se envía el evento `ACTION_UP`. Esto puede suceder en el mismo punto en el que pulsamos inicialmente o en otro distinto, si arrastramos el dedo antes de levantarlo. En el siguiente ejemplo se ilustra cómo se controlan estos eventos. Hemos modificado la actividad anterior añadiendo el caso `ACTION_UP` en el método `onTouchEvent`. Es ilustrativo ejecutar esta aplicación en el emulador, pulsando con el ratón en un punto de la pantalla, arrastrando el ratón con el botón pulsado y luego soltarlo. El programa mostrará las coordenadas de los puntos donde se pulsó con el ratón (o con el dedo en una pantalla táctil) y donde se dejó de pulsar. En la figura 12.2 vemos una captura de pantalla del caso action up. Solo es necesario modificar la clase `SpecialView`, en el ejemplo anterior, como sigue:

```
class SpecialView extends View {
    float s=
    getResources().getDisplayMetrics().scaledDensity;
    float x=50*s;
    float y=50*s;
    String mensaje="Evento";

    public SpecialView(Context context){
        super(context);
```

```
    }

    @Override
    protected void onDraw(Canvas canvas){

        Paint paint=new Paint();
        paint.setAntiAlias(true);
        paint.setStrokeWidth(2*s);
        paint.setTextSize(20*s);
        canvas.drawColor(Color.rgb(250,230,200));
        paint.setColor(Color.RED);
        canvas.drawCircle(x,y,20*s, paint);
        paint.setColor(Color.BLACK);
        canvas.drawText("x= "+x, 100*s, 50*s, paint);
        canvas.drawText("y= "+y, 100*s, 90*s, paint);
        canvas.drawText(mensaje, 100*s, 130*s, paint);
    }

    @Override
    public boolean onTouchEvent(MotionEvent evento) {
        if(evento.getAction()==MotionEvent.ACTION_DOWN){
            x=evento.getX();
            y=evento.getY();
            mensaje="Action down";
            invalidate();
        }
        else
        if(evento.getAction()==MotionEvent.ACTION_UP){
            mensaje="Action up";
            x=evento.getX();
            y=evento.getY();
            invalidate();
        }
        return true;
    }
}
```

Figura 12.2 Uso de onTouchEvent en un evento ACTION_UP.

12.3 Evento ACTION_MOVE

El evento `ACTION_MOVE` permite añadir dinámica a nuestra actividad, detectando y siguiendo el movimiento del dedo cuando se arrastra por la pantalla. Para ilustrar su uso, en la actividad del ejemplo anterior modificamos el método `onTouchEvent()`, que quedaría así:

```
@Override
public boolean onTouchEvent(MotionEvent evento) {
    x=evento.getX();
    y=evento.getY();
    if(evento.getAction()==MotionEvent.ACTION_DOWN){
        mensaje="Action down";
    }
    if(evento.getAction()==MotionEvent.ACTION_UP){
        mensaje ="Action up";
    }
    if(evento.getAction()==MotionEvent.ACTION_MOVE){
        mensaje="Action move";
    }
    invalidate();
    return true;
}
```

Al ejecutarlo en el emulador y arrastrar el ratón por la pantalla, aparecerá el mensaje "Action move" y los valores numéricos de las coordenadas irán cambiando dinámicamente, siguiendo el movimiento del dedo, así como el círculo rojo. Tendremos, pues, la sensación de estar arrastrando el círculo por la pantalla (figura 12.3).

Figura 12.3 Uso de onTouchEvent() en un evento ACTION_MOVE.

12.4 Dibujar en la pantalla

Usando la noción de evento en combinación con `drawPath` es posible escribir ya una sencilla aplicación para dibujar en la pantalla. El siguiente ejemplo permite dibujar en color azul sobre un fondo color crema. En el emulador se dibuja con el ratón; en un teléfono o tablet se dibujaría con un dedo. Vemos una captura de pantalla en la figura 12.4.

Figura 12.4 Dibujando en la pantalla usando onTouchEvent en combinación con drawPath.

```
package es.ugr.amaro.dibujar;

import android.content.Context;
import android.graphics.Canvas;
import android.graphics.Color;
import android.graphics.Paint;
import android.graphics.Path;
import android.support.v7.app.AppCompatActivity;
import android.os.Bundle;
import android.view.MotionEvent;
import android.view.View;

public class MainActivity extends AppCompatActivity {

    @Override

    public void onCreate(Bundle savedInstanceState) {
        super.onCreate(savedInstanceState);
        SpecialView myView=new SpecialView(this);
        setContentView(myView);
    }
```

```
    class SpecialView extends View {
        float
s=getResources().getDisplayMetrics().scaledDensity;
        float x=50;
        float y=50;
        String accion="accion";
        Path path=new Path();
        public SpecialView(Context context){
            super(context);
        }

        @Override
        protected void onDraw(Canvas canvas){
            canvas.drawColor(Color.rgb(255,255,150));
            Paint paint=new Paint();
            paint.setStyle(Paint.Style.STROKE);
            paint.setStrokeWidth(2*s);
            paint.setColor(Color.BLUE);
            if(accion=="down"){
                path.moveTo(x, y);
            }
            if(accion=="move"){
                path.lineTo(x, y);
            }
            canvas.drawPath(path, paint);
        }
        @Override
        public boolean onTouchEvent(MotionEvent evento) {
            x=evento.getX();
            y=evento.getY();
            if(evento.getAction()==MotionEvent.ACTION_DOWN){
                accion="down";
            }
            if(evento.getAction()==MotionEvent.ACTION_MOVE){
                accion="move";
            }
            invalidate();
            return true;
        }
    }
}
```

12.5 Mover objetos

En el siguiente ejemplo usamos la misma técnica para mover dos círculos por la pantalla, uno rojo y otro azul. El círculo que se debe mover se selecciona al pulsar la pantalla, en el evento action down. Se calcula entonces la distancia al centro de cada círculo. Estamos en el interior de un círculo si esa distancia es menor que su radio.

```
package es.ugr.amaro.moverobjetos;

import android.content.Context;
import android.graphics.Canvas;
import android.graphics.Color;
import android.graphics.Paint;
import android.support.v7.app.AppCompatActivity;
import android.os.Bundle;
import android.view.MotionEvent;
import android.view.View;

public class MainActivity extends AppCompatActivity {

    @Override
    public void onCreate(Bundle savedInstanceState) {
        super.onCreate(savedInstanceState);
        SpecialView myView=new SpecialView(this);
        setContentView(myView);
    }

    class SpecialView extends View {
        float s=
        getResources().getDisplayMetrics().scaledDensity;
        float[] x={50*s,50*s};
        float[] y={50*s,150*s};
        float[] radio={40*s,60*s};
        Paint paint[]=new Paint[2];
        Paint p;
        int seleccion=-1;
        String texto="Mueva los circulos";

        public SpecialView(Context context){
            super(context);
            paint[0]=new Paint();
            paint[1]=new Paint();
            paint[0].setColor(Color.RED);
            paint[1].setColor(Color.BLUE);
            p=new Paint();
            p.setTextSize(20*s);
            p.setColor(Color.BLACK);
```

```
        }

        @Override
        protected void onDraw(Canvas canvas){
            canvas.drawColor(Color.WHITE);
            canvas.drawText(texto,100*s,25*s,p);
            for(int i=0;i<2;i++)
            canvas.drawCircle(x[i],y[i],radio[i],paint[i]);
        }

        @Override
        public boolean onTouchEvent(MotionEvent evento) {
            float newX= evento.getX();
            float newY=evento.getY();

            if(evento.getAction()==MotionEvent.ACTION_DOWN){
                // indice del circulo seleccionado
                // -1 si no hay seleccion
                seleccion=-1;
                for(int i=0;i<2;i++){
      // Calcula la distancia al centro de cada circulo
                    double dx=newX-x[i];
                    double dy=newY-y[i];
                    float distancia= (float)
                            Math.sqrt(dx*dx+dy*dy);
                    if (distancia <= radio[i]){
   // Si estamos dentro de algun circulo lo seleccionamos
                        seleccion=i;
                        texto="Seleccion "+i;
                        invalidate();
                    }
                }
            }
            if(evento.getAction()== MotionEvent.ACTION_MOVE){
                if (seleccion > -1){
// si hay circulo seleccionado lo trasladamos al nuevo punto
                    x[seleccion]=newX;
                    y[seleccion]=newY;
                    invalidate();
                }
            }
            return true;
        }
    }
}
```

Figura 12.5 Moviendo objetos por la pantalla con onTouchEvent.

13. IMÁGENES

13.1 Insertar una imagen en el layout

El sistema Android soporta imágenes en varios formatos, como png, jpg y gif. Para insertar una imagen en una aplicación hay que copiar el fichero de la imagen en la carpeta res/drawable. En el siguiente ejemplo, creamos una nueva aplicación con una actividad vacía y copiamos nuestra imagen *portada.jpg* en la carpeta res/drawable. A continuación, creamos un fichero de layout *milayout.xml* con un LinearLayout, un TextView y un ImageView de la siguiente forma:

```
<?xml version="1.0" encoding="utf-8"?>
<LinearLayout
xmlns:android="http://schemas.android.com/apk/res/android"
    android:id="@+id/milayout"
    android:orientation="vertical"
    android:background="#ddffdd"
    android:layout_width="fill_parent"
    android:layout_height="fill_parent"
    >
    <TextView
        android:id="@+id/textView"
        android:textSize="20sp"
        android:layout_width="wrap_content"
        android:layout_height="wrap_content"
        android:textColor="#000000"
        android:text="ANDROID ESENCIAL"
        android:layout_gravity="center"/>
    <ImageView
        android:layout_height="wrap_content"
        android:src="@drawable/portada"
        android:layout_width="match_parent"
        android:id="@+id/imageView1">
    </ImageView>
</LinearLayout>
```

Con esta estructura, la imagen se muestra en la pantalla al inflar el layout. Nuestra actividad en el programa MainActivity.java es la siguiente:

```
public class MainActivity extends AppCompatActivity {

    @Override
    protected void onCreate(Bundle savedInstanceState) {
        super.onCreate(savedInstanceState);
        setContentView(R.layout.milayout);
}
```

Al ejecutar esta aplicación en el emulador, la imagen se muestra en la pantalla como en la figura 13.1.

Figura 13.1 Imagen insertada en un layout.

13.2 Controlando el tamaño de las imágenes

Si insertamos una imagen demasiado grande en un layout puede producirse un error fatal y la aplicación se abortará. La imagen del ejemplo anterior medía 600 x 640 píxeles y no dio ningún problema. Pero veamos qué ocurre cuando la

sustituimos por otra imagen, *android.jpg,* con 1.655 x 1.765 píxeles y ejecutamos el programa. El resultado se ve en la figura 13.2.

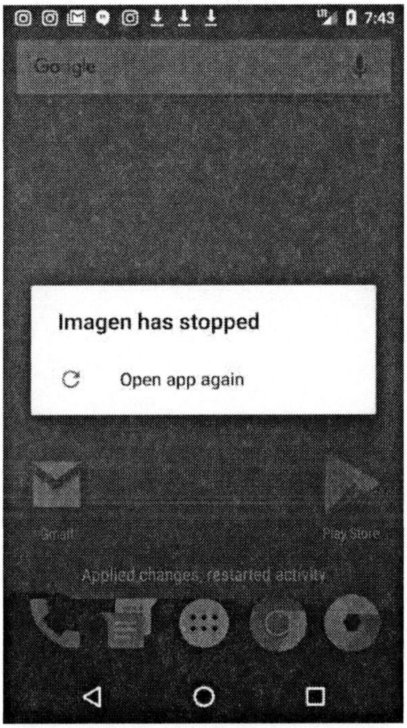

Figura 13.2 Error al insertar una imagen demasiado grande en un ImageView.

Para determinar el origen del error podemos abrir la ventana de login del emulador, pulsando la pestaña "LogCat" en la parte inferior de Android Studio. Examinando el mensaje de error vemos que contiene lo siguiente:

LogCat:

```
08-28 19:43:35.906 24304-24304/es.ugr.amaro.imagen E/AndroidRuntime: FATAL EXCEPTION: main
  Process: es.ugr.amaro.imagen, PID: 24304
  java.lang.RuntimeException: Canvas: trying to draw too large(105158700bytes) bitmap.
```

Veamos por qué ocurre esto. En el capítulo anterior hemos visto que la resolución de nuestro emulador es de 1.080 x 1.776 píxeles. El error proviene de que nuestra imagen tiene mayor resolución que la pantalla y se transforma la imagen a un mapa de bits demasiado grande, de modo que el sistema es incapaz de dibujarla en el canvas. Por eso no es recomendable utilizar imágenes muy grandes en nuestras aplicaciones. Cuando esto no sea posible, será necesario reducir el tamaño del mapa de bits antes de dibujarlo en la pantalla. Por ejemplo, podríamos querer mostrar una fotografía de alta resolución que el usuario tiene en su teléfono.

En el siguiente ejemplo utilizaremos la clase `BitmapFactory` para reajustar el tamaño de un mapa de bits antes de dibujarlos en la pantalla. Primero crearemos una actividad vacía (o bien modificamos la del ejemplo anterior) y le pondremos el siguiente fichero de layout, *milayout.xml*:

```
<?xml version="1.0" encoding="utf-8"?>
<LinearLayout
xmlns:android="http://schemas.android.com/apk/res/android"
    android:id="@+id/milayout"
    android:orientation="vertical"
    android:background="#ddffdd"
    android:layout_width="fill_parent"
    android:layout_height="fill_parent"
    >
    <TextView
        android:id="@+id/textView"
        android:textSize="20sp"
        android:layout_width="wrap_content"
        android:layout_height="wrap_content"
        android:textColor="#000000"
        android:text="ANDROID ESENCIAL"
        android:layout_gravity="center"/>
    <ImageView
        android:layout_height="wrap_content"
        android:layout_width="match_parent"
        android:id="@+id/imageView1">
    </ImageView>
</LinearLayout>
```

En el directorio de recursos copiaremos la imagen que nos interesa, *android.jpg,* con 1.655 x 1.765 píxeles, pero nótese que no la hemos incluido en el ImageView de *milayout.xml.* Por tanto, la imagen no se dibujará cuando se infle el layout y evitaremos el error anterior. En el programa Java reduciremos el tamaño del mapa de bits y lo dibujaremos en el layout.

La resolucion de la imagen puede reducirse definiendo, en primer lugar, un objeto de la clase `BitmapFactory.Options`:

```
BitmapFactory.Options options = new BitmapFactory.Options();
```

Este objeto contendrá las opciones para generar el mapa de bits. Para reducir las dimensiones de la imagen un factor 2, asignaremos el campo `inSampleSize`:

```
options.inSampleSize = 2;
```

Las opciones de `BitmapFactory` solo permiten reducciones que sean múltiplos de 2. Esto quiere decir que si asignamos un número distinto, internamente se va a convertir en el múltiplo de 2 inmediatamente superior.

Para generar un bitmap a partir de una imagen dada en los recursos, con las opciones introducidas ejecutamos el método

```
BitmapFactory.decodeResource(resource,imagenId,options);
```

Finalmente, asignamos el mapa de bits al ImageView mediante

```
mImageView.setImageBitmap(bitmap)
```

Previamente, debemos calcular el factor de reducción que debemos aplicar, lo que depende de la resolución de nuestro dispositivo. Esta la podemos obtener a partir de la anchura y altura del layout, como vimos en el capítulo anterior. También debemos conocer el tamaño de la imagen. Para ello, utilizamos también `BitmapFactory.decodeResource`, pero activando primero la opción `inJustDecodeBounds`. Esto introduce en el objeto de opciones las dimensiones de la imagen, pero sin generar ningún bitmap.

```
options.inJustDecodeBounds = true;
BitmapFactory.decodeResource(res, imagenId, options);
// altura y anchura de la imagen
int height = options.outHeight;
int width = options.outWidth;
```

Finalmente, dividimos las anchuras y alturas de la imagen por factores 2, 4, etc., hasta que alcancemos un tamaño menor que el layout, lo que nos dará el factor reductor óptimo.

Todo esto lo hemos implementado en el siguiente programa MainActivity.java. Hemos definido el método `reduceBitmap`, que devuelve un mapa de bits de tamaño reducido que ya podemos incluir en el layout. Este método nos será útil para otras aplicaciones que requieran reducir el tamaño de un bitmap.

```
package es.ugr.amaro.imagen;

import android.content.res.Resources;
import android.graphics.Bitmap;
import android.graphics.BitmapFactory;
import android.graphics.Rect;
import android.support.v7.app.AppCompatActivity;
import android.os.Bundle;
import android.widget.ImageView;
import android.widget.LinearLayout;
import android.widget.TextView;
```

```
public class MainActivity extends AppCompatActivity {

    TextView tv;
    @Override
    protected void onCreate(Bundle savedInstanceState) {
        super.onCreate(savedInstanceState);
        setContentView(R.layout.milayout);

        // calcula dimensiones del layout
        LinearLayout milayout=findViewById(R.id.milayout);
        Rect window=new Rect();
        milayout.getWindowVisibleDisplayFrame(window);
        int layoutWidth = window.width();
        int layoutHeight = window.height();

        // escribe la anchura del layout
        tv=findViewById(R.id.textView);
        tv.append("\nlayoutWidth="+layoutWidth);

        // Asigna al imageview un bitmap reducido
        ImageView mImageView=findViewById(R.id.imageView1);
        Bitmap bitmap= reduceBitmap(getResources(),
               R.drawable.android, layoutWidth,layoutHeight);
        mImageView.setImageBitmap(bitmap);
    }

        public  Bitmap reduceBitmap(Resources res,
                                    int imagenId,
                                    int layoutWidth,
                                    int layoutHeight) {
        /** A partir de una imagen de los recursos,
         *   calcula un Bitmap con un tamaño reducido
         *   ajustado a las dimensiones del layout
         */

        // Primero descodifica las dimensiones de la imagen
        final BitmapFactory.Options options =
                              new BitmapFactory.Options();
        options.inJustDecodeBounds = true;
        BitmapFactory.decodeResource(res, imagenId, options);

        // altura y anchura de la imagen
        int height = options.outHeight;
        int width = options.outWidth;
        tv.append("\nImage width="+width);

        // factor reductor para la imagen en multiplos de 2
        int reductor = 1;
```

```
        if (height > layoutHeight || width > layoutWidth) {
            // Divide por 2 las dim. de la imagen
            reductor = 2;
            int halfHeight = height / 2;
            int halfWidth = width / 2;
            // Vuelve a dividir por el factor reductor.
            // Si las nuevas dim. son mayores que el layout,
            // multiplica por 2 el factor.
            while (halfHeight / reductor >= layoutHeight
                    && halfWidth / reductor >= layoutWidth) {
                reductor = reductor * 2;
            }
        }
        // aplica el factor reductor en las opciones
        options.inSampleSize = reductor;
        tv.append("\nfactor reductor="+options.inSampleSize);
        // Descodifica el bitmap con las opciones elegidas
        options.inJustDecodeBounds = false;
        return BitmapFactory.decodeResource(
                                  res, imagenId,  options);
    }
}
```

El resultado se ve en la figura 13.3 en un Nexus5 emulado y en un teléfono físico Samsung Galaxy J7. En la pantalla hemos escrito la anchura de la imagen y del layout y el factor reductor, que en ambos casos vale 2, aunque tienen distintas resoluciones.

Figura 13.3 Reduciendo un bitmap con BitmapFactory en un Nexus5 y en un Samsung Galaxy J con Android 7.

13.3 Controlando las imágenes en Java

El siguiente programa construye un álbum de fotos. Crearemos una actividad vacía y copiaremos cuatro fotos en la carpeta `res/drawable`. Las imágenes son de una resolución moderada para evitar el problema de la sección anterior, y no superan los 800 píxeles de ancho. Si las fotos fueran más grandes habría que reducir el tamaño de los bitmaps con la técnica ya explicada. Hay que tener en cuenta también que las imágenes aumentan el tamaño de la app.

A la actividad le pondremos el siguiente layout, `milayoutain.xml`, que incluye la primera de las fotos en un ImageView. En un LinearLayout orientado horizontalmente ponemos dos botones para pasar las fotos adelante y atrás.

```
<?xml version="1.0" encoding="utf-8"?>
    <LinearLayout
xmlns:android="http://schemas.android.com/apk/res/android"
        android:background="#ddddbb"
        android:orientation="vertical"
        android:layout_width="match_parent"
        android:layout_height="match_parent"
        >
        <TextView
            android:textColor="#000000"
            android:layout_width="fill_parent"
            android:layout_height="wrap_content"
            android:text=
           "ALBUM DE FOTOS. Pulsa los botones para verlas"
            />
        <LinearLayout
xmlns:android="http://schemas.android.com/apk/res/android"
            android:background="#999999"
            android:orientation="horizontal"
            android:layout_width="fill_parent"
            android:layout_height="wrap_content" >

            <Button android:text="Anterior"
                android:id="@+id/button1"
                android:layout_width="wrap_content"
                android:layout_height="wrap_content"/>

            <Button android:text="Siguiente"
                android:id="@+id/button2"
                android:layout_width="wrap_content"
                android:layout_height="wrap_content"/>

            <TextView
```

```
            android:textColor="#000000"
            android:id="@+id/textView1"
            android:layout_width="wrap_content"
            android:layout_height="wrap_content"
            android:textSize="20sp"
            android:text="Mi bisabuelo"/>
    </LinearLayout>

    <ImageView android:layout_height="wrap_content"
        android:src="@drawable/bisabuelo"
        android:layout_width="wrap_content"
        android:id="@+id/imageView1"/>

</LinearLayout>
```

A continuación, modificamos el fichero Java de la actividad. Cada fichero *foto.jpg* tiene un identificador (Id) llamado `R.drawable.foto`, que es un número entero asignado por el sistema. Para modificar la foto mostrada, primero se define un objeto ImageView y luego se asigna la imagen a mostrar a partir de su identificador, mediante `setImageResource(id)`:

```
foto=(ImageView) findViewById(R.id.imageView1);
foto.setImageResource(id)
```

Los ids de las cuatro fotos los introducimos en un array de enteros. Al pulsar un botón se avanza o se retrocede el índice de la fotografía a mostrar. El programa queda como sigue:

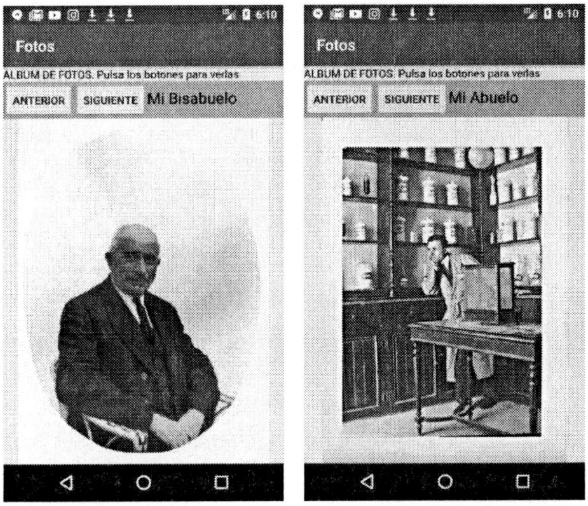

Figura 13.4 Controlando las imágenes en Java.

```java
package es.ugr.amaro.fotos;

import android.support.v7.app.AppCompatActivity;
import android.os.Bundle;
import android.view.View;
import android.widget.Button;
import android.widget.ImageView;
import android.widget.TextView;

public class MainActivity extends AppCompatActivity
        implements View.OnClickListener{

    ImageView foto;
    TextView tv;  // para escribir el texto de la foto
    int[] fotoId = {R.drawable.bisabuelo,
            R.drawable.farmacia,
            R.drawable.fernando_amaro,
            R.drawable.tres_damas};
    String[] texto={"Bisabuelo","Abuelo","Tio","Abuela"};
    int i=0;        // numero de foto
    int total;     // numero total de fotos

    @Override
    public void onCreate(Bundle savedInstanceState) {
        super.onCreate(savedInstanceState);
        setContentView(R.layout.milayout);

        Button anterior=(Button) findViewById(R.id.button1);
        Button siguiente=(Button) findViewById(R.id.button2);
        anterior.setOnClickListener(this);
        siguiente.setOnClickListener(this);

        tv=(TextView) findViewById(R.id.textView1);
        foto=(ImageView) findViewById(R.id.imageView1);
        total = fotoId.length;

    }

    public void onClick(View v) {

        int id=v.getId();
        // boton2 adelanta el numero de foto
        if(id==R.id.button2){
            i++;
            if (i == total) i=0;
        }
        // boton1 atrasa el numero de foto
        if(id==R.id.button1){
```

```
            i--;
            if (i == -1) i=total-1;
        }
        foto.setImageResource(fotoId[i]);
        tv.setText("Mi "+texto[i]);
    }
}
```

Las capturas de pantalla del álbum de fotos se ven en las figuras 13.4 y 13.5.

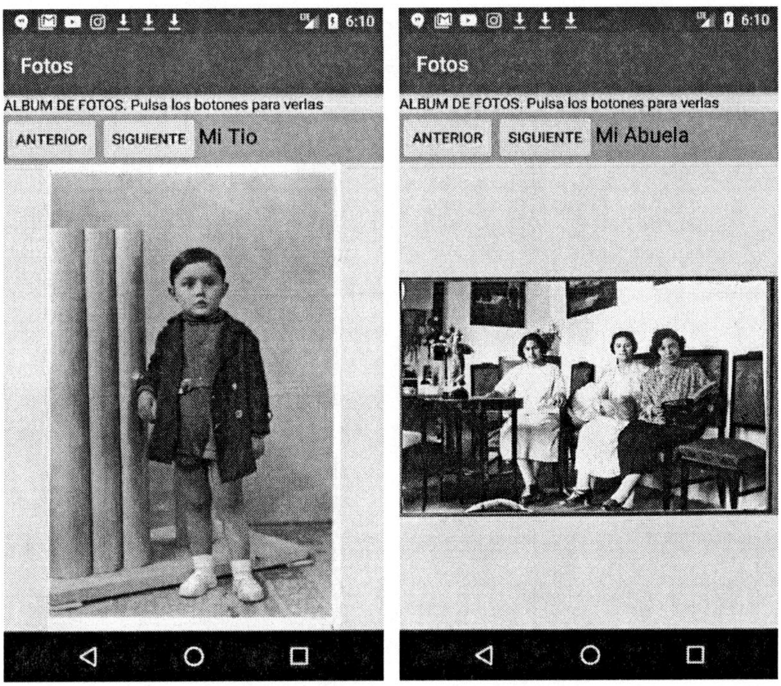

Figura 13.5 Controlando las imágenes en Java.

13.4 Botones con imágenes

Un `ImageButton` es un tipo especial de `View` consistente en un botón con una imagen superpuesta. En el siguiente ejemplo diseñaremos cuatro botones de tipo `ImageButton` usando cuatro fotografías dispuestas como en la figura 13.6. Pondremos especial cuidado en el diseño para que la app tenga un aspecto similar en móviles y en tablets.

Para incluir un `ImageButton` en el layout, ponemos la siguiente etiqueta en el fichero xml:

```
<ImageButton
    android:background="#00000000"
```

```
android:scaleType="centerCrop"
android:adjustViewBounds="true"
android:layout_width="match_parent"
android:layout_height="match_parent"
android:src="@drawable/boton1"
android:id="@+id/imageButton1"/>
```

Al hacer el fondo transparente no se verá el botón de fondo; solo la imagen:

```
android:background="#00000000"
```

Existen distintos tipos de escala que se pueden aplicar a la imagen, como `center` o `centerCrop`. Esta última escalará la imagen a la anchura total disponible y recortará el sobrante por arriba y por abajo.

Figura 13.6 Pantalla con cuatro botones de tipo ImageButton.

En este caso, usaremos fotografías pequeñas, de entre 150 y 200 px de ancho. Esto hará necesario ampliar la imagen en las pantallas más grandes, especialmente en el caso de tablets. En este ejemplo esto se consigue con la combinación de las dos propiedades:

```
android:scaleType="centerCrop"
android:adjustViewBounds="true"
```

El diseño de la pantalla contiene un TableLayout que ocupa dos tercios de la pantalla y un TextView que ocupa el tercio restante. Para asignar un porcentaje de la altura a un elemento se define la propiedad `android:layout_weight="2"` para el TableLayout, y `android:layout_weight="1"` para el TextView. Además, ambos deben tener una altura inicialmente nula:

```
android:layout_height="0dp"
```

Esto hace que, al disponerse estos objetos en el layout, su altura inicial se incremente hasta alcanzar el porcentaje requerido del LinearLayout que los contiene. Con estas premisas, el fichero *milayout.xml* que pondremos en nuestro proyecto *FísicosCuánticos*, con una actividad vacía, será el siguiente:

```
<?xml version="1.0" encoding="utf-8"?>

<LinearLayout
xmlns:android="http://schemas.android.com/apk/res/android"
    android:background="#ff33cc"
    android:orientation="vertical"
    android:layout_width="fill_parent"
    android:layout_height="fill_parent">

<TableLayout
    android:stretchColumns="*"
    android:background="#ffffcc"
    android:layout_weight="2"
    android:layout_width="fill_parent"
    android:layout_height="0dp">
    <TableRow  android:background="#aaffff">
        <TextView
            android:layout_span="2"
            android:textSize="20sp"
            android:textColor="#000000"
            android:layout_gravity="center"
            android:layout_width="wrap_content"
           android:layout_height="wrap_content"
           android:text="Forjadores de la Física Cuántica" />
    </TableRow>

    <TableRow  android:layout_weight="1"
               android:background="#ffddbb">
        <ImageButton
            android:background="#00000000"
            android:scaleType="centerCrop"
            android:adjustViewBounds="true"
            android:layout_width="match_parent"
            android:layout_height="fill_parent"
```

```
            android:src="@drawable/boton1"
            android:id="@+id/imageButton1"/>
        <ImageButton
            android:background="#00000000"
            android:scaleType="centerCrop"
            android:adjustViewBounds="true"
            android:layout_width="fill_parent"
            android:layout_height="fill_parent"
            android:src="@drawable/boton2"
            android:id="@+id/imageButton2"/>
    </TableRow>

    <TableRow android:layout_weight="1"
              android:background="#aaaaff">
        <ImageButton
            android:background="#00000000"
            android:scaleType="centerCrop"
            android:adjustViewBounds="true"
            android:layout_width="fill_parent"
            android:layout_height="fill_parent"
            android:src="@drawable/boton3"
            android:id="@+id/imageButton3"/>
        <ImageButton
            android:background="#00000000"
            android:scaleType="centerCrop"
            android:adjustViewBounds="true"
            android:layout_width="fill_parent"
            android:layout_height="fill_parent"
            android:src="@drawable/boton4"
            android:id="@+id/imageButton4"/>
    </TableRow>
</TableLayout>

        <TextView
            android:background="#ffaaff"
            android:id="@+id/caption"
            android:textSize="20sp"
            android:textColor="#000000"
            android:layout_weight="1"
            android:layout_margin="10dp"
            android:padding="5dp"
            android:layout_width="fill_parent"
            android:layout_height="0dp"
            android:text="Toque una foto para más info" />
    </LinearLayout>
```

Debe tenerse en cuenta que, dependiendo del tamaño de las imágenes que utilicemos, el resultado visual final podría variar, por lo que en cada caso particular podría ser necesario reajustar algunos parámetros del layout. También conviene probar la aplicación en distintos dispositivos, virtuales y físicos, y con distintas versiones de Android, para comprobar que la app se visualiza correctamente. En la figura 13.7 vemos una captura de pantalla de una tablet Samsung Galaxy Tab II con Android 4.2.

Figura 13.7 ImageButton en una tablet Samsung Galaxy Tab II.

El ImageButton permite modificar la imagen cuando el usuario pulsa el botón para producir el efecto de un botón pulsado. Las imágenes a mostrar se ponen en la carpeta `res/drawable`. Nótese que la fuente de estas se ha especificado en cada ImageButton mediante `@drawable/boton1`, etc. Esta variable podría referirse a un fichero de imagen, por ejemplo *boton1.png*. Pero, en este caso, se refiere a un fichero *boton1.xml* que hemos creado en el directorio `res/drawable` que contiene un `selector`:

```
<?xml version="1.0" encoding="utf-8"?>
<selector
xmlns:android="http://schemas.android.com/apk/res/android">
     <item android:state_pressed="true"
           android:drawable="@drawable/bohr_sepia" />
     <item android:drawable="@drawable/bohr" />
 </selector>
```

Este selector enlaza con dos ficheros de imagen: *bohr.jpg* (la imagen mostrada por defecto) y *bohr_sepia.jpg* (la imagen mostrada al pulsar el botón). La segunda imagen se ha generado previamente a partir de la primera, modificando su color de blanco y negro a sepia. De esta forma, cuando se pulsa el botón, da el aspecto de que la imagen cambia de color. En el progama Java no hay que hacer nada, ya que el ImageButton y el selector se encargan de todo.

Análogamente hemos creado otros ficheros llamados *boton2.xml*, *boton3.xml* y *boton4.xml*, que contienen referencias a otros pares de imágenes que queremos mostrar.

Para finalizar el ejemplo, la siguiente actividad utiliza el fichero *milayout.xml* anterior y muestra en pantalla un texto explicativo sobre el personaje de la fotografía al pulsar cada botón:

```
package es.ugr.amaro.fisicoscuanticos;

import android.app.Activity;
import android.graphics.Color;
import android.support.v7.app.AppCompatActivity;
import android.os.Bundle;
import android.view.View;
import android.widget.TextView;

public class MainActivity extends AppCompatActivity
        implements View.OnClickListener{

    TextView caption;
    String[] texto={" ",
            "Niels Bohr (1885-1962). " +
  "Contribuyó a la comprensión de la estructura del átomo. "+
            "Premio Nobel 1922",
            "Max Plank (1858-1947). " +
     "Sentó las bases de la teoría Cuántica de la materia " +
            "e introdujo la constante de Planck. " +
            "Premio Nobel 1918",
       "Pauli. Principio de exclusión. Matrices de Pauli. ",
        "Schrodinger (1887-1961) Ecuación de Schrödinger, " +
            "Modelo atómico de Schrödinger y Efecto Túnel. "+
            "Premio Nobel 1933"};
    @Override
    public void onCreate(Bundle savedInstanceState) {
        super.onCreate(savedInstanceState);
        setContentView(R.layout.milayout);
        caption=(TextView) findViewById(R.id.caption);

        View boton1=findViewById(R.id.imageButton1);
        boton1.setOnClickListener(this);
        View boton2=findViewById(R.id.imageButton2);
        boton2.setOnClickListener(this);
```

```
        View boton3=findViewById(R.id.imageButton3);
        boton3.setOnClickListener(this);
        View boton4=findViewById(R.id.imageButton4);
        boton4.setOnClickListener(this);
    }

    @Override
    public void onClick(View v) {
        int i=0;
        int id=v.getId();
        if(id == R.id.imageButton1) i=1;
        else if(id == R.id.imageButton2) i=2;
        else if(id == R.id.imageButton3) i=3;
        else if(id == R.id.imageButton4) i=4;
        caption.setTextColor(Color.rgb(140,0,0));
        caption.setText(texto[i]);
    }
}
```

13.5 Insertar imágenes en un canvas

Otra forma de insertar imágenes es "dibujarlas" directamente en un canvas, dentro del método onDraw de una clase View. Tendremos control total sobre la posición y el tamaño y se pueden realizar manipulaciones gráficas. Para dibujar una imagen podemos utilizar un objeto de tipo `Drawable`, referenciando al fichero de recursos con la imagen:

```
Drawable imagen= ContextCompat.getDrawable(
                              context,R.drawable.fichero);
```

Esto se hará en el constructor de la clase `View` que definamos. La imagen se dibuja en el método `onDraw`, definiendo antes sus dimensiones:

```
imagen.setBounds(x1,y1,x2,y2);
imagen.draw(canvas);
```

Los puntos `(x1,y1)` y `(x2,y2)` son los vértices opuestos del rectángulo que contendrá la imagen en la pantalla. Si estos puntos no se asignan, la imagen no se verá en pantalla, pues por defecto son cero.

Para obtener las dimensiones de un objeto Drawable se usan los métodos `getIntrinsicWidth()` y `getIntrinsicHeight()`. Debemos tener en cuenta que las dimensiones intrínsecas del drawable no corresponden a las dimensiones reales de la imagen en píxeles. Al construir el drawable, la imagen se escalará internamente; su anchura y altura se multiplicarán por la densidad del dispositivo. De esta forma, la imagen parecerá aproximadamente del mismo tamaño en distintos dispositivos.

En el siguiente ejemplo ilustramos esto dibujando en un canvas una imagen jpg, con dimensiones reales 400 x 578, que hemos copiado en el directorio /res/drawable. En el canvas escribimos también los valores de la anchura y altura intrínsecas del drawable. El programa Java es el siguiente:

```
package es.ugr.amaro.dibujarimagen;

import android.content.Context;
import android.graphics.Canvas;
import android.graphics.Color;
import android.graphics.Paint;
import android.graphics.drawable.Drawable;
import android.support.v4.content.ContextCompat;
import android.support.v7.app.AppCompatActivity;
import android.os.Bundle;
import android.view.View;

public class MainActivity extends AppCompatActivity {

    float d,s;
    @Override
    public void onCreate(Bundle savedInstanceState) {
        super.onCreate(savedInstanceState);

        Pintura miPintura = new Pintura(this);
        setContentView(miPintura);
        s=getResources().getDisplayMetrics().scaledDensity;
        d=getResources().getDisplayMetrics().density;
    }

    public class Pintura extends View {
        Drawable imagen;

        public Pintura(Context context) {
            super(context);
            int indiceImagen=R.drawable.actor_small;
           imagen= ContextCompat.getDrawable(
                                   context, indiceImagen);
        }

        @Override
        public void onDraw(Canvas canvas){

            Paint p=new Paint();
            p.setColor(Color.WHITE);
```

```
            canvas.drawPaint(p);

            int anchura= imagen.getIntrinsicWidth();
            int altura=  imagen.getIntrinsicHeight();
            imagen.setBounds(0,0,anchura,altura);
            imagen.draw(canvas);

            p.setTextSize(40*d);
            p.setColor(Color.RED);
            canvas.drawText("w="+anchura,25*s,40*s,p);
            canvas.drawText("h="+altura,25*s,80*s,p);
            canvas.drawText("density="+d,25*s,120*s,p);

        }
    }
}
```

En la figura 13.8 comparamos el resultado en un teléfono Nexus 5 (con densidad 3) con el de una tableta Samsung Galaxy Tab II (con densidad 1). Vemos que en el teléfono las dimensiones de la imagen se han multiplicado por 3, ocupando toda la pantalla. Pero como la pantalla de la tablet es más grande que la del teléfono, el tamaño físico de la imagen en ambos dispositivos es aproximadamente el mismo.

Nótese que en este ejemplo utilizamos dos densidades en lugar de una. El valor de scaledDensity, que introdujimos en el capítulo 11, se utiliza para escalar el texto, mientras que density se usa para escalar las coordenadas. En el presente caso ambas densidades son iguales, pero el usuario podría modificar la escala del texto en las preferencias de su teléfono.

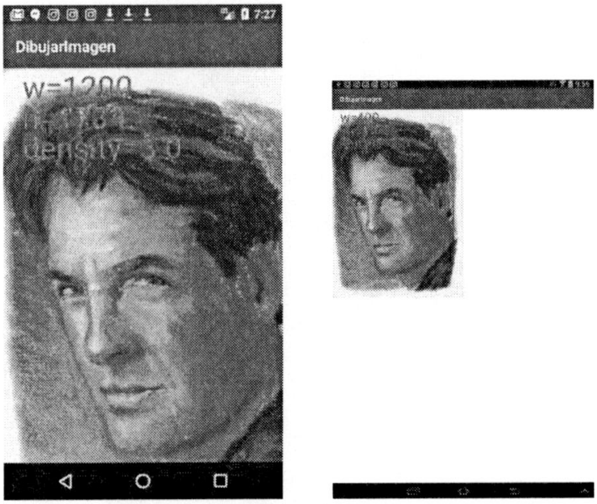

Figura 13.8 Insertando imágenes en un canvas. Izquierda: teléfono con densidad igual a 3. Derecha: tablet con densidad igual a 1.

Si modificamos el rectángulo que contiene al objeto Drawable, la imagen se ampliará o reducirá para ajustarse él. La relación altura/anchura solo se mantendrá si aplicamos la misma escala a las dos dimensiones. Por ejemplo, con el programa anterior podemos dibujar dos copias de la misma imagen con distintas dimensiones y posiciones, sustituyendo el método onDraw por el siguiente:

```
public void onDraw(Canvas canvas){
    Paint p=new Paint();
    p.setColor(Color.WHITE);
    canvas.drawPaint(p);

    int di = Math.round(d);
    imagen.setBounds(0,0,360*di,200*di);
    imagen.draw(canvas);

    imagen.setBounds(100*di,200*di,300*di,500*di);
    imagen.draw(canvas);
}
```

Nótese que escalamos las coordenadas con la densidad convertida en entero. El resultado se ve en la figura 13.9.

Figura 13.9 Imágenes distorsionadas.

13.6 Ajustar imagen a las dimensiones de la pantalla

Es recomendable que las imágenes que pongamos en la carpeta res/drawable, y que dibujemos con los métodos anteriores, no tengan un tamaño muy grande. Ya hemos visto en la sección 13.2 que, al convertir la imagen en mapa de bits se produce un error si el bitmap resultante es demasiado grande. A no ser que necesitemos lo contrario, este debe mantenerse inferior a cierta cantidad que dependerá del dispositivo utilizado. En general, es mejor que la imagen no supere los 2 Megapíxeles, lo que corresponde aproximadamente a una imagen de 1.200 píxeles de ancho por 1.600 píxeles de alto (que contiene unos 1,9 Megapíxeles). Si, por cualquier razón, se necesita una imagen más grande, habrá que emplear algún método, como el de la sección 13.2, para reducir el tamaño del bitmap.

En cualquier caso, nuestra imagen siempre podrá reescalarse para ajustarse lo máximo posible a la pantalla. En el siguiente ejemplo mostramos una forma de hacerlo. En este caso modificamos la clase Pintura del ejemplo anterior para leer una imagen que es algo mayor que la resolución de la pantalla. La imagen, con 1.264 x 1.731 píxeles, se reescala dependiendo de la razón anchura/altura de la imagen y de la pantalla. Si la primera razón es menor que la segunda, se ajusta el ancho de la imagen al de la pantalla y, en caso contrario, se ajusta la altura de la imagen a la altura de la pantalla.

```
package es.ugr.amaro.jerrygarcia;

import android.content.Context;
import android.graphics.Canvas;
import android.graphics.Color;
import android.graphics.Paint;
import android.graphics.drawable.Drawable;
import android.support.v7.app.AppCompatActivity;
import android.os.Bundle;
import android.view.View;

public class MainActivity extends AppCompatActivity {

    float d,s;
    @Override
    public void onCreate(Bundle savedInstanceState) {
        super.onCreate(savedInstanceState);

        Pintura miPintura = new Pintura(this);
        setContentView(miPintura);
        s=getResources().getDisplayMetrics().scaledDensity;
        d=getResources().getDisplayMetrics().density;
```

```
}

public class Pintura extends View{

    int indiceImagen=R.drawable.jerry_garcia;
    Drawable imagen =
            getResources().getDrawable(indiceImagen);

    public Pintura(Context context) {
        super(context);
    }

    @Override
    public void onDraw(Canvas canvas){

        Paint p=new Paint();
        p.setColor(Color.WHITE);
        canvas.drawPaint(p);

        int bottom=getBottom();
        int right=getRight();
        float ratioScreen=(float) bottom/right;

        int anchuraIm= imagen.getIntrinsicWidth();
        int alturaIm= imagen.getIntrinsicHeight();
        float ratio= (float) alturaIm/anchuraIm;

        int anchura,altura;
        // ajusta el ancho
        if(ratio<ratioScreen){
            anchura=right;
            altura= (int) (anchura*ratio);
        } else {
            altura=bottom;
            anchura=(int)(altura/ratio);
        }

        imagen.setBounds(0,0,anchura,altura);
        imagen.draw(canvas);

        p.setColor(Color.YELLOW);
        p.setTextSize(25*s);
        p.setShadowLayer (1*d, -3*d, 3*d, Color.BLACK);
        canvas.drawText(""+anchuraIm+"x"+alturaIm+
                       " ratio:"+ ratio,  25*d, 50*d, p);
        canvas.drawText(""+right+"x"+bottom+" ratio:"+
                ratioScreen,25*d,90*d,p);
```

```
            canvas.drawText(""+anchura+"x"+altura,25*d,130*d,p);
        }
    }
}
```

El resultado se ve en la figura 13.10 en un teléfono Nexus 5 con Android 7 y un Samsung Galaxy Tab II con Android 4.2. Nótese que, en el primer caso, la anchura y altura intrínsecas contienen el factor de densidad del teléfono, que en este caso es de 3. Sobre la imagen, hemos escrito en color amarillo las dimensiones de la imagen, de la pantalla y de la imagen reescalada. Hemos usado el método `setShadowLayer(blur,dx,dy,Color)` de la clase `Paint`, que permite dibujar la sombra, en este caso del texto, para aumentar su contraste con la imagen de fondo. Finalmente, en la figura 13.11 vemos cómo se ajusta el alto automáticamente, en lugar del ancho, al girar el dispositivo.

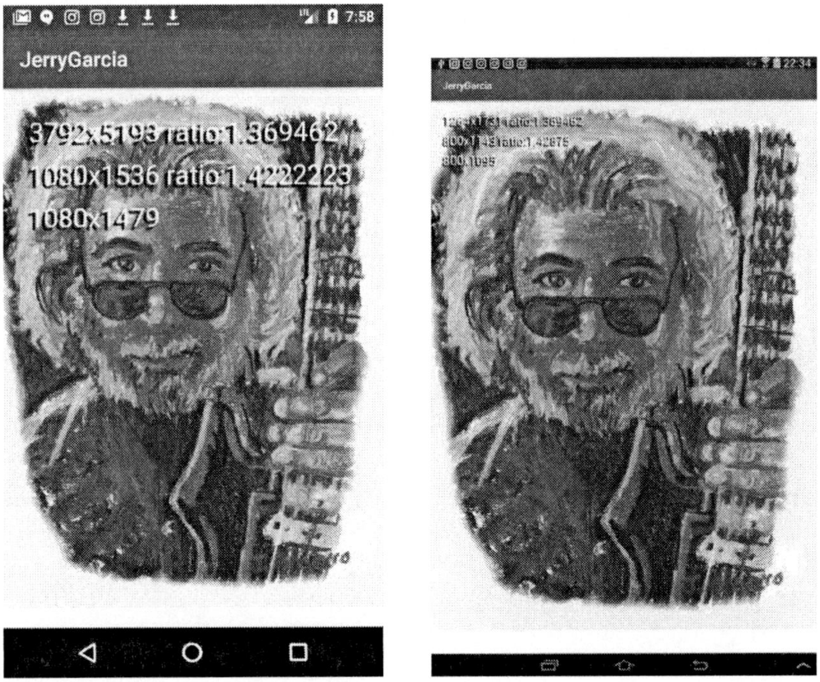

Figura 13.10 Ajustar una imagen a la pantalla y escribir texto sombreado en un teléfono y una tablet.

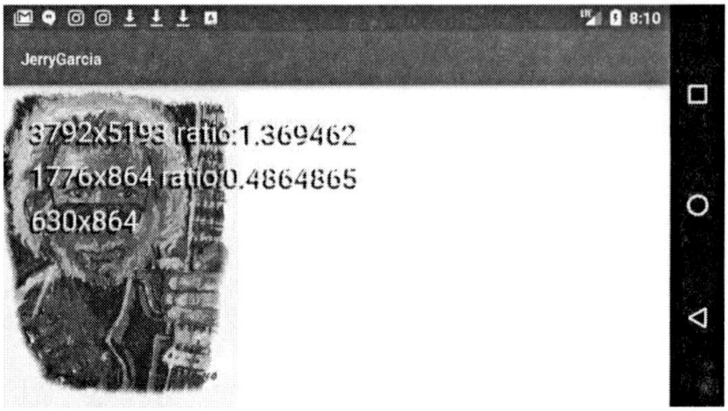

Figura 13.11 Ajustar una imagen a la pantalla en modo apaisado.

14. REPRODUCIR SONIDO

14.1 Uso de MediaPlayer

Los archivos de sonido se reproducen mediante un objeto de la clase `MediaPlayer`, que pertenece al paquete `android.media`. Esta clase soporta varios tipos de formato de audio, entre los cuales se encuentran los que tienen extensiones wav, mp3 y ogg. Los archivos de sonido pueden incluirse en la aplicación copiándolos en la carpeta `res/raw`. La carpeta `raw` puede crearse desde Android Studio pulsando con el botón derecho sobre la carpeta `res` y seleccionando "Nueva carpeta". El siguiente paso es copiar nuestros ficheros de sonido en la carpeta `res/raw` del proyecto. Es posible que necesitemos renombrar alguno de estos ficheros, pues solo son legales los caracteres en minúscula de la *a* a la *z* (sin acentos), los números del 0 al 9 y el guion de subrayado (_). Un fichero que contenga cualquier otro carácter producirá un error en Android Studio al analizar los recursos. Por ejemplo, en la siguiente actividad hemos tenido que cambiar el nombre al fichero *Beibs-in-the-trap.mp3* por *beibs_in_the_trap.mp3*, pues el guión (-) y las mayúsculas son caracteres ilegales.

Es posible que, después de crear el directorio res/raw, Android Studio nos informe de un error "cannot resolve" en la variable `R.raw.fichero`. En ese caso debemos limpiar el proyecto pulsando en el menú *build > clean*.

Para reproducir un fichero de sonido hay que crear un objeto de tipo `MediaPlayer` mediante la siguiente secuencia de instrucciones:

```
MediaPlayer mplayer;
// libera el MediaPlayer
if(mplayer != null) mplayer.release();
mplayer = MediaPlayer.create(this, R.raw.fichero);
mplayer.seekTo(0);
mplayer.start();
```

La segunda instrucción llama al método `release()`. Esto es esencial para evitar sobrecargar el sistema con múltiples instancias simultáneas de objetos `MediaPlayer`, en cuyo caso la aplicación se abortaría. El método `seekTo(time)` indica el tiempo inicial de reproducción (en milisegundos). En este caso comenzamos la reproducción desde el principio.

También hay que tener la precaución de llamar al método `release`, si la aplicación pasa al background. Esto se hace en el método `onPause`. En este caso, cuando la actividad pasa a segundo plano la reproducción se detiene. Para evitar que ocurra esto debido al salvapantallas, podemos desactivarlo, manteniendo la pantalla encendida mediante

```
getWindow().addFlags(
        WindowManager.LayoutParams.FLAG_KEEP_SCREEN_ON);
```

La siguiente actividad define un método `musica`, que reproduce un archivo de música mp3 mientras la app esté activa.

```
package es.ugr.amaro.musica;

import android.media.MediaPlayer;
import android.support.v7.app.AppCompatActivity;
import android.os.Bundle;
import android.view.WindowManager;

public class MainActivity extends AppCompatActivity {

    MediaPlayer mplayer;

    @Override
    protected void onCreate(Bundle savedInstanceState) {
        super.onCreate(savedInstanceState);
        setContentView(R.layout.milayout);
        getWindow().addFlags(
           WindowManager.LayoutParams.FLAG_KEEP_SCREEN_ON);
        musica();
    }

    @Override
    protected void onResume() {
        super.onResume();
        musica();
    }

    void musica(){
        // libera el MediaPlayer
        if(mplayer != null) mplayer.release();
        mplayer = MediaPlayer.create(this,
                R.raw.beibs_in_the_trap);
```

```
            mplayer.seekTo(0);
            mplayer.start();
        }

        @Override
        public void onPause() {
            super.onPause();
            // libera el mediaplayer
            if(mplayer != null) mplayer.release();
        }
}
```

Nótese que llamamos al método `musica` también en el método `onResume`. Esto es debido a que si la app pasa a segundo plano, al reanudarla se ejecuta este método, y es necesario volver a activar el MediaPlayer.

14.2 Reproducir efectos de sonido

En el siguiente ejemplo utilizaremos varios ficheros de audio con efectos de sonido, con los formatos wav y mp3. Se pueden encontrar archivos con efectos de sonido de libre distribución que se pueden descargar gratuitamente en varias páginas web. Los archivos de nuestro ejemplo los hemos descargado de

http://www.pacdv.com/sounds/people_sounds.html

Como antes, copiamos estos ficheros en la carpeta `res/raw` de nuestro proyecto. Es posible que necesitemos renombrar algunos de ellos si contienen caracteres ilegales. En esta actividad definimos cuatro botones para reproducir cuatro ficheros de sonido.

```
package es.ugr.amaro.sonidos;

import android.media.MediaPlayer;
import android.support.v7.app.AppCompatActivity;
import android.os.Bundle;
import android.view.View;
import android.widget.Button;

public class MainActivity extends AppCompatActivity
        implements View.OnClickListener{

    MediaPlayer mplayer;
    /** Called when the activity is first created. */
    @Override
    public void onCreate(Bundle savedInstanceState) {
        super.onCreate(savedInstanceState);
        setContentView(R.layout.milayout);
```

```
        Button boton1=(Button) findViewById(R.id.boton1);
        boton1.setOnClickListener(this);
        Button boton2=(Button) findViewById(R.id.boton2);
        boton2.setOnClickListener(this);
        Button boton3=(Button) findViewById(R.id.boton3);
        boton3.setOnClickListener(this);
        Button boton4=(Button) findViewById(R.id.boton4);
        boton4.setOnClickListener(this);
    }

    @Override
    public void onClick(View v) {

        // libera el MediaPlayer
        if(mplayer != null) mplayer.release();
        int id=v.getId();

        if(id == R.id.boton1)
            mplayer = MediaPlayer.create(this,
                                        R.raw.laugh_1);
        else if(id == R.id.boton2)
            mplayer = MediaPlayer.create(this,
                                        R.raw.laugh_4);
        else if(id == R.id.boton3)
            mplayer = MediaPlayer.create(this,
                                        R.raw.applause2);
        else
            mplayer = MediaPlayer.create (this,
                                  R.raw.people_laughing1);
        mplayer.seekTo(0);
        mplayer.start();
    }

    @Override
    public void onPause() {
        super.onPause();
        // libera el mediaplayer en el background
        if(mplayer != null) mplayer.release();
    }
}
```

El layout correspondiente a esta aplicación contiene cuatro botones definidos en el siguiente fichero `main.xml` de la forma usual (figura 14.1):

```
<?xml version="1.0" encoding="utf-8"?>
<LinearLayout
```

```
xmlns:android="http://schemas.android.com/apk/res/android"
    android:background="#ffffff"
    android:orientation="vertical"
    android:layout_width="fill_parent"
    android:layout_height="fill_parent" >

    <TextView
        android:textSize="30sp"
        android:textColor="#000000"
        android:layout_width="fill_parent"
        android:layout_height="wrap_content"
        android:text=
            "PULSAR LOS BOTONES PARA ESCUCHAR LOS SONIDOS"/>

    <Button android:text="Risa1"
        android:id="@+id/boton1"
        android:layout_width="fill_parent"
        android:layout_height="wrap_content"/>

    <Button android:text="Risa2"
        android:id="@+id/boton2"
        android:layout_width="fill_parent"
        android:layout_height="wrap_content"/>

    <Button android:text="Aplausos"
        android:id="@+id/boton3"
        android:layout_width="fill_parent"
        android:layout_height="wrap_content"/>

    <Button android:text="Risas"
        android:id="@+id/boton4"
        android:layout_width="fill_parent"
        android:layout_height="wrap_content"/>

</LinearLayout>
```

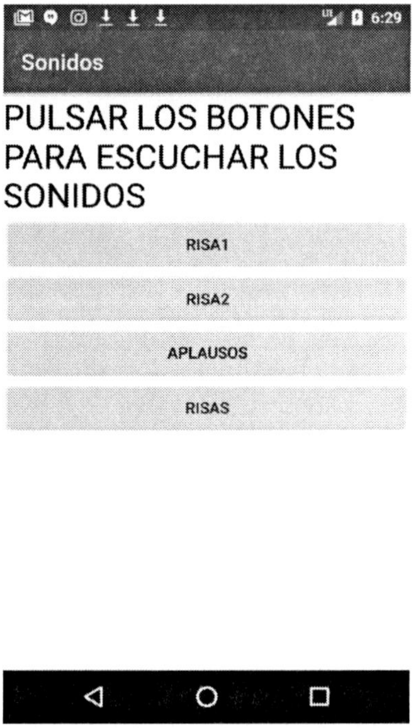

Figura 14.1 Reproducir efectos de sonido.

15. APLICANDO TEMAS

Un estilo es algún tipo de formato o propiedad que se aplica a un objeto de tipo View, como por ejemplo color del texto, color de fondo, etc. Un tema se aplica a una actividad completa y permite controlar la apariencia de la pantalla en el fichero *AndroidManifest.xml*. Los estilos pueden ser definidos por el usuario, pero también existen estilos y temas disponibles en cada versión de Android. Se encuentran en el directorio del android-SDK:

```
Android/sdk/platforms/android-version/data/res/values/
```

Los estilos están definidos en el fichero *styles.xml* y los temas en *themes.xml*. En el capítulo 5 ya vimos algunos ejemplos de temas. En este capítulo los examinaremos con más detalle y aplicaremos algunos de los temas disponibles.

15.1 Tema por defecto

Hasta ahora hemos venido aplicando el tema por defecto, modificando nosotros a mano el layout. El tema aplicado por defecto se puede examinar en el fichero *values/styles.xml* de nuestra aplicación. En nuestro caso es `Theme.AppCompat.Light.DarkActionBar`.

Usaremos el ejemplo de la figura 15.1 para ilustrar el uso de los distintos temas disponibles.

Para ello, primero copiaremos la imagen `einstein600.jpg`, que tiene 600 píxeles de ancho, en la carpeta `drawable`. El fichero *main.xml* lo modificamos como sigue:

```
<?xml version="1.0" encoding="utf-8"?>
<LinearLayout
xmlns:android="http://schemas.android.com/apk/res/android"
    android:orientation="vertical"
    android:layout_width="fill_parent"
    android:layout_height="fill_parent"
```

```
    >
    <TextView
        android:textSize="20sp"
        android:layout_width="wrap_content"
        android:layout_height="wrap_content"
        android:text="Albert Einstein (1879-1955)"
        android:layout_gravity="center" />
    <ImageView android:layout_height="400dp"
        android:layout_width="wrap_content"
        android:layout_gravity="center"
        android:src="@drawable/einstein600"
        android:id="@+id/imageView1"/>
    <TextView
        android:textSize="20sp"
        android:layout_width="wrap_content"
        android:layout_height="wrap_content"
        android:text="Tema por defecto"
        android:layout_gravity="center"
        android:id="@+id/texto" />
</LinearLayout>
```

Figura 15.1 Tema por defecto.

El siguiente fichero `MainActivity.java` es el creado por defecto, al que le hemos puesto el fichero de layout *milayout.xml*:

```
package es.ugr.amaro.einstein;

import android.support.v7.app.AppCompatActivity;
import android.os.Bundle;

public class MainActivity extends AppCompatActivity {

    @Override
    protected void onCreate(Bundle savedInstanceState) {
        super.onCreate(savedInstanceState);
        setContentView(R.layout.milayout);
    }
}
```

El tema aplicado por defecto se puede examinar en el fichero *values/styles.xml* de nuestra aplicación. En nuestro caso es `Theme.AppCompat.Light.DarkActionBar`

15.2 Tema NoActionBar

Ahora editamos el fichero *AndroidManifest.xml* y asignamos un tema a nuestra aplicación:

```
<?xml version="1.0" encoding="utf-8"?>
<manifest
xmlns:android="http://schemas.android.com/apk/res/android"
    package="es.ugr.amaro.einstein">

    <application
        android:allowBackup="true"
        android:icon="@mipmap/ic_launcher"
        android:label="@string/app_name"
        android:roundIcon="@mipmap/ic_launcher_round"
        android:supportsRtl="true"
        android:theme=
         "@style/Theme.AppCompat.Light.NoActionBar">
        <activity android:name=".MainActivity">
            <intent-filter>
                <action
               android:name="android.intent.action.MAIN" />
                <category
          android:name="android.intent.category.LAUNCHER" />
            </intent-filter>
        </activity>
    </application>

</manifest>
```

El tema se aplica en la línea
android:theme="@style/Theme.AppCompat.Light.NoActionBar"

También modificaremos nuestra actividad sustituyendo el texto del TextView:

```
package es.ugr.amaro.einstein;

import android.support.v7.app.AppCompatActivity;
import android.os.Bundle;
import android.widget.TextView;

public class MainActivity extends AppCompatActivity {

    @Override
    protected void onCreate(Bundle savedInstanceState) {
        super.onCreate(savedInstanceState);
        setContentView(R.layout.milayout);
        TextView tv =findViewById(R.id.texto);
        tv.setText(
          "Aplicando el tema AppCompat.Light.NoActionBar");
    }
}
```

En la figura 15.2 vemos que este tema hace desaparecer la barra con el título de la actividad.

Figura 15.2 Tema AppCompat.Light.NoActionBar.

15.3 Tema Dialog

Para aplicar el tema `Dialog` volvemos a modificar el fichero *AndroidManifest.xml*, sustituyendo el tema por el siguiente:

```
android:theme="@style/Theme.AppCompat.Dialog"
```

y modificamos la última línea del fichero *MainActivity.java*:

```
tv.setText("Aplicando el Tema NoTitleBar");
```

El resultado se ve en la figura 15.3. La actividad aparece en una ventana flotante sin ocupar toda la pantalla, como un cuadro de diálogo o de notificaciones.

Figura 15.3 Tema Dialog.

15.4 Tema Dark

El tema Dark era el tema por defecto en las primeras versiones de Android.. Para aplicar el tema Dark hacemos lo mismo que antes; modificamos el fichero *AndroidManifest.xml*:

```
android:theme="@style/Theme.AppCompat"
```

y la última línea de `Tema.java`:

```
tv.setText("Aplicando el Tema Dark");
```

El resultado se ve en la figura 15.4 (izquierda). El fondo aparece en negro y el texto en blanco. Otra variante sería la siguiente:

```
android:theme="@style/Theme.AppCompat.NoActionBar"
```

y

```
tv.setText("Aplicando el tema Dark.NoActionBar");
```

Se muestra la actividad en negro sin la barra de app, como se ve en le figura 15.4 (derecha).

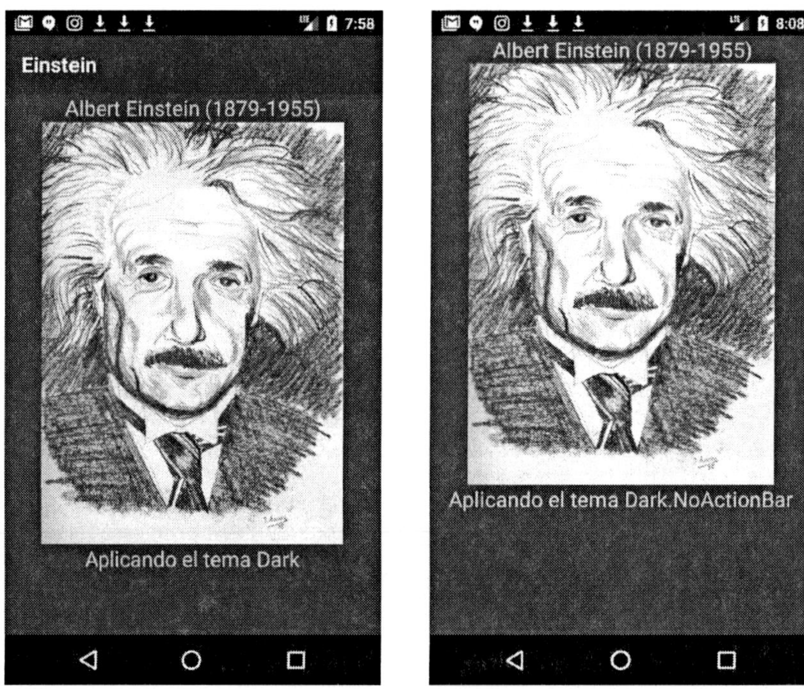

Figura 15.4 Dos variantes del tema Dark.

16. RECURSOS

Se llaman *resources* los recursos (como las constantes String, los ficheros de imágenes o sonido, etc.) que pueden ser especificados fuera del código Java. Los recursos se almacenan en el directorio `res` del proyecto. Ejemplos de recursos son los ficheros xml, localizados en el directorio res/layout, usados para especificar el layout, y que nosotros hemos utilizado también para introducir constantes de tipo String, nombres de ficheros de imágenes, etcétera.

16.1 El recurso string

Ilustraremos aquí el uso del recurso `@string`. El símbolo `@` indica que el nombre que le sigue es un recurso, almacenado en un fichero. Los recursos `@string` se almacenan en el fichero *`res/values/strings.xml`*. Nótese que el nombre del fichero termina en "s", mientras que el del recurso no. Este fichero se genera automáticamente en Android Studio. Si creamos un nuevo proyecto RecursoString con una actividad vacía, el fichero *strings.xml* contiene inicialmente la definición de la cadena `app_name`, que contiene el nombre de nuestra aplicación:

```
<resources>
    <string name="app_name">RecursoString</string>
</resources>
```

A este fichero se le puede añadir el contenido de cualquier cadena que se utilice luego en el layout o en el programa Java. Esto permite cambiar fácilmente los contenidos de las cadenas de texto sin necesidad de modificar el programa ni el layout.

Esto es muy útil, por ejemplo para generar versiones de una app en distintos idiomas. Basta con crear distintas versiones del fichero *strings.xml* y colocarlas en la carpeta de recursos del idioma correspondiente. Por ejemplo:

res/values (idioma por defecto)
res/values-es (español)
res/values-en (inglés)
res/values-fr (francés)

Además, el recurso strings admite código HTML simple para modificar la apariencia del texto.

Esto se ilustra en el siguiente ejemplo. Creamos un nuevo proyecto Android y, en el fichero *strings.xml*, incluimos la definición de una cadena llamada `html1` que contiene algunos comandos HTML:

```
<resources>
    <string name="app_name">RecursoString</string>
    <string name="hello">Hello World, RecursoStringActivity!
    </string>

    <string name="html1">
    <font size="24">
    Este contenido ha sido definido en el fichero de recursos
    <i>strings.xml</i>.
    Se pueden escribir <b>comandos HTML simples para formato
    del texto.</b>
    </font>
    <font size="18">Se permite el comando font para cambiar
    el tamaño de la fuente.
    Esta tiene tamaño 18.</font>
    <font size="15"> Esta tiene tamaño 15.</font>
    <font color="00ff00">No Se permite font para cambiar el
    color.</font>
    <p>Tampoco se puede iniciar un nuevo párrafo.</p>
    <h1>Ni poner encabezamientos</h1>
    </string>
</resources>
```

En el fichero *milayout.xml* colocamos un `TextView` con una referencia `@string/html1` a la cadena anterior.

```
<?xml version="1.0" encoding="utf-8"?>
<LinearLayout
xmlns:android="http://schemas.android.com/apk/res/android"
    android:orientation="vertical"
    android:layout_width="fill_parent"
    android:layout_height="fill_parent"
    android:background="#ffffff"
    >
    <TextView
        android:textColor="#000000"
        android:layout_width="fill_parent"
        android:layout_height="wrap_content"
        android:text="@string/hello"
        />
    <TextView
```

```
        android:textColor="#000000"
        android:layout_width="fill_parent"
        android:layout_height="wrap_content"
        android:text="@string/html1"
        />

</LinearLayout>
```

El resultado se ve en la figura 16.1. Como vemos, el recurso string es muy útil para escribir en pantalla textos largos y con distintos formatos en un único TextView.

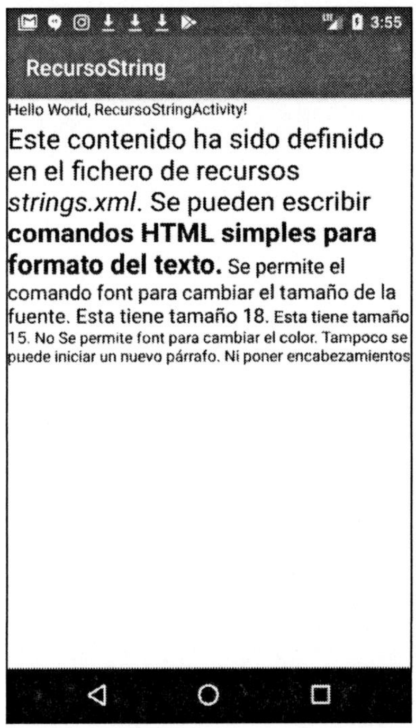

Figura 16.1 Utilizando recursos string en un layout para escribir comandos HTML.

En el ejemplo anterior el texto se dispone en líneas de acuerdo con el espacio disponible en la pantalla del dispositivo. Se puede tener más control sobre el formato si se escribe el texto de un recurso string entre comillas. Entonces se respetan los espacios y las líneas del texto original.

Por ejemplo, podemos aprovechar la aplicación Música del capítulo 14 (página 226) para mostrar en la pantalla la letra de la canción que está sonando. Le ponemos el siguiente fichero *strings.xml*:

```
<resources>

<string name="app_name">Musica</string>
```

```
<string name="letra">
" <b>Beibs in the Trap
Travis Scott</b>
I just poured a 8th in a liter
Throw some Jolly Ranchers in make it sweeter
Versace my clothes I'm with a white hoe
And she snortin' three lines like Adidas
Got a black girl rolling off molly
Got a white bitch snorting up snow
Say she want real niggas in the party
Parents gon' leave the keys to the condo
Bitch close the door, there's shit on your nose (That coca)
She said she want more
She said she want more
So I'mma get more
Yeah I'mma get more
Bitch close the door, there's shit on your nose
She said she want more
She said she want more
So I'mma get more
Yeah I'mma get more
I just poured a 8th in a liter
With a white bitch sniffin' on Bieber
Are you sure you want to party with the demons
Bitch, looking for her phone I ain't seen it
Toe frost bit water no Fiji
Free Stix I'm poured up and I'm leanin'
I got a couple pussy niggas in their feelings
'Cause their main bitch wanna come see me
She said she want more
Your girl is a hoe, you need to let go
She fucked on my bros, shes snorting the snow
Now she touchin' her toes
She got Anna Nicole all in her nose
If they kick down the door we gon' get locked for sure
She said she want more
(Fuck it) I'mma get more
Baby, high life, sleepy, night night
Flashes spotlight, pull up, night sky
Peace peace, peace to God
Bite me bite me, strike me
Indict me, snipe it, swipe it, rob it, trap it
I'm lit, lightning, white bitch, she thick
Pulled out in the hood Toyota
Drove back to the hood Lambo
Crushed xans, crushed xans in my soda
Riding around the city with my eyes closed
Crazy girls got it poppin', AOD got it poppin'
```

```
Tryna' text my accountant
Ain't no service in the mountains (Straight up!)
Won't you come to the bottom
Know you heard a lot about 'em
Heard they take that then they change like a mood ring
I watched them take that then they change like a mood ring
Pulled out in the hood Toyota
Drove back to the hood Lambo
Crushed xans, crushed xans in my soda
Riding around the city with my eyes closed
I just poured a 8th in a liter
Throw some Jolly Ranchers in make it sweeter
Versace my clothes I'm with a white hoe
And she snortin' three lines like Adidas
Got a black girl rolling off molly
Got a white bitch snorting up snow
Say she want real niggas in the party
Parents gon' leave the keys to the condo
Bitch close the door, there's shit on your nose (That coca)
She said she want more
She said she want more
So I'mma get more
Yeah I'mma get more
Bitch close the door, there's shit on your nose
She said she want more
She said she want more
So I'mma get more
Yeah I'mma get more"

</string>



</resources>
```

Y le ponemos el siguiente fichero de layout *milayout.xml*:

```
<?xml version="1.0" encoding="utf-8"?>
<ScrollView
xmlns:android="http://schemas.android.com/apk/res/android"
    android:layout_width="match_parent"
    android:layout_height="match_parent">

<LinearLayout
xmlns:android="http://schemas.android.com/apk/res/android"
    android:background="#ffffaa"
    android:orientation="vertical"
android:layout_width="match_parent"
```

```
android:layout_height="match_parent">

    <TextView
        android:text="@string/letra"
        android:textSize="20sp"
        android:layout_width="match_parent"
        android:layout_height="match_parent" />

</LinearLayout>
</ScrollView>
```

Ahora podremos escuchar la canción mientras leemos la letra correctamente formateada. El resultado se ve en la figura 16.2.

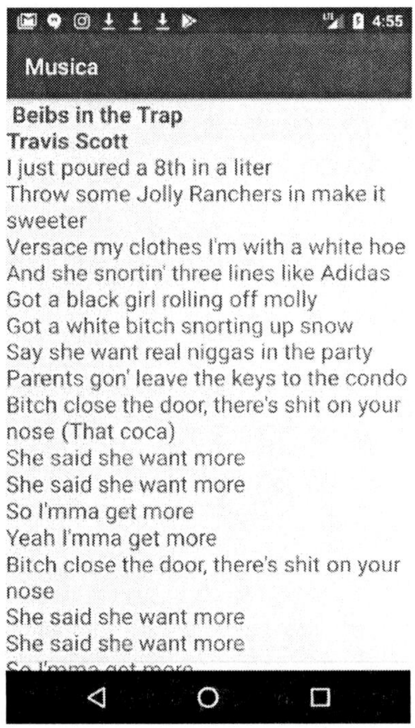

Figura 16.2 La letra de una canción formateada con un recurso string.

16.2 El recurso color

De la misma forma, se pueden definir los colores típicos de la aplicación en el fichero de recursos *res/values/colors.xml*. En el siguiente ejemplo definimos un color para el fondo y cuatro colores para el texto:

```
<?xml version="1.0" encoding="utf-8"?>
<resources>
```

```
    <color name="colorPrimary">#3F51B5</color>
    <color name="colorPrimaryDark">#303F9F</color>
    <color name="colorAccent">#FF4081</color>

    <color name="backgroundColor">#FFFFCC</color>
    <color name="textColor1">#006666</color>
    <color name="textColor2">#AA1100</color>
    <color name="textColor3">#1020AA</color>
    <color name="textColor4">#AAAA00</color>

</resources>
```

Vemos que el archivo ya tiene tres colores predefinidos correspondientes al estilo o el tema de la app. Nosotros hemos definido cinco más. Para referenciar uno de estos recursos en el fichero *milayout.xml* usamos su nombre precedido por `@color/`:

```
<?xml version="1.0" encoding="utf-8"?>
<LinearLayout
xmlns:android="http://schemas.android.com/apk/res/android"
    android:background="@color/backgroundColor"
    android:orientation="vertical"
    android:layout_width="fill_parent"
    android:layout_height="fill_parent"
    >
    <TextView
        android:textColor="@color/textColor1"
        android:layout_width="fill_parent"
        android:layout_height="wrap_content"
        android:textSize="20sp"
        android:text="Uso del recurso @color en colors.xml"
        />

    <TextView
        android:textColor="@color/textColor1"
        android:layout_width="fill_parent"
        android:layout_height="wrap_content"
        android:textSize="20sp"
        android:text="Texto de color textColor1"
        />
    <TextView
        android:textColor="@color/textColor2"
        android:layout_width="fill_parent"
        android:layout_height="wrap_content"
        android:textSize="20sp"
        android:text="Texto de color textColor2"
        />
```

```
    <TextView
        android:textColor="@color/textColor3"
        android:layout_width="fill_parent"
        android:layout_height="wrap_content"
        android:textSize="20sp"
        android:text="Texto de color textColor3"
        />
    <TextView
        android:textColor="@color/textColor4"
        android:layout_width="fill_parent"
        android:layout_height="wrap_content"
        android:textSize="20sp"
        android:text="Texto de color textColor4"
        />

</LinearLayout>
```

El resultado se presenta en la figura 16.3.

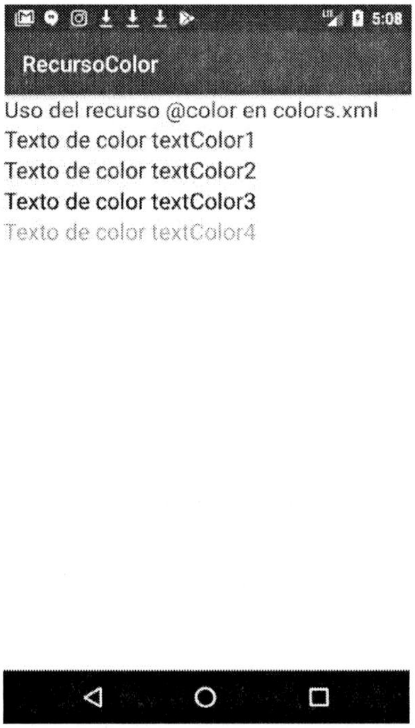

Figura 16.3 Utilizando recursos de color en un layout.

16.3 El recurso dimen

En el siguiente ejemplo veremos cómo se usa el recurso `dimen` en un layout. En este caso el recurso nos es útil para definir dimensiones (ancho y alto) independientes de escala. Usando este recurso podemos ajustar a las dimensiones de la pantalla una matriz de objetos View y botones, que vamos a alinear usando un TableLayout.

La siguiente actividad, ColorTrap, mostrará en pantalla una matriz de 5 x 5 rectángulos de colores aleatorios. Se trata de un sencillo juego donde hay que averiguar el color central. En la figura 16.4 vemos unas capturas de pantalla. Con esta app podremos comprobar nuestra sensibilidad a los distintos grados de un color cuando este se encuentra rodeado por otros colores. La percepción de un color depende de su contraste con los colores que lo rodean, como demostró el célebre físico y fisiólogo Hermann von Helmholtz a mediados del siglo XIX. Por eso implementaremos varios niveles, oscureciendo progresivamente los colores posibles que rodean al color central. Añadiremos una fila de 5 botones coloreados con la gama del color problema, de más oscuro a más claro. Se trata de pulsar sobre el botón cuyo color se aproxima más al color problema. A partir del nivel 6 pondremos otra fila de 5 botones. Pulsando un botón "Next" se generará una nueva matriz de colores aleatorios. Para cada color problema, habrá dos soluciones, que serán los colores de los dos botones adyacentes a su izquierda y a su derecha.

En Android Studio crearemos una nueva actividad vacía. Las dimensiones de los rectángulos de color y de los botones las pondremos en el fichero *res/values/dimens.xml* siguiente:

dimens.xml:

```
<?xml version="1.0" encoding="utf-8"?>
<resources>
    <dimen name="viewSize">20dp</dimen>
    <dimen name="viewHeight">43dp</dimen>
    <dimen name="botonSize">15dp</dimen>
    <dimen name="botonHeight">33dp</dimen>
    <dimen name="vSize">5dp</dimen>
    <dimen name="vHeight">43dp</dimen>
</resources>
```

También modificaremos el fichero *strings.xml* de la siguiente forma:

```
<resources>
    <string name="app_name">Color Trap</string>
    <string name="mensaje">¿Cual es el color del
centro?</string>
</resources>
```

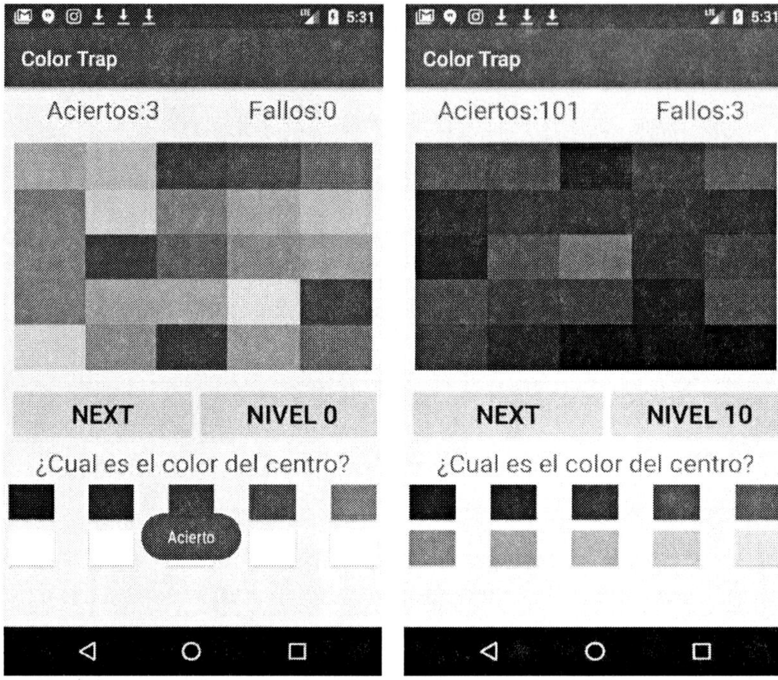

Figura 16.4 Aplicación ColorTrap para comprobar nuestra visión del color.

El layout está definido en el siguiente fichero `layout.xml`. Cada dimensión se referencia por su nombre, precedido por el tipo de recurso, en este caso `dimen` o `string`. Cada objeto View es un rectángulo de un color determinado que se modificará en el programa Java. Los botones también están separados por objetos View, que serán rectángulos verticales de color blanco.

main.xml:

```
<?xml version="1.0" encoding="utf-8"?>
<TableLayout

xmlns:android="http://schemas.android.com/apk/res/android"
    android:layout_width="match_parent"
    android:layout_height="match_parent"
    android:stretchColumns="*"
    android:padding="0sp">

    <TableRow android:padding="5sp">

    <TextView
```

```
        android:id="@+id/aciertos"
        android:text="Aciertos"
        android:gravity="center"
        android:textSize="24sp"
        android:layout_width="wrap_content"
        android:layout_height="wrap_content" />

    <TextView
        android:id="@+id/fallos"
        android:text="Fallos"
        android:gravity="center"
        android:textSize="24sp"
        android:layout_width="wrap_content"
        android:layout_height="wrap_content" />

    </TableRow>


    <TableLayout
        android:layout_width="wrap_content"
        android:layout_height="wrap_content"
        android:stretchColumns="*"
        android:padding="10dp"
        >

        <TableRow>
            <View
                android:id="@+id/v11"
                android:layout_height="@dimen/viewHeight"
                android:layout_width="@dimen/viewSize"/>
            <View
                android:id="@+id/v12"
                android:layout_height="@dimen/viewHeight"
                android:layout_width="@dimen/viewSize"/>
            <View
                android:id="@+id/v13"
                android:layout_height="@dimen/viewHeight"
                android:layout_width="@dimen/viewSize"/>
            <View
                android:id="@+id/v14"
                android:layout_height="@dimen/viewHeight"
                android:layout_width="@dimen/viewSize"/>
            <View
                android:id="@+id/v15"
                android:layout_height="@dimen/viewHeight"
                android:layout_width="@dimen/viewSize"/>

        </TableRow>
```

```
<TableRow>
    <View
        android:id="@+id/v21"
        android:layout_height="@dimen/viewHeight"
        android:layout_width="@dimen/viewSize"/>
    <View
        android:id="@+id/v22"
        android:layout_height="@dimen/viewHeight"
        android:layout_width="@dimen/viewSize"/>
    <View
        android:id="@+id/v23"
        android:layout_height="@dimen/viewHeight"
        android:layout_width="@dimen/viewSize"/>
    <View
        android:id="@+id/v24"
        android:layout_height="@dimen/viewHeight"
        android:layout_width="@dimen/viewSize"/>
    <View
        android:id="@+id/v25"
        android:layout_height="@dimen/viewHeight"
        android:layout_width="@dimen/viewSize"/>

</TableRow>

<TableRow>
    <View
        android:id="@+id/v31"
        android:layout_height="@dimen/viewHeight"
        android:layout_width="@dimen/viewSize"/>
    <View
        android:id="@+id/v32"
        android:layout_height="@dimen/viewHeight"
        android:layout_width="@dimen/viewSize"/>
    <View
        android:id="@+id/v33"
        android:layout_height="@dimen/viewHeight"
        android:layout_width="@dimen/viewSize"/>
    <View
        android:id="@+id/v34"
        android:layout_height="@dimen/viewHeight"
        android:layout_width="@dimen/viewSize"/>
    <View
        android:id="@+id/v35"
        android:layout_height="@dimen/viewHeight"
        android:layout_width="@dimen/viewSize"/>

</TableRow>
```

```
        <TableRow>
            <View
                android:id="@+id/v41"
                android:layout_height="@dimen/viewHeight"
                android:layout_width="@dimen/viewSize"/>
            <View
                android:id="@+id/v42"
                android:layout_height="@dimen/viewHeight"
                android:layout_width="@dimen/viewSize"/>
            <View
                android:id="@+id/v43"
                android:layout_height="@dimen/viewHeight"
                android:layout_width="@dimen/viewSize"/>
            <View
                android:id="@+id/v44"
                android:layout_height="@dimen/viewHeight"
                android:layout_width="@dimen/viewSize"/>
            <View
                android:id="@+id/v45"
                android:layout_height="@dimen/viewHeight"
                android:layout_width="@dimen/viewSize"/>

        </TableRow>

        <TableRow>
            <View
                android:id="@+id/v51"
                android:layout_height="@dimen/viewHeight"
                android:layout_width="@dimen/viewSize"/>
            <View
                android:id="@+id/v52"
                android:layout_height="@dimen/viewHeight"
                android:layout_width="@dimen/viewSize"/>
            <View
                android:id="@+id/v53"
                android:layout_height="@dimen/viewHeight"
                android:layout_width="@dimen/viewSize"/>
            <View
                android:id="@+id/v54"
                android:layout_height="@dimen/viewHeight"
                android:layout_width="@dimen/viewSize"/>
            <View
                android:id="@+id/v55"
                android:layout_height="@dimen/viewHeight"
                android:layout_width="@dimen/viewSize"/>

        </TableRow>
</TableLayout>
```

```
<TableRow android:padding="5sp">

    <Button
        android:id="@+id/buttonNext"
        android:text="Next"
        android:gravity="center"
        android:textSize="24sp"
        android:layout_width="wrap_content"
        android:layout_height="wrap_content" />

    <Button
        android:id="@+id/buttonLevel"
        android:text="Level=1"
        android:gravity="center"
        android:textSize="24sp"
        android:layout_width="wrap_content"
        android:layout_height="wrap_content" />

</TableRow>


<TextView
    android:id="@+id/mensajeView"
    android:text="@string/mensaje"
    android:gravity="center"
    android:textSize="24sp"
    android:layout_width="wrap_content"
    android:layout_height="wrap_content" />

<TableLayout
    android:layout_width="wrap_content"
    android:layout_height="wrap_content"
    android:stretchColumns="*"
    android:padding="5dp">

    <TableRow android:padding="0dp">
        <Button
            android:id="@+id/b0"
            android:layout_height="@dimen/botonHeight"
            android:layout_width="@dimen/botonSize"/>
        <View
            android:layout_height="@dimen/vHeight"
            android:layout_width="@dimen/vSize"/>
        <Button
            android:id="@+id/b1"
            android:layout_height="@dimen/botonHeight"
```

```
            android:layout_width="@dimen/botonSize"/>
        <View
            android:layout_height="@dimen/vHeight"
            android:layout_width="@dimen/vSize"/>
        <Button
            android:id="@+id/b2"
            android:layout_height="@dimen/botonHeight"
            android:layout_width="@dimen/botonSize"/>
        <View
            android:layout_height="@dimen/vHeight"
            android:layout_width="@dimen/vSize"/>
        <Button
            android:id="@+id/b3"
            android:layout_height="@dimen/botonHeight"
            android:layout_width="@dimen/botonSize"/>
        <View
            android:layout_height="@dimen/vHeight"
            android:layout_width="@dimen/vSize"/>
        <Button
            android:id="@+id/b4"
            android:layout_height="@dimen/botonHeight"
            android:layout_width="@dimen/botonSize"/>
    </TableRow>

    <TableRow android:padding="0dp">
        <Button
            android:id="@+id/b5"
            android:layout_height="@dimen/botonHeight"
            android:layout_width="@dimen/botonSize"/>
        <View
            android:layout_height="@dimen/vHeight"
            android:layout_width="@dimen/vSize"/>
        <Button
            android:id="@+id/b6"
            android:layout_height="@dimen/botonHeight"
            android:layout_width="@dimen/botonSize"/>
        <View
            android:layout_height="@dimen/vHeight"
            android:layout_width="@dimen/vSize"/>
        <Button
            android:id="@+id/b7"
            android:layout_height="@dimen/botonHeight"
            android:layout_width="@dimen/botonSize"/>
        <View
            android:layout_height="@dimen/vHeight"
            android:layout_width="@dimen/vSize"/>
        <Button
            android:id="@+id/b8"
```

```
                android:layout_height="@dimen/botonHeight"
                android:layout_width="@dimen/botonSize"/>
            <View
                android:layout_height="@dimen/vHeight"
                android:layout_width="@dimen/vSize"/>
            <Button
                android:id="@+id/b9"
                android:layout_height="@dimen/botonHeight"
                android:layout_width="@dimen/botonSize"/>
        </TableRow>

    </TableLayout>
</TableLayout>
```

El programa MainActivity.java se detalla a continuación. En el método `setColors` se asignan los colores aleatorios de la matriz de 25 objetos View, que se encuentran en un array. A partir del color central, que es el del elemento [2][2] del array, se genera la gama de colores de los botones, de más claro a más oscuro, incrementando linealmente sus componentes rgb. El color problema se encuentra en un intervalo de color entre dos botones. En el método `onClick` comprobamos si el color del botón pulsado corresponde a alguno de estos dos botones, en cuyo caso se suma un acierto.

```
package es.ugr.amaro.colortrap;

import android.graphics.Color;
import android.support.v7.app.AppCompatActivity;
import android.os.Bundle;
import android.view.View;
import android.widget.Button;
import android.widget.TextView;
import android.widget.Toast;

public class MainActivity extends AppCompatActivity
implements View.OnClickListener{

    Button buttonLevel;
    Button[] buttonColor= new Button[10];
    View[][] v = new View[5][5];
    int aciertos=0, fallos=0;
    int level=0;
    int rc,gc,bc;
    int colorMax,iColor,solucion,pulsado;
    TextView mensajeView,textAciertos,textFallos;

    @Override
    protected void onCreate(Bundle savedInstanceState) {
```

```
super.onCreate(savedInstanceState);
setContentView(R.layout.layout);

textAciertos=findViewById(R.id.aciertos);
textFallos=findViewById(R.id.fallos);

v[0][0] = findViewById(R.id.v11);
v[0][1] = findViewById(R.id.v12);
v[0][2] = findViewById(R.id.v13);
v[0][3] = findViewById(R.id.v14);
v[0][4] = findViewById(R.id.v15);
v[1][0] = findViewById(R.id.v21);
v[1][1] = findViewById(R.id.v22);
v[1][2] = findViewById(R.id.v23);
v[1][3] = findViewById(R.id.v24);
v[1][4] = findViewById(R.id.v25);
v[2][0] = findViewById(R.id.v31);
v[2][1] = findViewById(R.id.v32);
v[2][2] = findViewById(R.id.v33);
v[2][3] = findViewById(R.id.v34);
v[2][4] = findViewById(R.id.v35);
v[3][0] = findViewById(R.id.v41);
v[3][1] = findViewById(R.id.v42);
v[3][2] = findViewById(R.id.v43);
v[3][3] = findViewById(R.id.v44);
v[3][4] = findViewById(R.id.v45);
v[4][0] = findViewById(R.id.v51);
v[4][1] = findViewById(R.id.v52);
v[4][2] = findViewById(R.id.v53);
v[4][3] = findViewById(R.id.v54);
v[4][4] = findViewById(R.id.v55);

Button buttonNext = findViewById(R.id.buttonNext);
buttonLevel = findViewById(R.id.buttonLevel);
buttonNext.setOnClickListener(this);
buttonLevel.setOnClickListener(this);
mensajeView=findViewById(R.id.mensajeView);

buttonColor[0] = findViewById(R.id.b0);
buttonColor[1] = findViewById(R.id.b1);
buttonColor[2] = findViewById(R.id.b2);
buttonColor[3] = findViewById(R.id.b3);
buttonColor[4] = findViewById(R.id.b4);
buttonColor[5] = findViewById(R.id.b5);
buttonColor[6] = findViewById(R.id.b6);
buttonColor[7] = findViewById(R.id.b7);
buttonColor[8] = findViewById(R.id.b8);
```

```
        buttonColor[9] = findViewById(R.id.b9);
        for(int i=0; i<10; i++)
            buttonColor[i].setOnClickListener(this    );
        setColors();
    } //onCreate

    public void setColors() {
        int r, g, b,max,dmax,ncolores;
        double dr, dg, db;

        if(aciertos >= fallos) level=(aciertos-fallos)/10;
        dmax=level%6;
//          if(level > 12) level=12;
        if(level==12) mensajeView.setText(
                                "Perfect color vision");
        buttonLevel.setText("Nivel "+level);
        int maxlevel=255-dmax*40;
        if (maxlevel < 0) maxlevel=10;

        for (int i = 0; i < 5; i++) {
            for (int j = 0; j < 5; j++) {

                max=maxlevel;
                if(i==2 & j==2)max=255;
                dr = Math.random();
                dg = Math.random();
                db = Math.random();
                r = (int) Math.round(dr * max);
                g = (int) Math.round(dg * max);
                b = (int) Math.round(db * max);
              v[i][j].setBackgroundColor(Color.rgb(r, g, b));

                if (i == 2 && j == 2) {
                    rc = r;
                    gc = g;
                    bc = b;
                }
            }
        }

        ncolores=5;
        if(level>=6)ncolores=10;
        colorMax=rc;
        solucion=rc/(255/ncolores);
        iColor=0;
        if(gc> colorMax){
                colorMax=gc;
                iColor=1;
```

```
                solucion=gc/(255/ncolores);}
        if(bc> colorMax){
                colorMax=bc;
                iColor=2;
                solucion=bc/(255/ncolores);}

//    Color de los botones
        for (int i = 1; i <= ncolores; i++) {
                r=i*rc*255/colorMax/ncolores;
                g=i*gc*255/colorMax/ncolores;
                b=i*bc*255/colorMax/ncolores;
            buttonColor[i-1].setBackgroundColor(
                                Color.rgb(r, g, b));
        }

    if(level<6) for(int i=6; i<11;i++)
        buttonColor[i-1].setBackgroundColor(
                          Color.rgb(255, 255, 255));

    }  // setColors

    @Override
    public void onClick(View view) {
        if (view.getId()==R.id.buttonNext) setColors();
        if (view.getId()==R.id.buttonLevel) {
            level++;
            aciertos=level*10;
            fallos=0;
            setColors();
        }

        pulsado=0;
        if (view.getId()==R.id.b0) pulsado=1;
        if (view.getId()==R.id.b1) pulsado=2;
        if (view.getId()==R.id.b2) pulsado=3;
        if (view.getId()==R.id.b3) pulsado=4;
        if (view.getId()==R.id.b4) pulsado=5;
        if (view.getId()==R.id.b5) pulsado=6;
        if (view.getId()==R.id.b6) pulsado=7;
        if (view.getId()==R.id.b7) pulsado=8;
        if (view.getId()==R.id.b8) pulsado=9;
        if (view.getId()==R.id.b9) pulsado=10;

        if(pulsado>0) {
            String mensaje = "Acierto";
            if (pulsado == solucion) aciertos++;
            else if (pulsado == solucion + 1) aciertos++;
            else {
```

```
                fallos++;
                mensaje = "fallo";
            }

            Toast.makeText(this, mensaje,
                        Toast.LENGTH_SHORT).show();
            textAciertos.setText("Aciertos:" + aciertos);
            textFallos.setText("Fallos:" + fallos);
        }
    }
}  // MainActivity
```

17. HILOS Y CONTROLADORES

17.1 Ejecuciones en background con Thread

En Java, y también en Android, podemos ejecutar varias secciones de un programa en paralelo. Cada uno de estos procesos se denomina *thread* o hilo, y se ejecuta en background con una prioridad determinada bajo el control de un objeto de la clase `Thread` de Java. Generalmente solo hay un hilo asociado a una actividad, el hilo principal, que consiste en una serie de instrucciones o sentencias que se ejecutan secuencialmente.

Una forma de crear un hilo es definir una clase que extiende a la clase `Thread`. La nueva clase debe sobrescribir el método `run()`, que se ejecutará cuando se inicie el hilo:

```
class Hilo extends Thread{

// ...

@Override
public void run(){

// instrucciones a ejecutar

}

// ...

}
```

Para comenzar la ejecución del hilo se instancia un objeto de la clase `Hilo` y se ejecuta el método `start()`:

```
Hilo hilo1 = new Hilo();
hilo1.start()
```

Podemos definir varios hilos y ejecutarlos todos al mismo tiempo con distintas prioridades.

La vista de la pantalla solo se puede modificar desde el hilo principal. Los procesos que se ejecutan en un hilo no tienen permitido modificar los objetos de tipo `View`, por ejemplo un `TextView`. Si lo intentamos, el programa compilará, pero dará un error durante la ejecución. Si queremos mostrar en pantalla los datos o gráficos generados en un hilo podemos utilizar un controlador (handler), que es un objeto de la clase `Handler`. Un controlador residente en el hilo principal puede recibir mensajes de otro hilo y ejecutar instrucciones en consecuencia, como por ejemplo escribir en pantalla.

Para enviar un mensaje a un controlador `handler` desde un hilo:

- Se obtiene el mensaje asociado al controlador:

```
Message msg=handler.obtainMessage();
```

- Se construye un objeto de tipo `Bundle` para empaquetar los datos:

```
Bundle b =new Bundle();
```

- Se insertan los datos en el bundle mediante parejas `("etiqueta", dato);` por ejemplo, para insertar un entero y una cadena en el bundle:

```
b.putInt("etiqueta1",entero);
b.putString(``etiqueta2", cadena);
```

- Finalmente, se inserta el bundle en el mensaje y se envía al controlador:

```
msg.setData(b);
handler.sendMessage(msg);
```

En cuanto se envia un mensaje al controlador, el sistema ejecuta el método `handler.handleMessage()` de la clase `Handler`, que se habrá reescrito para aceptar el mensaje enviado y ejecutar otras instrucciones. Hay que pensar en un controlador como si fuera un botón invisible que reside en nuestra actividad, que se presiona cuando se le envía un mensaje desde otro hilo. Para definir un controlador, basta escribir

```
Handler handler= new Controlador();
```

donde la clase `Controlador` extiende la clase `Handler` y sobreescribe `(Override)` el método `handleMessage():`

```
class Controlador extends Handler{
```

```
    @Override
    public void handleMessage(Message msg){
      int entero=msg.getData().getInt("etiqueta1");
      String cadena=msg.getData().getString("etiqueta2");
         // otras instrucciones....
      }
}
```

Para leer el contenido del mensaje se usa el método `msg.getData()`, que extrae el objeto bundle, de donde podemos leer los datos usando `getInt("etiqueta1")` y `getString("etiqueta2")`. A continuación, podemos ejecutar otras instrucciones que se realizarán en el hilo principal.

Todo esto se pone en claro en el siguiente ejemplo. Ejecutamos dos hilos simultáneos, que envían mensajes a un controlador que los muestra en pantalla. Cada hilo cuenta del 1 al 10 con un retraso temporal expresado en milisegundos. Para este ejemplo utilizamos la siguiente interfaz de usuario definida en el fichero *milayout.xml*.

```
<?xml version="1.0" encoding="utf-8"?>
<LinearLayout
xmlns:android="http://schemas.android.com/apk/res/android"
    android:background="#ffffbb"
    android:orientation="vertical"
    android:layout_width="fill_parent"
    android:layout_height="fill_parent"
    >
    <TextView
        android:textColor="#550000"
        android:textSize="20sp"
        android:layout_width="fill_parent"
        android:layout_height="wrap_content"
        android:text="Hilos"
        android:id="@+id/texto1"
        />
</LinearLayout>
```

La actividad `MainActivity.java` es la siguiente:

```
package es.ugr.amaro.hilos;

import android.os.Handler;
import android.os.Message;
import android.support.v7.app.AppCompatActivity;
import android.os.Bundle;
import android.widget.TextView;

public class MainActivity extends AppCompatActivity {
```

```
    Handler handler=new Controlador();
    TextView texto1,texto2;

    @Override
    public void onCreate(Bundle savedInstanceState) {
        super.onCreate(savedInstanceState);
        setContentView(R.layout.milayout);
        texto1=(TextView) findViewById(R.id.texto1);

        Hilo hilo1=new Hilo(10,100);
        Hilo hilo2=new Hilo(5,200);
        hilo2.setPriority(7);
        hilo1.start();
        hilo2.start();
    }

    class Hilo extends Thread{
        int maximo,tiempo;

        Hilo(int n,int t){
            maximo=n;
            tiempo=t;
        }

        @Override
        public void run(){

            for (int i=0;i<=maximo;i++){
                try{
                    Thread.sleep(tiempo);
                }
                catch (InterruptedException e){ ; }

// Construye el mensaje
// para enviar al controlador handler
                Message msg=handler.obtainMessage();
                // inserta datos en el mensaje
                //enpaquetandolos en un bundle
                Bundle b =new Bundle();
                b.putInt("i",i);
                b.putString("thread",
                             currentThread().toString());
                msg.setData(b);
                // envia el mensaje
                handler.sendMessage(msg);
            }
        }
```

```
    }

    // Controlador para recibir mensajes del hilo
    class Controlador extends Handler {

        public void handleMessage(Message msg){
            int total;
            // recibe los datos enviados en el mensaje msg

            total=msg.getData().getInt("i");
            String thread=msg.getData().getString("thread");
            texto1.append("\ni="+total+"   "+thread);
        }
    }
}
```

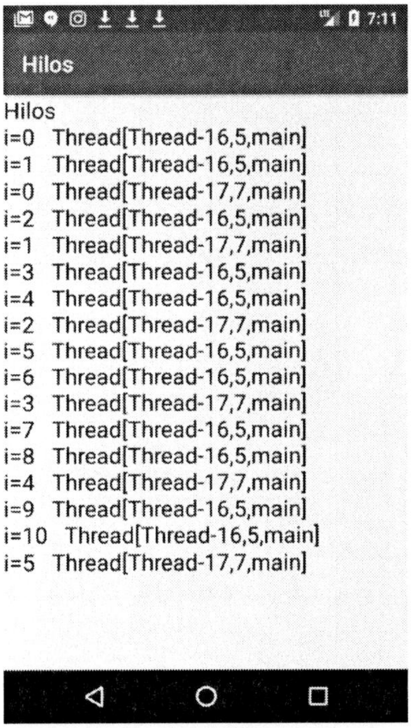

Figura 17.1 Dos hilos con distinta prioridad cuentan del 1 al 10 en intervalos de 100 y 200 milisegundos. Un controlador va mostrando el resultado en la pantalla.

El resultado se ve en la figura 17.1. En la primera columna escribimos el entero `i` a medida que el controlador lo va recibiendo y, en la segunda, el hilo del que proviene. Hemos usado el método `currentThread().toString()`, que devuelve información sobre el hilo actual y lo almacena en una cadena. La prioridad del segundo hilo la hemos modificado con `hilo2.setPriority(7)`. La prioridad por defecto de un hilo es 5. El valor de `i` se va incrementando en cada hilo lentamente debido al retraso, expresado en microsegundos mediante la instrucción `Thread.sleep(tiempo)`.

17.2 Diálogos de progreso

La técnica anterior se puede aplicar para mostrar una barra o diálogo de progreso, que indique que se está ejecutando un proceso en background. La barra de progreso es un tipo de diálogo: un objeto de la clase `ProgressDialog`, que extiende a `Dialog`, y es una actividad flotante. Se inicia mediante `showDialog(int estilo)`, donde `estilo` puede ser 0 (spinner) o 1 (horizontal). Esto hace que se ejecuten los métodos `onCreateDialog()` y `onPrepareDialog()` de la clase `Activity`, que deben ser redefinidos (`@Override`) en nuestra actividad para que la barra de progreso se muestre de acuerdo con nuestras necesidades. El método `onCreateDialog()` solo se ejecuta la primera vez que mostramos el diálogo. Si lo mostramos sucesivas veces, solo se ejecutará el método `onPrepareDialog()`.

En el ejemplo que viene a continuación se abre una barra de progreso de tipo horizontal. Utilizaremos la interfaz de usuario definida en el siguiente fichero *milayout.xml*:

```
<?xml version="1.0" encoding="utf-8"?>
<LinearLayout
xmlns:android="http://schemas.android.com/apk/res/android"
    android:background="#ffffff"
    android:orientation="vertical"
    android:layout_width="fill_parent"
    android:layout_height="fill_parent"
    >
    <TextView
        android:textColor="#000000"
        android:textSize="20sp"
        android:layout_width="fill_parent"
        android:layout_height="wrap_content"
        android:text="Hola, barra de progreso"
        android:id="@+id/texto"
        />
    <Button android:text="Empezar"
        android:id="@+id/button1"
        android:layout_width="fill_parent"
        android:layout_height="wrap_content">
    </Button>
</LinearLayout>
```

Nuestra actividad viene dada en el siguiente programa `MainActivity.java`:

```
package es.ugr.amaro.barradeprogreso;

import android.app.Dialog;
import android.app.ProgressDialog;
import android.os.Handler;
import android.os.Message;
import android.support.v7.app.AppCompatActivity;
import android.os.Bundle;
import android.view.View;
import android.widget.Button;
import android.widget.TextView;

public class MainActivity extends AppCompatActivity
                    implements View.OnClickListener {

    ProgressDialog progreso;
    Controlador handler=new Controlador();
    int maximo=100;
    int delay=100;
    int id=1;
    int estilo=ProgressDialog.STYLE_HORIZONTAL;
    TextView texto;

    /** Called when the activity is first created. */
    @Override
    public void onCreate(Bundle savedInstanceState) {
        super.onCreate(savedInstanceState);
        setContentView(R.layout.milyout);
        Button boton= (Button) findViewById(R.id.button1);
        boton.setOnClickListener(this);
        texto=(TextView) findViewById(R.id.texto);
    }

    @Override
    public void onClick(View v) {
        showDialog(id);
    }

    // Crea una barra de progeso
    @Override
    public Dialog onCreateDialog(int id) {

        progreso = new ProgressDialog(this);
        progreso.setProgressStyle(estilo);
        progreso.setMessage("");
        return progreso;
```

```
    }


    // Prepara la barra de progeso
    @Override
    public void onPrepareDialog(int id,Dialog dialog) {
        progreso=(ProgressDialog)dialog;
        progreso.setProgressStyle(estilo);
        progreso.setMax(maximo);
        progreso.setProgress(0);
        progreso.setMessage(
                "Ejecutando hilo en background...");
        Hilo thread=new Hilo();
        thread.start();
    }

    class Controlador extends Handler {
        @Override
        public void handleMessage(Message msg){
            int i=msg.getData().getInt("i");
            progreso.setProgress(i);
            progreso.setMessage("Hilo en background "+i+"
Máximo: "+maximo);
            texto.setText(" i = "+i+" Maximo: "+maximo);
            if(i==maximo){
                dismissDialog(id);
            }
        }
    }

    class Hilo extends Thread{
        @Override
        public void run(){
            for (int i=0;i<=maximo;i++){
                try{
                    Thread.sleep(delay);
                } catch (InterruptedException e){;}
                Message msg=handler.obtainMessage();
                Bundle b =new Bundle();
                b.putInt("i",i);
                msg.setData(b);
                handler.sendMessage(msg);
            }
        }
    }
}
```

Vemos el resultado en la figura 17.2 (izquierda). Pulsando el botón se inicia el diálogo, y se ejecutan los métodos `onCreateDialog()` y `onPrepareDialog()`. En este último se inicia el proceso thread de la clase `Hilo`, que consiste en un ciclo que cuenta del uno al cien con un retraso de 100 milisegundos. Se envía un mensaje al controlador con la variable incremental del ciclo. En cada paso del ciclo el controlador actualiza el valor mostrado en la barra de progreso mediante `progreso.setProgress(total)`. Cuando termina el ciclo (`total=maximo`), el controlador cierra el diálogo con `dismissDialog`. Entonces, se devuelve el control al hilo principal y se puede repetir el proceso pulsando de nuevo el botón, en cuyo caso se ejecuta solamente `onPrepareDialog()`.

Si cambiamos en este programa la variable
estilo=ProgressDialog.***STYLE_SPINNER***
y comentamos la instrucción `progreso.setMax(maximo)` tendremos un diálogo de progreso circular adecuado al caso en que no podamos predecir cuándo finalizará el hilo secundario. El resultado se ve en la figura 17.2 (derecha).

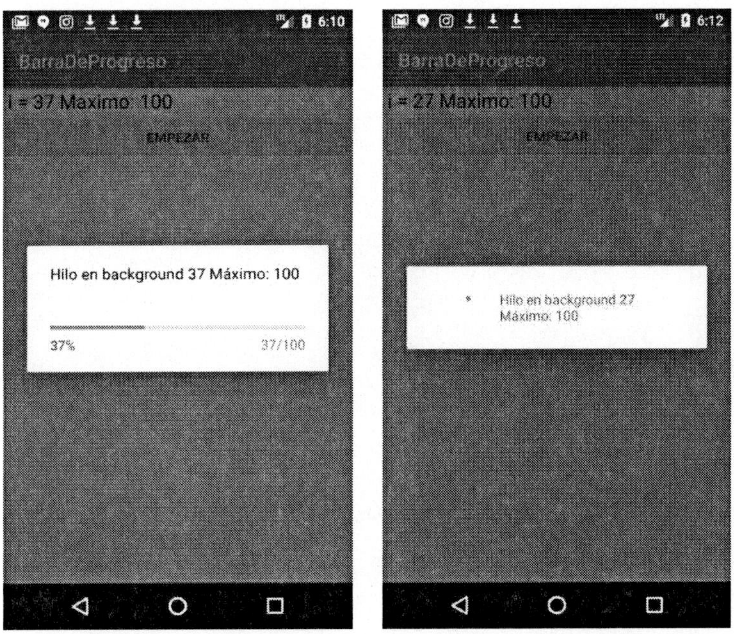

Figura 17.2 Diálogos de progreso horizontal y giratorio.

17.3 Interfaz Runnable

Existe otro procedimiento alternativo para crear un hilo. Consiste en definir una clase que implemente la interfaz `Runnable`. Esto requiere definir el método `run()`, que se ejecutará al iniciarse el hilo, mediante

```
Thread hilo= new Thread(runnable};
hilo.start();
```

donde `runnable` es un objeto de la clase que implementa la interfaz `Runnable`. La ventaja de este procedimiento, en lugar de extender la clase `Thread`, como hemos hecho en los ejemplos anteriores, es que cualquier clase puede implementar la interfaz. En particular, puede ser una clase de tipo `View`, que podemos insertar en un layout. Así podemos tener varios objetos de tipo `View` en la pantalla, cada uno asociado a instrucciones que se están ejecutando en su propio hilo. Otra ventaja es que no es necesario utilizar un controlador, pues el contenido de estos objetos `View` puede ser actualizado continuamente usando el método `postInvalidate()` de la clase `View`. Este método hace que se vuelva a dibujar el contenido de un objeto `View`, y se ejecute el método `onDraw`. En este caso no se puede usar `invalidate()` para dibujar de nuevo, porque este método solo se puede utilizar en el hilo principal y no en hilos secundarios.

En el siguiente ejemplo usamos esta técnica para actualizar dos contadores en dos hilos independientes. Cada hilo consiste en un objeto de la clase `TextoAnimado` que extiende a `View` y que hemos definido como clase interna. Cada hilo tiene un contador cuyo valor se incrementa con un retraso y se muestra en pantalla. Estos objetos `View` se añadirán al layout definido en el siguiente fichero *milayout.xml*:

```
<?xml version="1.0" encoding="utf-8"?>
<LinearLayout
xmlns:android="http://schemas.android.com/apk/res/android"
    android:background="#ffffff"
    android:orientation="vertical"
    android:layout_width="fill_parent"
    android:layout_height="fill_parent"
    android:id="@+id/layout"
    >
    <TextView
        android:id="@+id/texto"
        android:textColor="#000000"
        android:textSize="30sp"
        android:layout_width="wrap_content"
        android:layout_height="wrap_content"
        android:text="Interfaz Runnable"
        />
</LinearLayout>
```

El programa `MainActivity.java` es el siguiente. Los dos contadores son los elementos de un array. Los parámetros de los objetos `TextoAnimado` son, además de la clase actual `this`, el retraso temporal y el índice del contador (0,1).

```
package es.ugr.amaro.runnable;

import android.content.Context;
import android.graphics.Canvas;
import android.graphics.Color;
import android.graphics.Paint;
import android.support.v7.app.AppCompatActivity;
import android.os.Bundle;
import android.view.View;
import android.widget.LinearLayout;

public class MainActivity extends AppCompatActivity {

    boolean continuar=true;
    String mensaje="";
    int[] contador={0,0};
    TextoAnimado texto,texto2;
    Thread hilo,hilo2;
    float s;
    @Override
    public void onCreate(Bundle savedInstanceState) {
        super.onCreate(savedInstanceState);
        setContentView(R.layout.milayout);
        LinearLayout ll = findViewById(R.id.layout);
        s=getResources().getDisplayMetrics().density;

        LinearLayout.LayoutParams params=
                new LinearLayout.LayoutParams(600,100);

          texto= new TextoAnimado(this,40,0);
          texto.setLayoutParams(params);
          ll.addView(texto);

          texto2= new TextoAnimado(this,200,1);
          texto2.setLayoutParams(params);
          texto2.setBackgroundColor(Color.YELLOW);
          ll.addView(texto2);

          hilo= new Thread(texto);
          hilo.start();
          hilo2= new Thread(texto2);
          hilo2.start();
    }

    @Override
    protected void onPause() {
          super.onPause();
          continuar=false;
```

```
    }

    @Override
    protected void onResume() {
        super.onResume();

        continuar=true;
        if(!hilo.isAlive()) {
            hilo=new Thread(texto);
            hilo.start();
        }
        if(!hilo2.isAlive()){
            hilo2=new Thread(texto2);
            hilo2.start();
        }
    }

    class TextoAnimado extends View implements Runnable
    {
        int retraso;
        int i;
        Paint paint=new Paint();

        public TextoAnimado(Context context,
                            int retraso, int i) {
            super(context);
            this.retraso=retraso;
            this.i=i;
            paint.setColor(Color.BLACK);
            paint.setTextSize(20*s);
            paint.setAntiAlias(true);
        }

        @Override
        protected void onDraw(Canvas canvas){
            super.onDraw(canvas);
            canvas.drawText(mensaje,30*s,30*s,paint);
        }

        public void run() {

            while(continuar){
                try{Thread.sleep(retraso);}
                catch(InterruptedException e){;}
                contador[i]++;
                mensaje="Contador: "+contador[i];
                postInvalidate();
```

```
                    }
                }
            }
        }
```

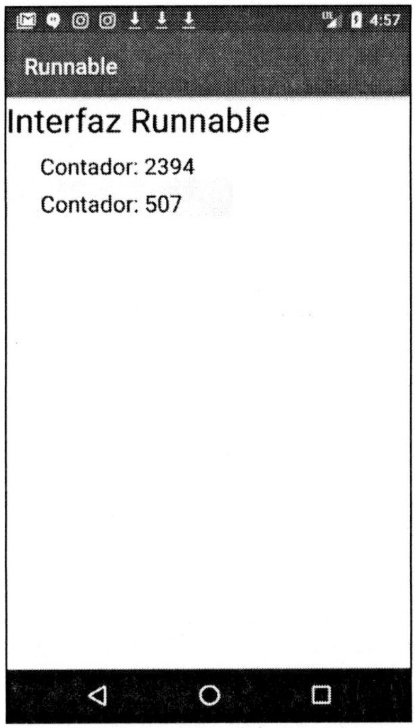

Figura 17.3 Dos hilos en dos objetos View implementando la interfaz Runnable.

El resultado se ve en la figura 17.3. Los dos contadores correspondientes a los índices `i=0, 1` del array `contador[]`, avanzan de uno en uno con un retardo de 40 y 200 milisegundos, respectivamente.

Obsérvese que, en el método onPause, se redefine la variable `continuar=false` y se detiene la ejecución de los hilos. Este método se ejecuta siempre que la aplicación pasa a segundo plano, por ejemplo, al pulsar las teclas "home" y "back" o al ejecutar otra app. Si una ejecución pausada se reanuda, se ejecutará el método onResume. Por tanto, en este método reiniciamos los hilos, volviendo a poner `continuar=true`, comprobando antes si están vivos.

Si se ejecuta esta aplicación y se observa detenidamente, se verá que ocasionalmente alguno de los contadores (con más frecuencia el segundo) muestra el resultado correspondiente al otro contador, pero inmediatamente después continúa con su propio contaje. Esto se debe a que el texto a escribir, almacenado en la variable de la clase principal `mensaje` está siendo compartido por los dos hilos, que están ejecutándose simultáneamente. Entonces puede ocurrir que inmediatamente antes de que en un hilo se escriba la variable `mensaje`, el otro hilo modifique súbitamente su contenido. Este ejemplo ilustra el tipo de interacciones que pueden producirse al trabajar con varios hilos simultáneamente. La solución en este caso es trasladar la declaración de la variable `mensaje` a la clase TextoAnimado, en cuyo caso cada hilo modificaría su propia copia de la variable.

17.4 Notificaciones

La barra de estado, que aparece en la parte superior de la pantalla, puede mostrar las notificaciones que envían las aplicaciones que se ejecutan en background. Esto permite lanzar a ejecutar un hilo desde una actividad, pasar a otra actividad y comprobar si sigue ejecutándose. La notificación que envía el hilo consiste en un mensaje de texto que se puede examinar en la vista expandida de notificaciones, que se despliega tirando hacia abajo de la barra.

Ilustraremos el uso de las notificaciones creando una actividad que realice en background una cuenta atrás durante 30 segundos, y actualice cada segundo la vista expandida de notificaciones. Este ejemplo requiere Android API 16 o superior. Crearemos una actividad vacía y le pondremos la siguiente interfaz de usuario *milayout.xml*:

```
<?xml version="1.0" encoding="utf-8"?>
<LinearLayout
xmlns:android="http://schemas.android.com/apk/res/android"
    android:orientation="vertical"
    android:layout_width="fill_parent"
    android:layout_height="fill_parent"
    android:background="#ffffff"
    >
    <TextView
        android:layout_width="fill_parent"
        android:layout_height="wrap_content"
        android:text="Ejemplo de notificaciones desde un
hilo"
        android:textSize="20sp"
        android:textColor="#000000"
        />
    <ImageView android:layout_width="wrap_content"

android:src="@drawable/ic_sentiment_dissatisfied_black_24dp"
        android:id="@+id/imageView1"
        android:layout_height="wrap_content">
    </ImageView>

    <TextView
        android:id="@+id/textview"
        android:layout_width="fill_parent"
        android:layout_height="wrap_content"
```

```
        android:text="Obsérvese este icono a la derecha de la
barra de estado"
        android:textSize="20sp"
        android:textColor="#000000"
        />

    <Button
        android:id="@+id/boton1"
        android:text="Iniciar"
        android:layout_width="wrap_content"
        android:layout_height="wrap_content" />
    <Button
        android:id="@+id/boton2"
        android:text="Abortar"
        android:layout_width="wrap_content"
        android:layout_height="wrap_content" />
</LinearLayout>
```

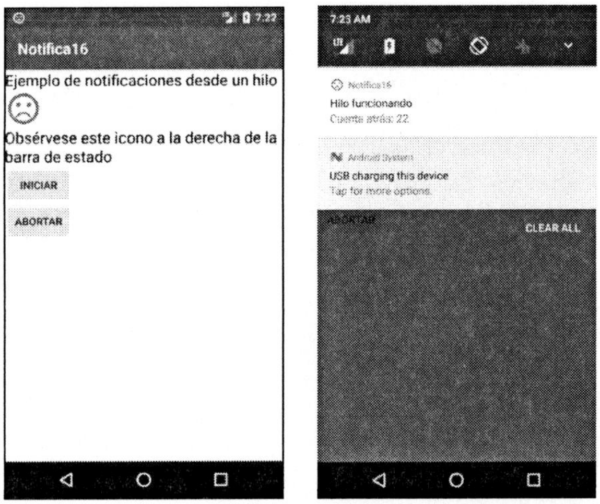

Figura 17.4 Notificaciones desde un hilo que se ejecuta en background. Izquierda: obsérvese el icono de notificación en la barra de estado. Derecha: notificación detallada mostrando el mensaje enviado por el hilo.

El proceso de creación de la notificación requiere seguir varios pasos que están indicados con comentarios en el listado. En concreto:

1. Definir una referencia al manager de notificaciones, que es un objeto de la clase `NotificationManager`

```
manager=(NotificationManager)getSystemService(
                              Context.NOTIFICATION_SERVICE);
```

2. Definir un `Intent`, para acceder a nuestra aplicación desde la vista extendida de notificaciones:

```
Intent notificacionIntent =
                    new Intent(this,MainActivity.class);
```

3. Definir un `PendingIntent`, que se insertará dentro de la notificación, y contiene el `Intent` anterior y la información sobre nuestra actividad:
```
PendingIntent pendingIntent =
PendingIntent.getActivity(this,0,notificacionIntent,0);
```

4. Crear un `Notification.Builder` para construir posteriormente la notificación. El Builder contiene un icono, un título, un texto, el PendingIntent anterior y otras propiedades de la notificación, como AutoCancel:

```
nb=new Notification.Builder(this);
nb.setAutoCancel(true);
nb.setContentTitle("Hilo funcionando");
nb.setContentIntent(pendingIntent);
nb.setContentText("Cuenta atrás finalizada");
nb.setSmallIcon(id);
```

5. Crear la notificación propiamente dicha y pasársela al NotificationManger:
```
notificacion=nb.build();
manager.notify(ref,notificacion);
```

En este ejemplo, la notificación se construye en un hilo que realiza una cuenta atrás y se actualiza cada segundo. El texto de la notificación incluye el valor del contador. Cuando la cuenta tras finaliza, se notifica un mensaje y cambia el icono de carita triste a carita sonriente.

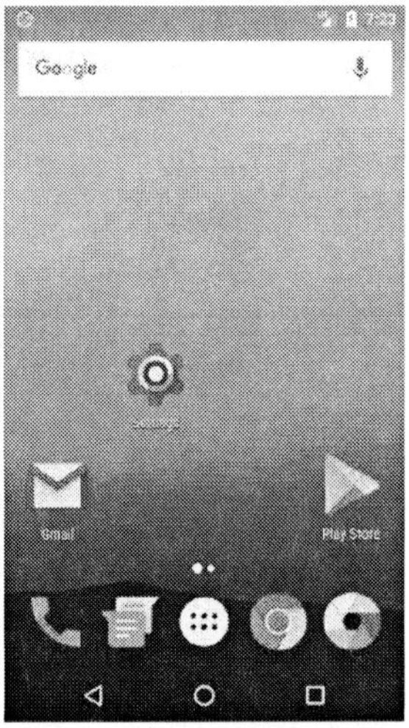

Figura 17.5 La notificación (con icono carita triste) persiste en la barra de estado cuando cerramos la actividad, al volver a la pantalla home, ya que el hilo sigue ejecutándose en background.

El fichero *MainActivity.java* de la actividad es el siguiente:

```
package es.ugr.amaro.notifica16;

import android.app.Notification;
import android.app.NotificationManager;
import android.app.PendingIntent;
import android.content.Context;
import android.content.Intent;
import android.support.v7.app.AppCompatActivity;
import android.os.Bundle;
import android.view.View;
import android.widget.Button;
import android.widget.TextView;

public class MainActivity extends AppCompatActivity
                      implements View.OnClickListener{

    // variables para la notificacion
    NotificationManager manager;
    Notification.Builder nb;
    Notification n;
    int ialegre,itriste;
    Runnable contar;
    Thread hilo;
    TextView tv;

    @Override
    public void onCreate(Bundle savedInstanceState) {
        super.onCreate(savedInstanceState);
        setContentView(R.layout.milayout);
        Button boton1=findViewById(R.id.boton1);
        Button boton2=findViewById(R.id.boton2);
        boton1.setOnClickListener(this);
        boton2.setOnClickListener(this);

        // referencia al manager de notificaciones
        manager=(NotificationManager)getSystemService(
                             Context.NOTIFICATION_SERVICE);

        // define el intent de la notificacion expandida
        Intent notificacionIntent = new Intent(this,
                MainActivity.class);
        PendingIntent pendingIntent =
                PendingIntent.getActivity(this,
                                0, notificacionIntent, 0);
```

```
        // crea el Notificacion.Builder
        ialegre=R.drawable.ic_sentiment_satisfied_black_24dp;
      itriste=R.drawable.ic_sentiment_dissatisfied_black_24dp;
        nb=new Notification.Builder(this);
        nb.setAutoCancel(true);
        nb.setContentTitle("Hilo funcionando");
        nb.setContentIntent(pendingIntent);

        // define el Runnable
        contar=new Contar();
    }

    @Override
    public void onClick(View view) {
        if(view.getId()==R.id.boton1){
            if(hilo==null) {
                hilo=new Thread(contar);
                hilo.start();
            }
        } else if (view.getId()==R.id.boton2)
            hilo.interrupt();
    }

    // clase con un hilo que manda una notificación/segundo
    class Contar implements Runnable{

        public void run() {

            for (int i=30; i>=0; i--){
                try { Thread.sleep( 1000 ); }
                catch ( InterruptedException e ){;}
                //actualiza la notificacion
                nb.setSmallIcon(itriste);
                nb.setContentText("Cuenta atrás: "+i);
                if(i==0) {
                    nb.setContentText(
                            "Cuenta atrás finalizada");
                    nb.setSmallIcon(ialegre);
                }
                n=nb.build();
                // comunica la notificacion al manager
                int ref=1;
                manager.notify(ref,n);
            }
        }
    }
}
```

El resultado se ve en la figura 17.4. Al ejecutar nuestra aplicación aparece en la barra de estado el icono de carita triste (que hemos generado con Asset Studio y hemos incluido en el directorio res/drawable), indicando que la notificación está activa. Si desplegamos la barra de estado, arrastrándola hacia abajo, vemos que se muestra el mensaje de la notificación. Si pulsamos la tecla "Back" o "Home" y salimos de nuestra aplicación (figura 17.5) vemos que la barra de estado continúa mostrando el icono de la notificación. Esto nos confirma que el hilo sigue ejecutándose en background. Si abrimos la vista detallada de notificaciones y pulsamos en la notificación, se abre de nuevo nuestra actividad (es aquí donde el `pendingIntent` está siendo utilizado).

Cuando la cuenta atrás finaliza, la notificación se envía con el icono de carita sonriente (figura 17.6). Si desplegamos la notificación aparece el mensaje "Cuenta atrás finalizada". Si pulsamos en la notificación desplegada, se abre de nuevo la app y desaparece la notificación de la barra, debido a la propiedad AutoCancel. Nótese que hemos incluido un botón para destruir por la fuerza el hilo en caso necesario. En ese caso la aplicación se aborta (figura 17.7).

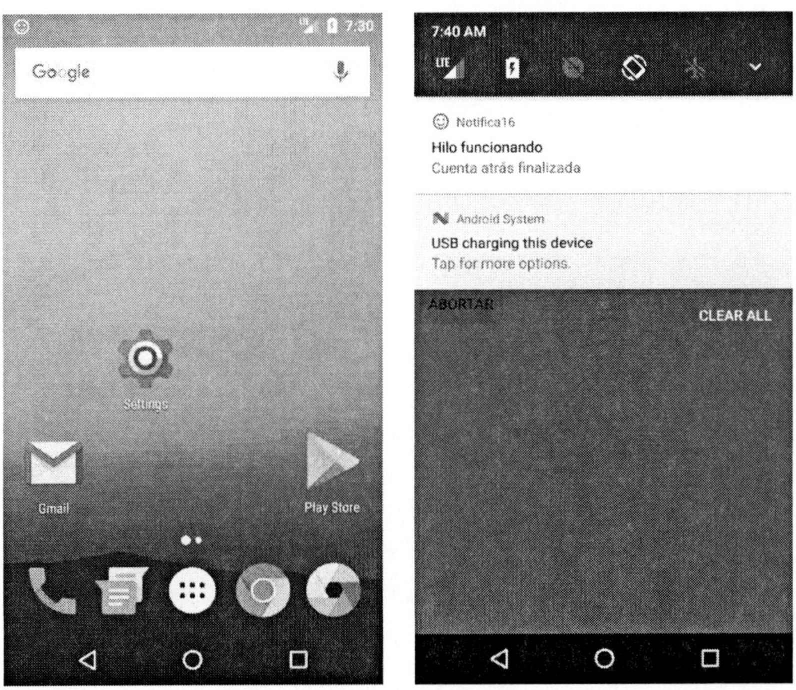

Figura 17.6 Notificación con carita sonriente de cuenta atrás finalizada.

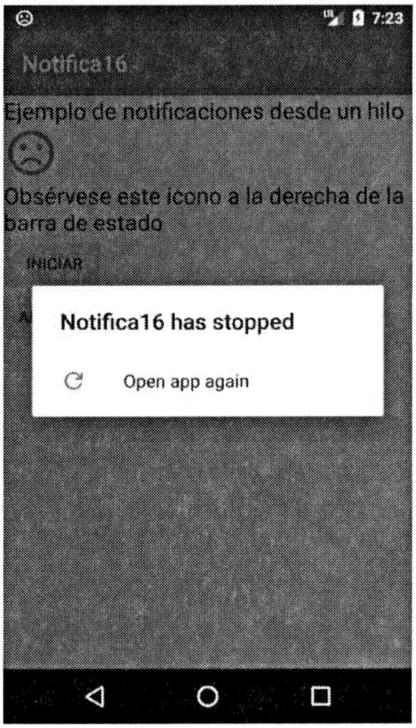

Figura 17.7 Hilo detenido por la fuerza.

Puede haber más de una notificación proveniente de distintos hilos o del mismo. El número de referencia `ref=1`, en la notificación al manager, permite controlar qué notificación se está actualizando. Por ejemplo, si al final del método `run()` añadimos la línea

```
manager.notify(2,n);
```

estamos notificando al manager una segunda notificación. Al ejecutar nuestra aplicación ahora se verán dos iconos en la barra de estado y dos notificaciones en la vista detallada (figura 17.8).

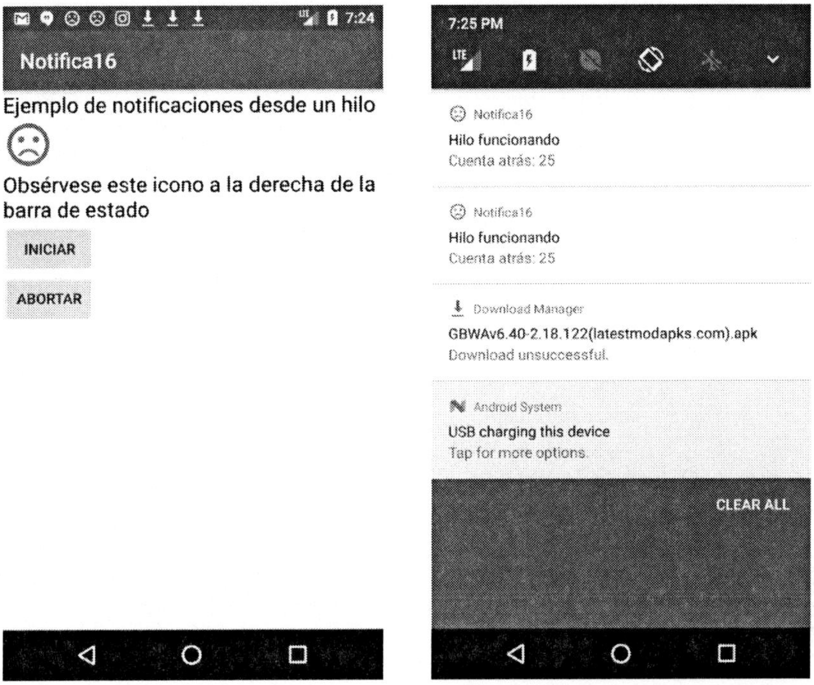

Figura 17.8 Dos notificaciones simultáneas en la barra de estado y en la vista detallada.

18. ANIMACIONES

En el capítulo anterior hemos introducido los conceptos necesarios para realizar animaciones, es decir, hemos introducido sensación de movimiento en un texto o un gráfico, modificando rápidamente el dibujo de la pantalla. Es como ver una película, que consiste en una sucesión de imágenes o fotogramas.

Hasta ahora hemos mostrado contadores dinámicos que cambian con el tiempo. A continuación, animaremos otros objetos gráficos imprimiéndoles distintos tipos de movimiento.

18.1 Movimiento uniforme. La bola botadora

Comenzaremos con el movimiento más simple: una bola, representada por un círculo rojo, que inicialmente está en la parte superior de la pantalla y se mueve hacia abajo a velocidad constante. Cuando llegue al borde inferior invertiremos su velocidad, y se moverá hacia arriba. Al llegar arriba, volveremos a invertir su velocidad y el movimiento se repetirá. Para este programa no utilizaremos ningún layout, sino que dibujaremos directamente sobre un canvas. El grueso del programa es la clase `DinamicaView`, que extiende a `View` e implementa la interfaz `Runnable`. El programa es el siguiente:

```
package es.ugr.amaro.movimientorectilineo;

import android.content.Context;
import android.graphics.Canvas;
import android.graphics.Color;
import android.graphics.Paint;
import android.support.v7.app.AppCompatActivity;
import android.os.Bundle;
import android.view.View;

public class MainActivity extends AppCompatActivity {

    boolean continuar=true;
```

```
float velocidad=1.5f;
int dt=10;
int tiempo=0;
Thread hilo=null;
DinamicaView dinamica;
float s;

@Override
public void onCreate(Bundle savedInstanceState) {
    super.onCreate(savedInstanceState);
    dinamica=new DinamicaView(this);
    setContentView(dinamica);
    s=getResources().getDisplayMetrics().density;
    hilo = new Thread(dinamica);
    hilo.start();
}

// detenemos el hilo si pausa
@Override
public void onPause(){
    super.onPause();
    continuar=false;
}

// reiniciamos el hilo si resume
@Override
public void onResume(){
    super.onResume();
    continuar=true;
    if(!hilo.isAlive()){
      hilo=new Thread(dinamica);
      hilo.start();
    }
}

class DinamicaView extends View implements Runnable{

    int x,y,ymax; // coordenadas
    Paint paintFondo,paintParticula,paint;
    public DinamicaView(Context context) {
        super(context);
        // Colores para el dibujo y tmaño del texto
        paintFondo=new Paint();
        paintParticula=new Paint();
        paint=new Paint();
        paintFondo.setColor(Color.WHITE);
        paintParticula.setColor(Color.RED);
        paint.setColor(Color.BLACK);
```

```
        }

        @Override
        public void run() {

            while(continuar){
                tiempo=tiempo+dt;
                // movimiento uniforme y=y+v*t
                y=y+(int)(velocidad*dt);
                // si llega abajo invertimos velocidad
                if(y>ymax) velocidad=-velocidad;
                // si llega arriba invertimos velocidad
                if(y<0) velocidad=-velocidad;
                postInvalidate();
                try { Thread.sleep( dt ); }
                catch ( InterruptedException e ){ ; }
}
        }

        // obtiene geometria del canvas
        @Override
        protected void onSizeChanged(
                int w, int h, int oldw,int oldh){
            x=w/2;
            y=0;
            ymax=h;
        }

        @Override
        public void onDraw(Canvas canvas ){
            canvas.drawPaint(paintFondo);
            paint.setTextSize(20*s);
            canvas.drawCircle(x, y, 30*s, paintParticula);
            canvas.drawText("y="+y, 10*s, 25*s, paint);
            canvas.drawText("t="+tiempo, 10*s, 50*s, paint);
        }
    }   // fin dinamica
}
```

Podemos ver dos capturas de pantalla en la figura 18.1.

En esta actividad implementamos los métodos `onPause` para detener el hilo en caso de abandonar la actividad y `onResume` para reiniciar el hilo si volvemos a ella.

Los parámetros que requiere el programa son la velocidad de la bola y el incremento de tiempo o retraso con el que redibujamos la pantalla:

```
float velocidad=1.5f;
int dt=10;
```

18.1 La pelota botadora.

Animamos al lector a modificar estos valores y ver lo que ocurre, teniendo en cuenta que el tiempo está expresado en unidades de milisegundos (ms) y la velocidad en píxeles/milisegundo (px/ms). Si la velocidad es demasiado grande, pongamos mayor de 10 px/ms, la bola recorrerá 10 píxeles en un milisegundo, una distancia demasiado grande para apreciar un cambio brusco de posición entre una pantalla y la siguiente. Si el tiempo `dt` es demasiado grande, pongamos mayor de 50 ms (equivalente a 20 fotogramas por segundo), apreciaremos el tiempo que la pantalla está parada y el movimiento nos parecerá parpadeante.

En esta aplicación hemos definido el método `onSizeChanged` para extraer los nuevos valores de anchura y altura del `canvas` en el caso de que la geometría de este se modifique, principalmente al girar el teléfono.

La posición de la bola se calcula en el método `run()`, donde su coordenada *y* se incrementa según la ecuación del movimiento:

$$y = y_0 + vdt\ .$$

Teniendo en cuenta que la velocidad es de tipo `float` y las coordenadas y tiempo son enteros, esta ecuación se implementa en nuestro programa como

```
y = y + (int)(velocidad*dt);
```

Inicialmente, la velocidad es positiva y la pelota cae hacia abajo. Cuando la pelota llega a la base de la pantalla invertimos su velocidad (la hacemos negativa):

```
if(y > ymax) velocidad=-velocidad;
```

y el sentido de su movimiento se invierte, dirigiéndose hacia arriba. Al llegar arriba invertimos de nuevo su velocidad:

```
if(y <0 ) velocidad= -velocidad;
```

y el movimiento se repite estacionariamente.

18.2 Movimiento acelerado. La bola botadora II

Para simular otros elementos de la dinámica introduzcamos una aceleración, que represente la fuerza de la gravedad:

```
float velocidad=0.05f;
float aceleracion=0.01f;
int dt=1;
```

Modifiquemos el método `run()` trasladando todo el cálculo de la posición a un nuevo método `cambiaPosición()`. Esto nos permitirá modificar fácilmente el programa si queremos añadir otro tipo de trayectorias más adelante. Bastará con modificar este último método:

```
@Override
public void run() {

while(continuar){
   cambiaPosicion();
   postInvalidate();
   try { Thread.sleep( dt ); }
   catch ( InterruptedException e ){ ; }
   }
}


public void cambiaPosicion() {

tiempo=tiempo+dt;
// movimiento  y=y+v*dt
```

```
    y=y+(int)(velocidad*dt);
    // fuerza v=v+a*dt
    velocidad=velocidad+aceleracion*dt;
    // si llega abajo invertimos velocidad
    if(y>ymax) velocidad=-Math.abs(velocidad);
    // si llega arriba invertimos velocidad
    if(y<0) velocidad=Math.abs(velocidad);
}
```

La única modificación que hemos hecho es introducir el cambio de velocidad en cada intervalo de tiempo según la ecuación

$$v = v_0 + adt$$

ya que la aceleración representa precisamente el cambio infinitesimal de la velocidad en `dt`:

```
velocidad = velocidad + aceleración * dt;
```

Esta aceleración puede también interpretarse aquí como producida por una fuerza sobre una partícula de masa igual a uno (m=1) ya que, según la ecuación de Newton, F=ma. Nótese que en `CambiaPosicion()` hemos cambiado las líneas para invertir la velocidad en los extremos, introduciendo explícitamente su signo (es decir, más o menos su valor absoluto). Esto es debido a que, por problemas de redondeo, podría darse el caso de que la partícula sobrepasara el borde y la inversión de velocidad no fuera suficiente para sacarla, en cuyo caso quedaría indefinidamente fuera de la pantalla y su velocidad continuaría invirtiéndose en cada iteración.

En la figura 18.2 vemos dos capturas de pantalla. Aunque en estas imágenes estáticas no es posible apreciar el movimiento de la simulación, hemos escrito en la pantalla también el valor de la velocidad, para demostrar cómo está cambiando continuamente. Esto se hace añadiendo esta línea al final del método `onDraw()`:

```
canvas.drawText("v="+velocidad, 10*s, 75*s, paint);
```

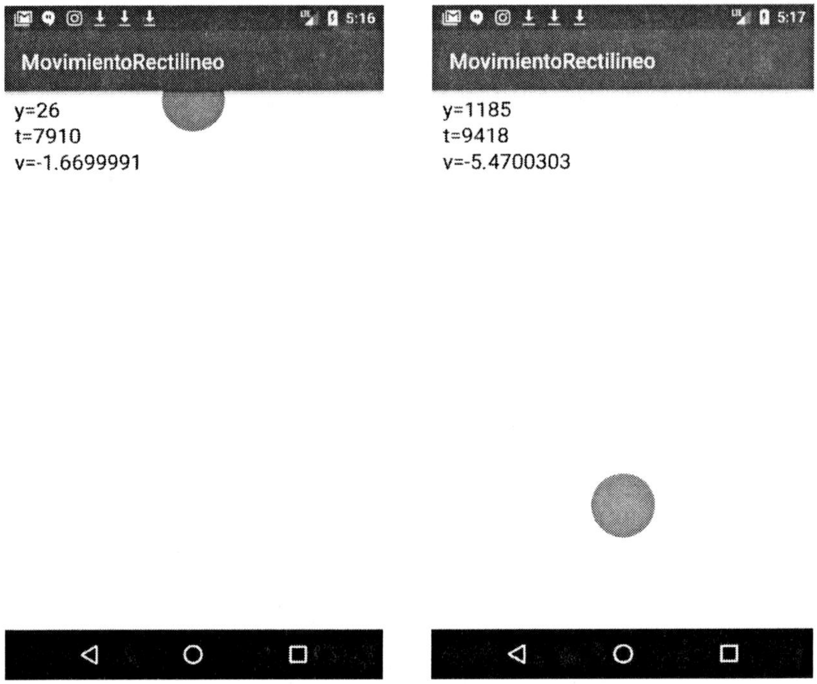

Figura 18.2 La bola botadora acelerada.

18.3 Conservación de la energía

Si observamos detenidamente la simulación anterior durante unos minutos en el emulador o en el teléfono, veremos que la velocidad va aumentando poco a poco y puede llegar a duplicarse en unos minutos. En particular, su energía no se conserva. Esto es consecuencia de la poca precisión en la resolución de la ecuación del movimiento, que hemos implementado de forma incremental, con un paso de tiempo de 1 ms, lo que hace que la solución sea inestable para tiempos muy largos. Aunque la ecuación puede resolverse con más precisión usando métodos matemáticos conocidos, en este caso vamos a aplicar el principio de conservación de la energía, que es una condición que debe verificar nuestra trayectoria y que mejorará su estabilidad. Como es sabido del curso de física elemental, la energía asociada a una fuerza constante en el eje *y* es la suma de energía cinética y energía potencial:

$$E = mv^2 / 2 - may$$

donde el signo menos en la energía potencial se debe a que en el dispositivo el eje *y* apunta hacia abajo. De esta fórmula podemos despejar el valor de *y*:

$$y = (v^2 / 2 - E / m) / a$$

Esta es la fórmula que emplearemos para calcular *y*. En principio, tendríamos que conocer la masa de la partícula *m*, pero vemos que en este problema es irrelevante. La energía debe mantenerse constante e igual a la energía inicial, correspondiente al valor *y* = 0, que es:

$$E = mv_0^2/2$$

Sustituyendo en la ecuación anterior, encontramos que la coordenada *y* viene dada por

$$y = (v^2 - v_0^2)/(2a)$$

que no depende de la masa. Esto quiere decir que podemos elegir cualquier valor de la masa, por ejemplo m = 1. Si calculamos la coordenada *y* mediante esta fórmula, la energía de nuestra bola se conservará, lo que contribuye a la estabilidad y periodicidad de su movimiento.

Para implementar la conservación de la energía basta modificar el método `cambiaPosición()` de la siguiente forma:

```
public void cambiaPosicion() {

    tiempo=tiempo+dt;
    // fuerza v=v+a*dt
    velocidad=velocidad+aceleracion*dt;
    // conservacion de la energia
    float cinetica=velocidad*velocidad/2;
    y=(int)((cinetica-energia)/aceleracion);
    // si llega abajo invertimos velocidad
    if(y>ymax) velocidad=-Math.abs(velocidad);
    // si llega arriba invertimos velocidad
    if(y<0) velocidad=Math.abs(velocidad);
}
```

Previamente, hay que declarar la variable de clase `energia` en la clase principal y hay que definir el valor constante de esta igual a la energía inicial en el método `onSizeChanged()`:

```
energia=0.5f * velocidad * velocidad - aceleracion * y;
```

En este método también definimos los valores iniciales de la velocidad y de la aceleración en unidades independientes de la densidad del teléfono:

```
velocidad=0.05f*s;
aceleracion=0.01f*s;
```

Con estos cambios el movimiento se mantiene estable, puesto que forzamos que la energía sea constante y, con ello, también la velocidad máxima de la bola. El siguiente listado es el listado final del programa Java:

```
package es.ugr.amaro.movimientorectilineo;

import android.content.Context;
import android.graphics.Canvas;
import android.graphics.Color;
import android.graphics.Paint;
import android.support.v7.app.AppCompatActivity;
import android.os.Bundle;
import android.view.View;

public class MainActivity extends AppCompatActivity {

    boolean continuar=true;
    float velocidad;
    float aceleracion;
    float energia;
    int dt=1;
    int tiempo=0;
    Thread hilo=null;
    DinamicaView dinamica;
    float s;

    @Override
    public void onCreate(Bundle savedInstanceState) {
        super.onCreate(savedInstanceState);

        dinamica=new DinamicaView(this);
        setContentView(dinamica);
        s=getResources().getDisplayMetrics().density;
        hilo = new Thread(dinamica);
        hilo.start();
    }

    @Override
    public void onPause(){
        super.onPause();
        continuar=false;
    }

    @Override
    public void onResume(){
        super.onResume();

        continuar=true;
```

```
        if(!hilo.isAlive()){
            hilo=new Thread(dinamica);
            hilo.start();
        }
    }

    class DinamicaView extends View implements Runnable{

        int x,y,ymax; // coordenadas
        Paint paintFondo,paintParticula,paint;
        public DinamicaView(Context context) {
            super(context);
            // Colores para el dibujo y tmaño del texto
            paintFondo=new Paint();
            paintParticula=new Paint();
            paint=new Paint();
            paintFondo.setColor(Color.WHITE);
            paintParticula.setColor(Color.RED);
            paint.setColor(Color.BLACK);
        }

        @Override
        public void run() {
            while(continuar){
                cambiaPosicion();
                postInvalidate();
                try { Thread.sleep( dt ); }
                catch ( InterruptedException e ){ ; }
            }
        }


        public void cambiaPosicion() {

            tiempo=tiempo+dt;
            // fuerza v=v+a*dt
            velocidad=velocidad+aceleracion*dt;
            // conservacion de la energia
            float cinetica=velocidad*velocidad/2;
            y=(int)((cinetica-energia)/aceleracion);
            // si llega abajo invertimos velocidad
            if(y>ymax) velocidad=-Math.abs(velocidad);
            // si llega arriba invertimos velocidad
            if(y<0) velocidad=Math.abs(velocidad);
        }

        // obtiene geometria del canvas
```

```
        @Override
        protected void onSizeChanged(
                int w, int h, int oldw,int oldh){
            x=w/2;
            y=0;
            ymax=h;
            velocidad=0.05f*s;
            aceleracion=0.01f*s;
            energia=
          0.5f * velocidad * velocidad - aceleracion * y;
        }

        @Override
        public void onDraw(Canvas canvas ){
            canvas.drawPaint(paintFondo);
            paint.setTextSize(20*s);
            canvas.drawCircle(x, y, 30*s, paintParticula);
            canvas.drawText("y="+y, 10*s, 25*s, paint);
            canvas.drawText("t="+tiempo, 10*s, 50*s, paint);
          canvas.drawText("v="+velocidad, 10*s, 75*s, paint);
        }
    }   // fin dinamica
}
```

18.4 Simulación de caída con ligadura

Una ligadura mecánica es una restricción sobre el movimiento de un cuerpo. En la siguiente actividad simularemos el movimiento de un cuerpo, representado por un círculo rojo, que cae por la gravedad siguiendo una trayectoria parabólica, por ejemplo una bola que se deja caer en un pozo con dicha forma. La figura 18.3 muestra dos instantáneas del programa Android durante su caída. Inicialmente, está localizado en las coordenadas `(xmin,ymin)=(0,0)`. La ecuación de la parábola que está dibujada es

$$y = y_{\max}\left[1 - \frac{(x-x_0)^2}{x_0^2}\right]$$

donde $y_{\max}$ es la altura del canvas y x_0 es la mitad de su anchura. En la actividad hemos introducido una clase, `Trayectoria`, con métodos para calcular las propiedades de la trayectoria. Por ejemplo, `getY(x)` proporciona el valor de y en función de x.

Esta simulación está basada en el ejemplo de la pelota botadora de la sección anterior. La fuerza que se ejerce sobre la partícula está dirigida en la dirección *y* (hacia abajo, pero *y* es positivo en nuestro sistema de coordenadas):

$$F_y = ma$$

donde $m = 1$ es la masa y a es la aceleración de la gravedad. Utilizaremos el principio de conservación de la energía:

$$E = T - may$$

donde T es la energía cinética, $mv^2/2$, y $-may$ la energía potencial. A partir de esta ecuación podemos calcular la altura si conocemos la velocidad, como en el caso de la pelota botadora:

$$y = \frac{T - E}{ma}$$

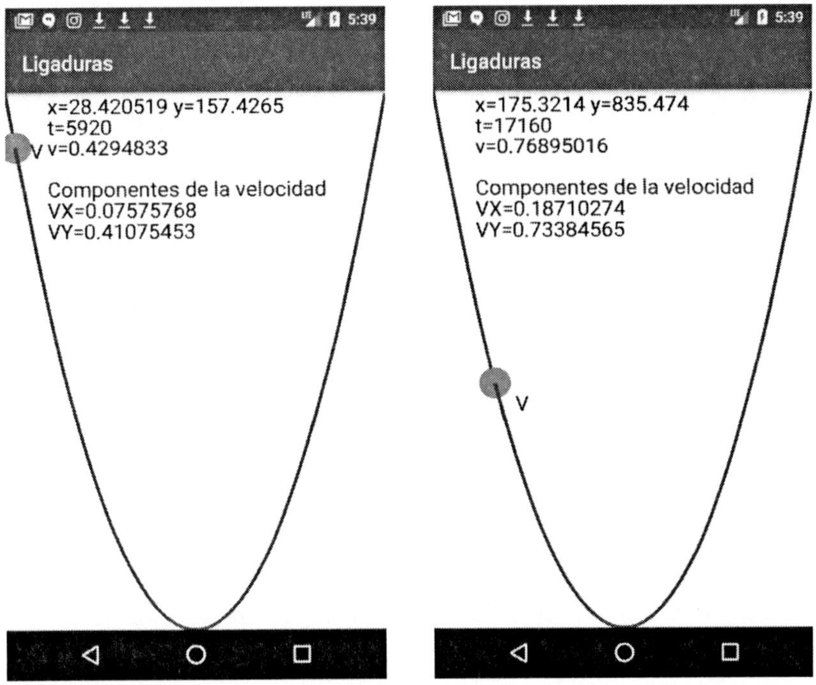

Figura 18.3 La partícula que cae en un campo gravitatorio con una ligadura y está obligada a seguir una parábola.

Finalmente, conocida la altura *y*, podemos conocer la coordenada horizontal a partir de la ecuación de la parábola inversa:

$$x = x_0 \pm x_0 \sqrt{1 - y / y_{\max}}$$

El problema es elegir entre las dos soluciones correspondientes a las dos posiciones posibles (izquierda o derecha). Nosotros lo haremos introduciendo una variable booleana, `cambio`, que cambia de valor cada vez que la partícula llega abajo y pasa por el punto inferior de la curva. Si la variable es `true`, se mueve hacia la izquierda y tomamos el signo menos. Si es `false`, se mueve hacia la derecha y tomamos el signo positivo.

Todo se reduce a calcular la velocidad en cada instante. El vector velocidad es siempre tangente a la curva de la trayectoria. Por tanto, conocemos su dirección. Queda por calcular su magnitud o módulo $v = |\mathbf{v}|$. En este caso, la trayectoria es una parábola $f(x)$. El vector tangente a la gráfica de una función $f(x)$ está determinado por su derivada:

$$\mathbf{T} = (1, f'(x))$$

Por otra parte, la componente tangencial de la aceleración es (ver Alonso-Finn, Eq. [5.43]):

$$a_T = dv / dt$$

Esta aceleración, multiplicada por la masa, debe ser igual a la fuerza tangencial, que es la componente de la fuerza gravitatoria en la dirección de la tangente $\mathbf{T}$:

$$F_T = ma\, f'(x) / (1 + f'(x)^2)^{1/2}$$

Por tanto, lo que hacemos es calcular el cambio en la velocidad en cada intervalo dt mediante:

$$dv = (F_T / m) dt$$

El siguiente listado es el programa Java completo. La dinámica anterior está implementada en el método `cambiaPosicion3`. Las propiedades de la trayectoria se calculan usando un objeto de la clase `Trayectoria`.

```
package es.ugr.amaro.ligaduras;

import android.content.Context;
import android.graphics.Canvas;
import android.graphics.Color;
import android.graphics.Paint;
import android.graphics.Path;
import android.support.v7.app.AppCompatActivity;
import android.os.Bundle;
import android.view.View;
import android.widget.Toast;

public class MainActivity extends AppCompatActivity
                      implements View.OnClickListener{

    boolean continuar=true;
    float vinicial;
    float velocidad;
```

```
float aceleracion;
float energia;
int dt=40;
int tiempo=0;
Thread hilo=null;
DinamicaView dinamica;
Trayectoria trayectoria=new Trayectoria(100,100);
float s;

/** Called when the activity is first created. */
@Override
public void onCreate(Bundle savedInstanceState) {
    super.onCreate(savedInstanceState);

    dinamica=new DinamicaView(this);
    setContentView(dinamica);
    dinamica.setOnClickListener(this);
    hilo = new Thread(dinamica);
    hilo.start();
}

// detenemos el hilo si pausa
@Override
public void onPause(){
    super.onPause();
    continuar=false;
}

// reiniciamos el hilo si resume
@Override
public void onResume(){
    super.onResume();
    continuar=true;
    dt=40;

    if(!hilo.isAlive()){
       hilo = new Thread(dinamica);
       hilo.start();
    }
}

@Override
public void onClick(View v) {

    if(dt==40){
        dt=0;
    } else dt=40;
```

```
}

class DinamicaView extends View implements Runnable{

    float x,y,xmin,xmax,ymin,ymax;  // coordenadas
    float vx,vy;
    Paint paintFondo,paintParticula,paint,
            paintCurva,paintVector;
    Path path;
    boolean cambio=true;

    public DinamicaView(Context context) {
        super(context);
        // Colores para el dibujo y tamaño del texto
        paintFondo=new Paint();
        paintParticula=new Paint();
        paint=new Paint();
        paintFondo.setColor(Color.rgb(255,255,200));
        paintParticula.setColor(Color.RED);
        paint.setColor(Color.BLACK);
        paintCurva=new Paint();
        paintCurva.setStyle(Paint.Style.STROKE);
        paintCurva.setColor(Color.BLUE);
        paintVector=new Paint();
        paintVector.setStrokeWidth(10);
        paintVector.setColor(Color.DKGRAY);
    }

    // obtiene geometria del canvas
    @Override
    protected void onSizeChanged(
            int w, int h, int oldw,int oldh){
        s=getResources().getDisplayMetrics().density;
        xmin=0;
        xmax=w;
        ymax=h;
        ymin=0;
        // punto inicial
        x=xmin;
        y=ymin;

        float anchura=w;
        float altura=h;
        trayectoria=new Trayectoria(anchura,altura);

        vinicial=0.1f*s;  //velocidad inicial
        velocidad=vinicial;
        aceleracion=0.0001f*s;
```

```
        energia=0.5f * velocidad * velocidad
                - aceleracion * ymin;
        // construye el path de la trayectoria
        path=new Path();
        path.moveTo(xmin,ymin);
        for (float xi=xmin; xi<anchura-xmin;xi++){
            float yi=trayectoria.getY(xi);
            path.lineTo(xi,yi);
        }
    }

    @Override
    public void run() {

        while(continuar){
            cambiaPosicion3();
            postInvalidate();
            try { Thread.sleep( dt ); }
            catch ( InterruptedException e ){  }
        }
    }

    public void cambiaPosicion3() {

        try {
            float[] tangente = {0, 0};
            tiempo = tiempo + dt;
            tangente = trayectoria.getTangente(x);
            float tangenteX = tangente[0];
            float tangenteY = tangente[1];
            vx = tangenteX * velocidad;
            vy = tangenteY * velocidad;
            float aT = aceleracion * tangenteY;
            velocidad = velocidad + aT * dt;
            float cinetica = velocidad * velocidad / 2;
            y = (cinetica - energia) / aceleracion;
            if (vy == 0.0) {
                x = (x + velocidad * dt);
                y = trayectoria.getY(x);
                cambio = !cambio;
            }

            if (cambio) x = trayectoria.getX2(y);
            else x = trayectoria.getX1(y);

            // si llega arriba invertimos velocidad
            if (y < ymin) velocidad = -velocidad;
        }catch(Exception e){
```

```
                x=xmin;
                y=ymin;
                velocidad=vinicial;
            }


        }

        @Override
        public void onDraw(Canvas canvas ){

            paint.setTextSize(20*s);
            paintCurva.setStrokeWidth(3*s);
            canvas.drawPaint(paintFondo);

            canvas.drawPath(path, paintCurva);
            canvas.drawCircle(x, y, 15*s, paintParticula);
            canvas.drawText("x="+x+" y="+y,40*s,20*s, paint);
            canvas.drawText("t="+tiempo,40*s,40*s, paint);
            canvas.drawText("v="+velocidad,40*s,60*s, paint);
            canvas.drawText("Componentes de la velocidad",
                                  40*s,100*s, paint);
         float e = 50 * s; // escala para vector
         canvas.drawLine(x,y,x+e*vx,y+e*vy, paintVector);
         canvas.drawText("V", x+e*vx+10*s,y+e*vy-10*s,paint);
         canvas.drawText("VX="+vx,40*s,120*s, paint);
         canvas.drawText("VY=" + vy, 40 * s, 140 * s, paint);

        }
    }   // fin dinamica

    //  clase con la trayectoria de una particula
    class Trayectoria{

        float yMax,x0;
        Trayectoria(float anchura, float altura){
            yMax=altura;
            x0=anchura/2;
        }

        float getY(float x){
            float xx0=(x-x0)/x0;
            float y=yMax*(1-xx0*xx0);
            return y;
        }

        // raiz positiva de la funcion inversa
```

```
        float getX1(float y){
            double raiz,radicando;
            radicando=Math.max(0f,1-y/yMax);
            raiz=Math.sqrt(radicando);
            float x1=(float) (x0+x0*raiz);
            return x1;
        }
        // raiz negativa de la funcion inversa
        float getX2(float y){
            double raiz,radicando;
            radicando=Math.max(0f,1-y/yMax);
            raiz=Math.sqrt(radicando);
            float x2=(float) (x0-x0*raiz);
            return x2;
        }

        // componente y del vector uni. tangente a la curva
        float[] getTangente(float x){
            float[] tangente=new float[2];
            float xx0=(x-x0)/x0;
            float derivada=-yMax*2*xx0/x0;
           double denominador=Math.sqrt(1+derivada*derivada);
            tangente[0]=(float) (1/denominador);
            tangente[1]=(float) (derivada/denominador);
            return tangente;
        }
    }
}
```

El resultado se ve en las figuras 18.3, 18.4 y 18.5. La posición y velocidad de la partícula se calculan en el método `cambiaPosicion3()`. Cuando la partícula llega arriba invertimos la velocidad para que vuelva a bajar en sentido opuesto. Existe un problema cuando la partícula llega abajo, al punto mínimo (figura 18.5), ya que la componente tangencial de la fuerza es cero, por lo que su velocidad no cambia y, por tanto, tampoco su altura. Si no hacemos nada más, la partícula llega al mínimo y se detiene. Pero la partícula debe seguir adelante, puesto que su velocidad no es cero. Para que sea así, en este punto, debemos modificar la coordenada x de la partícula mediante

$$dx = vdt$$

Así conseguimos que la partícula siga adelante. Hay que tener cuidado, además, al calcular las coordenadas, de usar siempre variables `float` o `double`. Si hiciéramos los cálculos en píxeles, al ser números enteros podría darse una disfunción si, por redondeo, resultara $dx = 0$.

Finalmente, obsérvese que hemos implementado el método `onClick` para que la simulación se detenga al pulsar y se reanude al pulsar de nuevo. Esto se hace de forma sencilla, sin necesidad de detener el hilo, simplemente poniendo la variable `dt = 0`, con lo cual el tiempo se detiene, y vuelve a cambiarla al pulsar el botón.

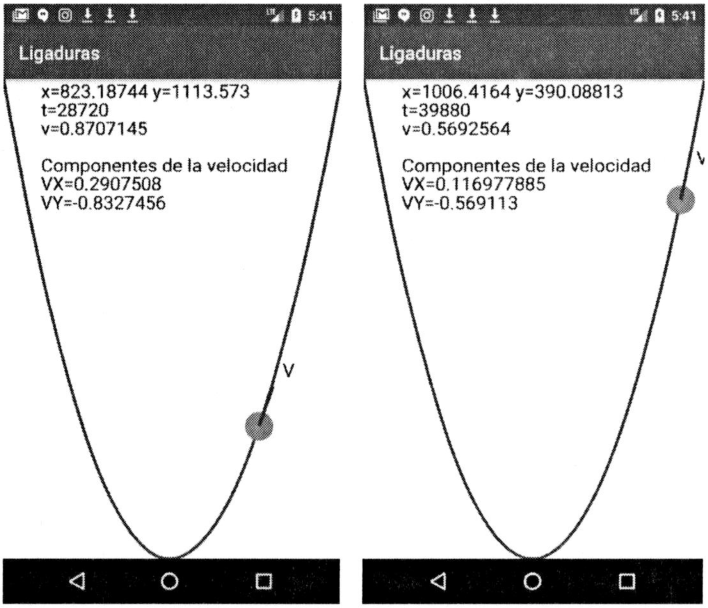

18.4 La partícula en un campo gravitatorio con una ligadura parabólica, en su trayectoria ascendente.

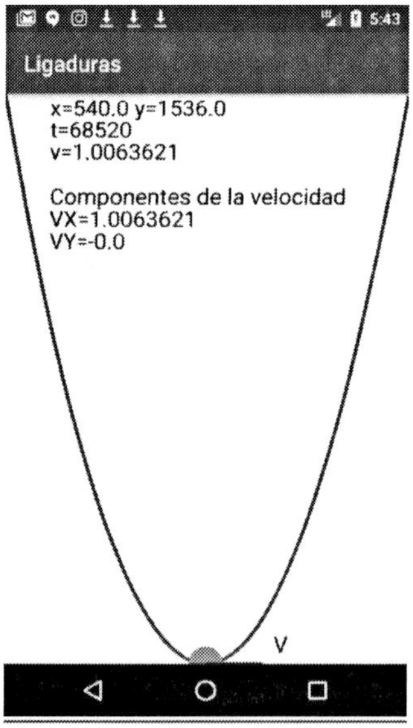

Figura 18.5 La partícula que cae cerca del mínimo de potencial.

APÉNDICE A

ELEMENTOS DE JAVA

Este apéndice contiene una introducción al lenguaje Java necesario para seguir los ejemplos de este libro. Esta introducción a Java es específica para Android. No trataremos los programas Java independientes ni los applets. Por tanto, todos los ejemplos podrán ejecutarse como aplicaciones Android en un emulador o en un teléfono o tablet. Esta aproximación a Java es algo inusual. Existe una idea establecida de que el lenguaje Java debe aprenderse *antes* que Android y, de hecho, todos los libros de Android (excepto este) presuponen que el lector conoce Java. Aunque la lógica de *primero se empieza a andar y luego a correr* es correcta, lo que es desacertado en el presente caso es asociar Android con *correr*. Aunque las aplicaciones profesionales de Android son programas de gran complejidad, esto no impide que se puedan escribir programas sencillos que puedan comprenderse y que permitan aprender el lenguaje. Al aprender Android y Java al mismo tiempo, se evita tener que asimilar conceptos de Java que Android no soporta, por ejemplo, los gráficos y los applets.

A.1 Programa básico de Java con Android

Utilizaremos el Android Studio para crear un nuevo proyecto de Android llamado *EjemploJava1*. Un proyecto de Android contiene un programa de Java y otros datos en una serie de ficheros, que son utilizados por el programa o por el sistema. Un programa de Java es una colección de clases, contenidas en uno o varios ficheros *file1.java, file2.java, etc.* En Android estos ficheros Java se almacenan en el directorio src de nuestro proyecto actual. Al crear un nuevo proyecto de Android, eligiendo una actividad vacía, se crea la actividad que por defecto se llama *MainActivity*. En nuestro caso la actividad se llamará *EjemploJava1*. La actividad se almacena en el fichero *EjemploJava1.java*, que se encuentra en el directorio src. Al hacer doble clic sobre este fichero en el explorador de archivos, se abre en el editor de Android Studio y nos encontramos con el programa Java más simple posible:

```
package es.ugr.amaro.ejemplojava1;

import android.support.v7.app.AppCompatActivity;
import android.os.Bundle;

public class EjemploJava1 extends AppCompatActivity {

    /** Called when the activity is first created. */
    @Override
    protected void onCreate(Bundle savedInstanceState) {
        super.onCreate(savedInstanceState);
        setContentView(R.layout.activity_main);
    }
}
```

Este es el modelo que utilizaremos como punto de partida en todos nuestros programas Java. Examinemos su estructura.

El programa contiene una serie de instrucciones o sentencias. En Java cada instrucción o sentencia debe terminar con un punto y coma. Se pueden escribir varias instrucciones en una línea o una instrucción en varia líneas. Los espacios en blanco son ignorados.

La primera línea `package es.ugr.amaro.ejemplojava1;` indica que esta clase pertenece al paquete `es.ugr.amaro`. Cada punto en el nombre de un paquete indica un subdirectorio, por lo que nuestro programa Java está contenido en el directorio `src/es/ugr/amaro/ejemplojava1`.

Las dos líneas siguientes precedidas por `import` indican que este programa utiliza dos clases predefinidas en dos paquetes del sistema Android:

```
import android.support.v7.app.AppCompatActivity;
import android.os.Bundle;
```

En este caso, el programa importa la clase `AppCompatActivity`, del paquete `android.app`, y la clase `Bundle` del paquete `android.os`. Android contiene numerosos paquetes con miles de clases. En el editor de Android Studio, cuando escribimos el nombre de una clase, esta se importa automáticamente, o bien, si hay ambigüedad en dos clases con el mismo nombre de distintos paquetes, se nos permite elegir qué clase hay que importar.

Nuestro programa contiene una clase llamada `EjemploJava1`, cuya definición abarca el bloque de código comprendido entre la llave inicial y la final:

```
public class EjemploJava1 extends AppCompatActivity {
...
}
```

Nótese que la definición de la clase no termina con punto y coma. Esto es debido a que no se trata de una sentencia o instrucción ejecutable, sino de un tipo de definición. El atributo `public` indica que la clase es pública y puede ser utilizada externamente. La declaración de la clase finaliza con `extends AppCompatActivity`. Esto significa que nuestra clase es una subclase de la clase `AppCompatActivity`, definida en el paquete `android.support.v7.app`, y que hereda todas sus propiedades, además de las que nosotros le queramos añadir. Por tanto, nuestra clase `EjemploJava1` es una extensión o una generalización de la clase `AppCompatActivity`. Se dice que `AppCompatActivity` es una superclase de `EjemploJava1`.

La siguente línea

```
/** Called when the activity is first created. */
```

es un comentario. Los comentarios pueden abarcar varias líneas y se delimitan por las parejas de caracteres:

```
/**  ...  */
```

o también:

```
/*          */
```

Las dobles barras indican un comentario desde su inicio hasta el final de la linea.

Dentro de la definición de la clase `MainActivity` encontramos la declaración de un método de la clase llamado `onCreate`.

```
@Override
public void onCreate(Bundle savedInstanceState) {

}
```

Este método es una función con un parámetro llamado `savedInstanceState` de tipo `Bundle`. La declaración comienza con la clave `@Override`, lo que indica que se está redefiniendo o sobrescribiendo el método `onCreate` de la superclase. El tipo de acceso del método es `public`, o público, y se puede acceder externamente desde otro programa. El método es de tipo `void` porque esta función no devuelve ningún resultado.

Finalmente, entre dos llaves, tenemos la definición del método, que consiste en dos instrucciones:

```
super.onCreate(savedInstanceState);
setContentView(R.layout.activity_main);
```

En la pimera, el prefijo `super` indica ejecutar un método de la superclase `AppCompatActivity`. Por tanto, la instrucción

```
super.onCreate(savedInstanceState)
```

ejecuta el método `onCreate()` de `AppCompatActivity`, aplicado sobre el argumento `savedInstanceState`. La última instrucción ejecuta el método `setContentView()` tomando como argumento la variable `R.layout.`***`activity_main`***, que es una referencia al fichero *activity_main.xml,* que contiene el layout por defecto de la interfaz de usuario que vemos en la pantalla.

Esta es la estructura básica de una actividad o programa de Android, que puede considerarse un molde, o template, para todos los programas que escribiremos a continuación.

Para los ejemplos de este apéndice usaremos siempre el siguiente fichero *res/layout/main.xml*:

```
<?xml version="1.0" encoding="utf-8"?>
<LinearLayout
xmlns:android="http://schemas.android.com/apk/res/android"
    android:background="#ffffff"
    android:orientation="vertical"
    android:layout_width="fill_parent"
    android:layout_height="fill_parent"
    >
<TextView
    android:textColor="#000000"
    android:textSize="21sp"
    android:layout_width="fill_parent"
    android:layout_height="wrap_content"
    android:text="Hola Android"
    android:id="@+id/textView"
    />
</LinearLayout>
```

El anterior layout define un campo de texto, llamado "TextView", que nos permite escribir en la pantalla. A continuación, modificaremos el programa básico para escribir texto en la pantalla, como en el siguiente ejemplo.

```
package es.ugr.amaro.ejemplojava1;

import android.support.v7.app.AppCompatActivity;
import android.os.Bundle;
import android.widget.TextView;

public class MainActivity extends AppCompatActivity {
```

```
    @Override
    public void onCreate(Bundle savedInstanceState) {
        super.onCreate(savedInstanceState);
        setContentView(R.layout.main);

       TextView textView=
                (TextView) findViewById(R.id.textView);
       textView.setText(
                "El programa más básico de Java con Android "
            +"escribe un texto en la pantalla con setText.");
       textView.append(
                " Así se añade más texto con append.");
       textView.append("\nAsí se escribe una segunda línea.");
}
}
```

Aquí se define una variable `TextView` que se refiere al campo de texto y permite modificarlo con `setText()` y añadir más texto con `append()`. El resultado se ve en la figura A.1.

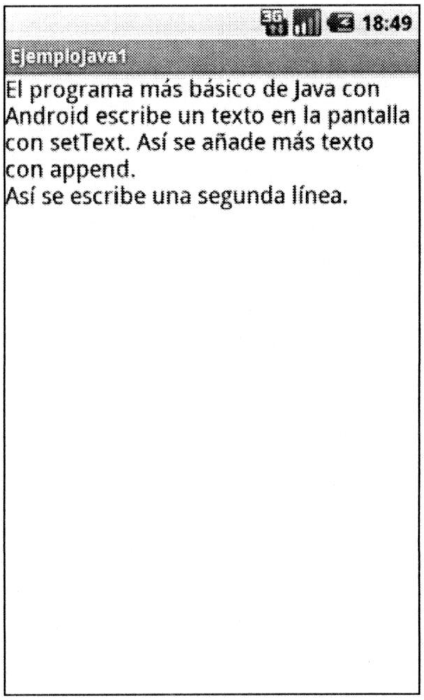

Figura A.1 Programa básico para escribir texto.

A.2 Variables

Las variables almacenan datos, que pueden ser datos primitivos (números en distintas representaciones) o referencias a objetos (que son conjuntos de datos). Los tipos de datos primitivos son: `int, float, double, char, boolean, long, short y byte`. Los más importantes pueden almacenar:

- `int`: un número entero entre `-2,147,483,648` y `-2,147,483,647`.
- `float`: un número con decimales entre `3.4e-38` y `3.4e+38`.
- `double`: un número en doble precisión entre `1.7e-308` y `1.7e+308`.
- `char`: un carácter UNICODE.
- `boolean`: una variable lógica que vale `true` o `false`.

Otros tipos de variables importantes son

- `String`: es una clase para almacenar cadenas de caracteres.
- `void`: se usa para describir un método que no devuelve ningún valor.

Las variables deben declararse e inicializarse en cualquier punto del programa. Modifiquemos, por ejemplo, el programa anterior para declarar e inicializar algunas variables, que escribiremos en pantalla.

```
public class EjemploJava1 extends AppCompatActivity {
    /** Called when the activity is first created. */
    @Override
    public void onCreate(Bundle savedInstanceState) {
        super.onCreate(savedInstanceState);
        setContentView(R.layout.main);
        TextView tv=(TextView) findViewById(R.id.textView);
        tv.setText(
            "Declaración e inicialización de variables ");
        // declaración e inicialización de variables
        int i;
        i=123;
        float x,y=1;
        x=0.5123f;
        double a= 123, b=3.1416e-10;
        char caracter='a';
        boolean esFalso=true;
        String cadena="Esto es una cadena";

        // escribe los valores de las variables
```

```
        tv.append("\n i="+i);
        tv.append("\n x="+x+",y="+y);
        tv.append("\n a="+a+",b="+b);
        tv.append("\n caracter="+caracter);
        tv.append("\n esFalso="+esFalso);
        tv.append("\n cadena="+cadena);

    }
}
```

El resultado de este programa se ve en la figura A.2. Vemos que pueden declararse varias variables del mismo tipo en la misma sentencia separándolas con comas. Los valores de las variables float deben tener el sufijo "f".

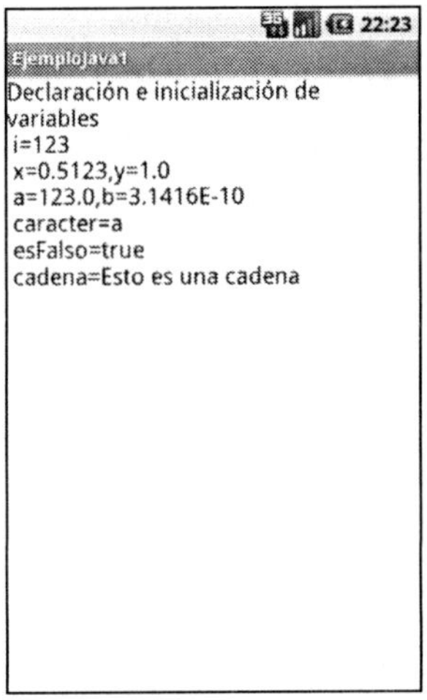

Figura A.2 Declaración e inicialización de variables.

A.3 Conversión de variables

Las valores de las variables se pueden convertir de un tipo a otro. Si la conversión se hace a un tipo más amplio, por ejemplo de `int` a `float`, la conversión se realiza implícitamente. Si, por el contrario, la conversión se realiza a un tipo más restringido, necesitaremos indicarlo explícitamente con una conversión o cast, indicando el nuevo tipo entre paréntesis, pues se puede perder información. Por ejemplo:

```
float a = 1.5f;
int i = (int) a;
```

En el siguiente ejemplo convertimos un valor de int a float a double y viceversa;

```
public class EjemploJava1 extends AppCompatActivity {
    /** Called when the activity is first created. */
    @Override
    public void onCreate(Bundle savedInstanceState) {
        super.onCreate(savedInstanceState);
        setContentView(R.layout.main);
        TextView tv=(TextView) findViewById(R.id.textView);
        tv.setText(
            "Conversión de variables ");
        // conversion de int a float a double
        int i=125;
        float x=i;
        double d=x;
        tv.append("\n\n Conversion de int a float a double");
        tv.append("\n i="+i);
        tv.append("\n x="+x);
        tv.append("\n d="+d);
        // conversion de double a float a int
        d=0.0123456789e3;
        x=(float) d;
        i=(int) x;
        tv.append("\n\n Conversion de double a float a int");
        tv.append("\n d="+d);
        tv.append("\n x="+x);
        tv.append("\n i="+i);
        }
}
```

El resultado de la conversión se ve en la figura A.3.

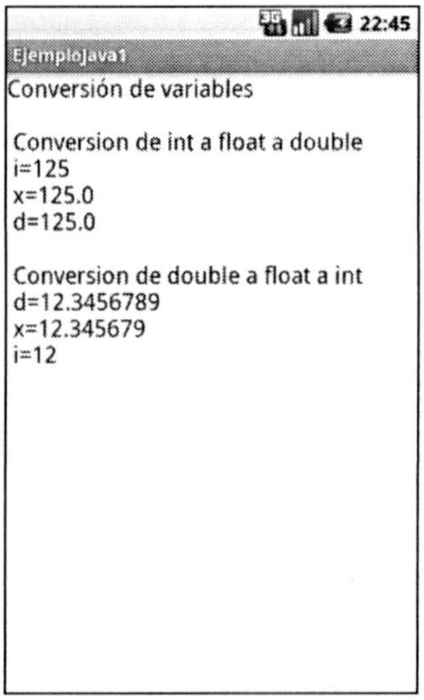

Figura A.3 Conversión de variables.

A.4 Operaciones con variables

Con las variables numéricas se pueden realizar las operaciones aritméticas de suma, resta, multiplicación y división (+,-,*,/). También está definido el resto tras una división (%) y el incremento y decremento en una unidad (++, --). A continuación, tenemos un ejemplo de utilización de estos operadores algebraicos. El resultado se ve en la figura A.4. Los operadores se pueden combinar para realizar operaciones más complejas. Hay que tener cuidado de incluir los paréntesis necesarios, si no estamos seguros de la preferencia en que se realizan las operaciones. Por ejemplo, la multiplicación se realiza antes que la suma, así que x+y*z=x+(y*z). Se pueden sumar variables de distinto tipo y el resultado es una variable del tipo más amplio. Por ejemplo, la suma de un entero y un float es un float. Si queremos que el resultado de una operación se convierta a un tipo más restringido, debemos preceder la expresión con el nuevo tipo entre paréntesis, poniendo también entre paréntesis, si es necesario, la expresión que se está convirtiendo. Por ejemplo, i=(int)(x+y) no es lo mismo que i=(int)x+y. En este último caso, x se convierte a entero antes de sumar. Ante la duda, siempre es preferible escribir los paréntesis.

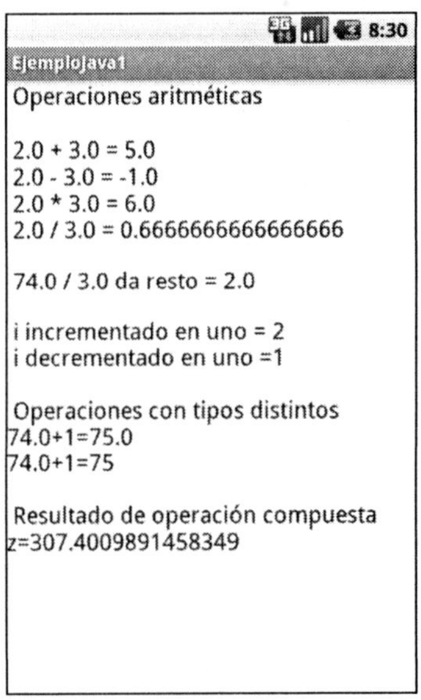

Figura A.4 Operaciones algebraicas con variables.

```
public class EjemploJava1 extends AppCompatActivity {
    @Override
    public void onCreate(Bundle savedInstanceState) {
        super.onCreate(savedInstanceState);
        setContentView(R.layout.main);
        TextView tv=(TextView) findViewById(R.id.textView);
```

```
        tv.setText(" Operaciones aritméticas\n");

        int i=1,j;
        double x=2,y=3,z;
        // suma
        z=x+y;
        tv.append("\n "+x+" + "+y+" = "+z);
        // resta
        z=x-y;
        tv.append("\n "+x+" - "+y+" = "+z);
        // multiplicacion
        z=x * y;
        tv.append("\n "+x+" * "+y+" = "+z);
        // division
        z=x / y;
        tv.append("\n "+x+" / "+y+" = "+z);
        // resto
        x= 74;
        z = x % y;
        tv.append("\n\n "+x+" / "+y+" da resto = "+z);
        // incremento
        i++;
        tv.append("\n\n i incrementado en uno = "+i);
        i--;
        tv.append("\n i decrementado en uno ="+i);

        // suma de tipos distintos

        tv.append("\n\n Operaciones con tipos distintos");
        z= x+i;
        j= (int) x+i;
        tv.append("\n"+x+"+"+i+"="+z);
        tv.append("\n"+x+"+"+i+"="+j);

        // operaciones más complejas
        z= (x*(y+j)/(x*x+1)-1/y)*(i-x)/y;
        z = z*z;
        tv.append(
            "\n\n Resultado de operación compuesta z="+z);

        }
}
```

A.5 Funciones matemáticas

Las funciones matemáticas están definidas como métodos de la clase `Math` en el paquete `java.lang`. Este paquete es importado automáticamente. En el siguiente ejemplo utilizamos algunas de las funciones más usuales y el resultado se ve en la figura A.5.

Figura A.5 Funciones matemáticas en Java.

```
public class EjemploJava1 extends AppCompatActivity {
    @Override
    public void onCreate(Bundle savedInstanceState) {
        super.onCreate(savedInstanceState);
        setContentView(R.layout.main);
        TextView tv=(TextView) findViewById(R.id.textView);

        double x,y,z;
        x=Math.PI;
        tv.setText("x = PI = "+x);
        y=-1;
        tv.append("\n y = "+y);
        tv.append("\n Valor absoluto de y ="+Math.abs(y));
        z=Math.sqrt(x);
        tv.append("\n Raiz cuadr. de x="+z);
        z=Math.log(x);
        tv.append("\n Logaritmo de x ="+z);
        z=Math.exp(x);
        tv.append("\n Exponencial(x) ="+z);
        z=Math.pow(x,3);
        tv.append("\n x al cubo ="+z);
```

```
        z=Math.cos(x);
        tv.append("\n coseno de x= "+z);
        z=Math.sin(x);
        tv.append("\n seno de x= "+z);
        z=Math.tan(x);
        tv.append("\n Tangente(x)= "+z);
        z=Math.acos(y);
        tv.append("\n Arcocoseno(y)= "+z);
        z=Math.asin(y);
        tv.append("\n Arcoseno(y)= "+z);
        z=Math.atan(y);
        tv.append("\n Arcotangente(y)= "+z);
        z=Math.max(x,y);
        tv.append("\n Maximo de x e y ="+z);
        z=Math.IEEEremainder(x, y);
        tv.append("\n El resto de x entre y es= "+z);
        z=Math.toDegrees(x);
        tv.append("\n Expresado en grados x= "+z);
        z=Math.toRadians(y);
        tv.append("\n Expresado en radianes y="+z);

    }
}
```

Otros métodos de interés son:

- `random()`: devuelve un número aleatorio entre 0 y 1;
- los métodos de redondeo hacia arriba `ceil()`, hacia abajo `floor()`, que proporcionan números `double` con cifras decimales nulas;
- `round()`: redondea un `float` y lo transforma en el `int` más próximo, o redondea un `double` y lo transforma en `long`.

El siguiente ejemplo hace uso de estos métodos. El resultado se ve en la figura A.6.

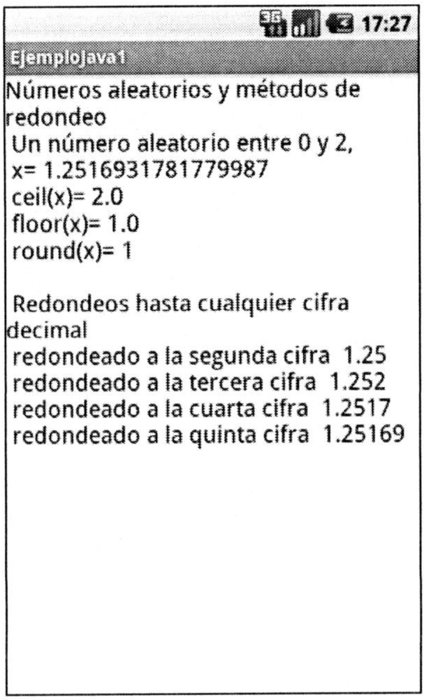

Figura A.6 Números aleatorios y métodos de redondeo.

```
public class EjemploJava1 extends AppCompatActivity {
    @Override
    public void onCreate(Bundle savedInstanceState) {
        super.onCreate(savedInstanceState);
        setContentView(R.layout.main);
        TextView tv=(TextView) findViewById(R.id.textView);

        tv.setText(
                 "Números aleatorios y métodos de redondeo");
        double x,y;
        int i;
        x=2*Math.random();
        tv.append(
            "\n Un número aleatorio entre 0 y 2, \n x= "+x);

        y=Math.ceil(x);
        tv.append("\n ceil(x)= "+y);
        y=Math.floor(x);
        tv.append("\n floor(x)= "+y);
        i=(int) Math.round(x);
        tv.append("\n round(x)= "+i);

        tv.append(
           "\n\n Redondeos hasta cualquier cifra decimal");
```

```
            y=Math.round(x*1.e2)/1.e2;
            tv.append("\n redondeado a la segunda cifra  "+y);
            y=Math.round(x*1.e3)/1.e3;
            tv.append("\n redondeado a la tercera cifra  "+y);
            y=Math.round(x*1.e4)/1.e4;
            tv.append("\n redondeado a la cuarta cifra  "+y);
            y=Math.round(x*1.e5)/1.e5;
            tv.append("\n redondeado a la quinta cifra  "+y);
        }
}
```

A.6 Bloque if-else

Un bloque es una serie de instrucciones entre los caracteres abrir y cerrar llave

```
{ ... }
```

En Java un bloque se procesa como si se tratara de una sola instrucción o sentencia. Las variables declaradas dentro de un bloque no están definidas fuera de él.

Los bloques if-else permiten ejecutar instrucciones dependiendo de la relación entre los valores de ciertas variables. Esta relación se establece mediante el uso de los operadores de comparación, que son: igual, distinto, mayor, menor, mayor o igual, menor o igual:

```
==, !=, >, <, >=, <=
```

También se pueden utilizar variables booleanas, que darán true o false si cierta relación se verifica, por ejemplo:

```
float x = 1, y = 2 ;
boolean condicion = x < y;
```

Los operadores lógicos entre variables booleanas son: AND, denotado en java

```
& , &&
```

y OR

```
| , ||
```

Por ejemplo:

```
boolean condicion1,condicion2,condicion3,condicion4;
condicion3 = condicion1 & condicion2;
```

```
condicion4 = condicion1 | condicion2;
```

La diferencia entre los operadores simples (&) o dobles (&&) es que el simple evalúa ambas condiciones, mientras que el doble evalúa la primera y, si es falsa, no evalúa la segunda.

En el siguiente ejemplo demostramos el uso del bloque if-else y el uso de variables `boolean`. El resultado se ve en la figura A.7.

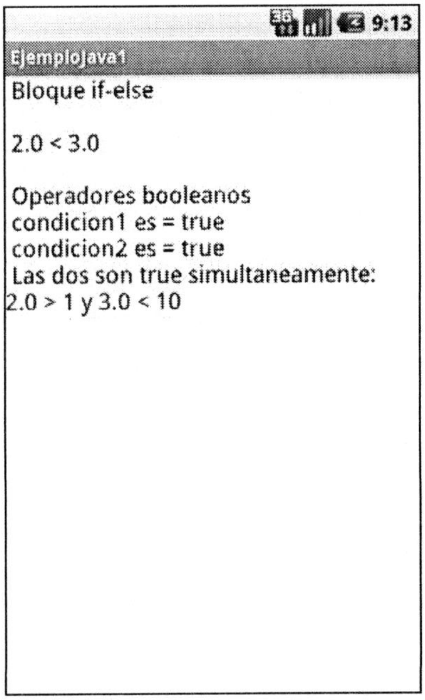

Figura A.7 Bloques if-else y uso de variables booleanas.

```
public class EjemploJava1 extends AppCompatActivity {
    @Override
    public void onCreate(Bundle savedInstanceState) {
        super.onCreate(savedInstanceState);
        setContentView(R.layout.main);
        TextView tv=(TextView) findViewById(R.id.textView);

        tv.setText(" Bloque if-else \n");

        double x=2,y=3;

        if(x==y){
         tv.append("\n "+x+" = "+y);
        } else if(x>y){
         tv.append("\n "+x+" > "+y);
```

```
        } else {
         tv.append("\n "+x+" < "+y);
        }
        tv.append("\n\n Operadores booleanos");

        boolean condicion1= x>1;
        boolean condicion2 = y<5;
        tv.append("\n condicion1 es = "+condicion1);
        tv.append("\n condicion2 es = "+condicion2);
        if(condicion1 & condicion2){
         tv.append("\n Las dos son true simultaneamente: " +
              "\n"+x+" > 1 y "+y+" < 10");
        } else{
         tv.append("\n Una de las dos es falsa");
        }

        }
}
```

A.7 Bucles for

El bucle for permite repetir una instrucción, normalmente utilizando un índice que se incrementa en cada paso. La instrucción a repetir puede ser una única sentencia o un bloque delimitado por llaves. Su estructura es la siguiente:

```
for ( inicializacion ; condicion ; incremento )
{
 // bloque de sentencias
 sentencia1;
 sentencia2;
 ...
}
```

El argumento de for, entre paréntesis, consta de tres sentencias separadas por un punto y coma. En la primera se inicializa una o varias variables. La segunda es una condición o expresión booleana. Si la condición se verifica, se ejecutará el bloque que viene a continuación. Finalmente, se incrementa la variable. Se repite el proceso hasta que la condición deje de verificarse. Las variables declaradas dentro del bucle no están definidas fuera de él.

En el siguiente ejemplo usamos un bucle for para generar una tabla de valores de la función seno entre 0 y 1 (figura A.8). Si intentamos escribir el valor de la variable `i` después del bucle, el compilador de Java genera un error: variable no definida.

```
public class EjemploJava1 extends AppCompatActivity {
    @Override
    public void onCreate(Bundle savedInstanceState) {
```

```
        super.onCreate(savedInstanceState);
        setContentView(R.layout.main);
        TextView tv=(TextView) findViewById(R.id.textView);

        tv.setText("Bucle for");
        double x=10,y = 0;
        for(int i=0; i<10; i++){
         y=Math.sin(i/x);
         tv.append("\n "+i+", sin(i/x)= "+y);
        }
        tv.append(
             "\n Fin del bucle for, i no está definida");
        tv.append("\n y= "+y);

    }
}
```

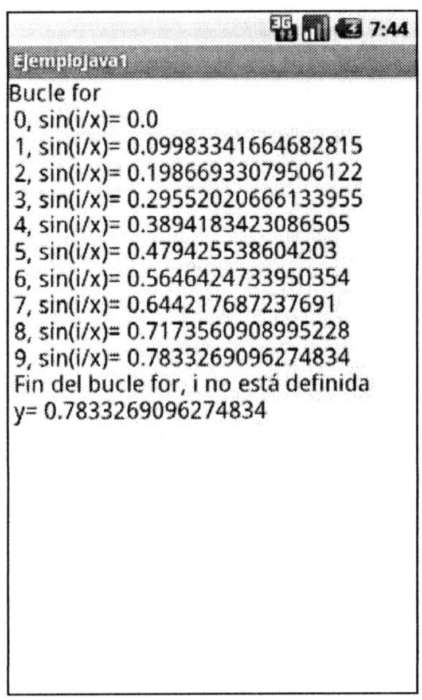

Figura A.8 Bucle for.

A.8 Bucle while

El bucle while es similar al bucle for, pero solo requiere como argumento una condición o variable booleana. El bucle se ejecuta repetidamente hasta que la condición sea falsa.

```
while( boolean )
{
 // bloque de sentencias
 sentencia1;
 sentencia2;
 ...
}
```

En el siguiente ejemplo generamos una tabla de 10 números aleatorios usando un bucle while con una variable que se va incrementando hasta que toma el valor 10 y el bucle finaliza (figura A.9).

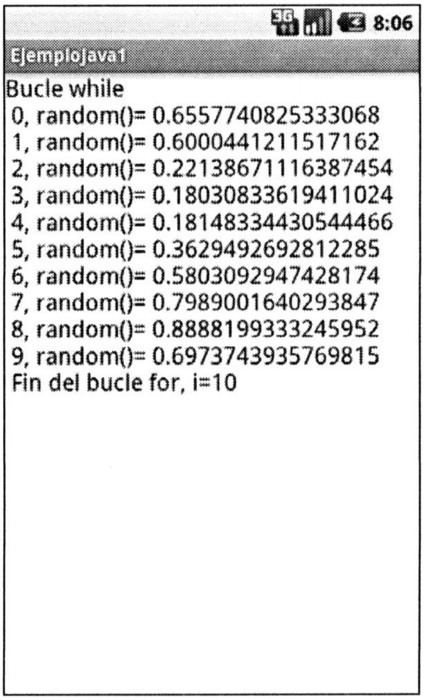

Figura A.9 Bucle while.

```
public class EjemploJava1 extends AppCompatActivity {
    @Override
    public void onCreate(Bundle savedInstanceState) {
        super.onCreate(savedInstanceState);
        setContentView(R.layout.main);
        TextView tv=(TextView) findViewById(R.id.textView);

        tv.setText("Bucle while");
        int i=0;
        while(i<10){
         // variable no definida fuera del bucle
         double y=Math.random();
```

```
            tv.append("\n "+i+", random()= "+y);
            i++;
            }
           tv.append("\n Fin del bucle for, i="+i);

        }
}
```

Para un mayor control del desarrollo de un bucle, pueden utilizarse, además, las siguientes sentencias:

- `break`. Finaliza el bucle.
- `continue`. Vuelve al comienzo del bucle.

Por ejemplo, en el siguiente programa utilizamos `break` y `continue` para controlar la terminación de un bucle, saltándonos el quinto paso (figura A.10).

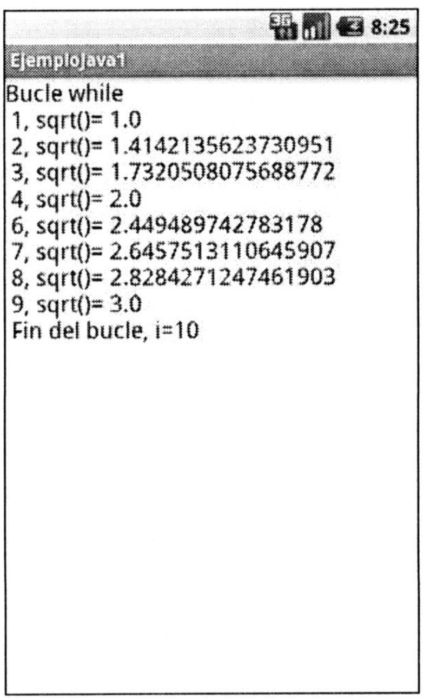

Figura A.10 Bucle while usando break y continue.

```
public class EjemploJava1 extends AppCompatActivity {
    @Override
    public void onCreate(Bundle savedInstanceState) {
        super.onCreate(savedInstanceState);
        setContentView(R.layout.main);
        TextView tv=(TextView) findViewById(R.id.textView);
```

```
        tv.setText("Bucle while");
        int i=0;
        while(true){
         i++;
         // salta al principio del bucle
         if(i==5) continue;
         // finaliza el bucle
         if(i==10) break;
         double y=Math.sqrt(i);
         tv.append("\n "+i+", sqrt()= "+y);
         }
        tv.append("\n Fin del bucle, i="+i);

    }
}
```

A.9 Bloques switch

El bloque switch es una alternativa al bloque if-else si queremos realizar una acción en función del valor de una variable, comparándola con una serie de casos. Después de cada caso hay que utilizar `break` para finalizar el bloque, porque todo lo que viene a continuación se ejecuta siempre sin realizar las comparaciones. He aquí un ejemplo de uso de switch dentro de un bucle for, cuyo resultado se ve en la figura A.11.

```
public class EjemploJava1 extends AppCompatActivity {

    @Override
    public void onCreate(Bundle savedInstanceState) {
        super.onCreate(savedInstanceState);
        setContentView(R.layout.main);
        TextView tv=(TextView) findViewById(R.id.textView);
        tv.setText("Bucle switch");
        for(int i=0;i<20;i++){

         switch(i){
         case 5:{
            tv.append("\n pasa por 5");
            break; }
         case 10: {
            tv.append("\n tambien pasa por 10");
            break; }
         case 15:{
            tv.append("\n toma el valor 15");
            break; }
```

```
            default:
               tv.append("\n i= "+i);
                }   // fin del bloque switch

            }  // fin del bloque for
      }
  }
```

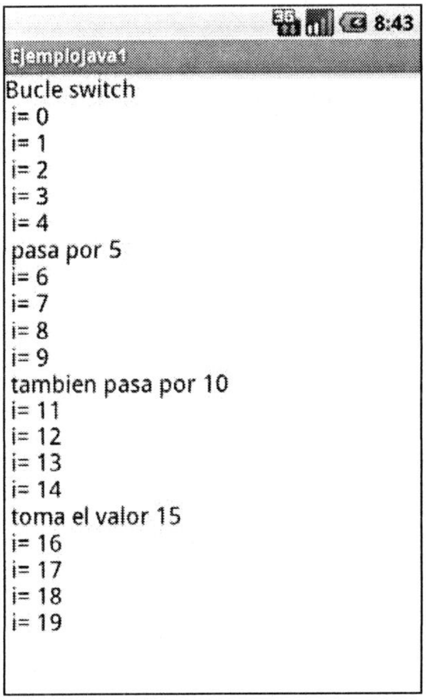

Figura A.11 Bloque switch dentro de un bucle for.

A.10 Métodos

Un método es un bloque de sentencias que se puede ejecutar repetidas veces invocando su nombre. Los métodos pueden tener cero, uno o varios parámetros y devolver o no un resultado de cierto tipo. Los métodos son el análogo de las funciones o subrutinas de otros lenguajes. La declaración de un método tiene la siguiente estructura:

```
acceso  resultado nombre (lista de parámetros) {
// Bloque del método
....
return valor;  // si no es void
}
```

- `acceso`: indica si el método se puede ejecutar desde otra clase distinta, y puede ser `public`, `private`, `protected`, o el tipo por defecto, si no se indica nada.

- `resultado`: debe ser un tipo de dato primitivo, `int`, `float`, `double`, etc., o el nombre de una clase o `void`, si el método no devuelve ningún resultado.

- `nombre`: es el nombre del método.

- La lista de parámetros, indicando tipo y nombre, separados por comas.

En el siguiente ejemplo definimos un método para calcular el factorial de un número *(n!)*. Este método lo incluimos como método de la clase `EjemploJava1` después del método `onCreate`, en el que hemos estado programando hasta ahora. El método `factorial` es llamado repetidas veces en un bucle desde el método onCreate. Distintos métodos de una clase pueden llamarse entre sí. El resultado es una tabla con el factorial de los primeros 20 números (figura A.12).

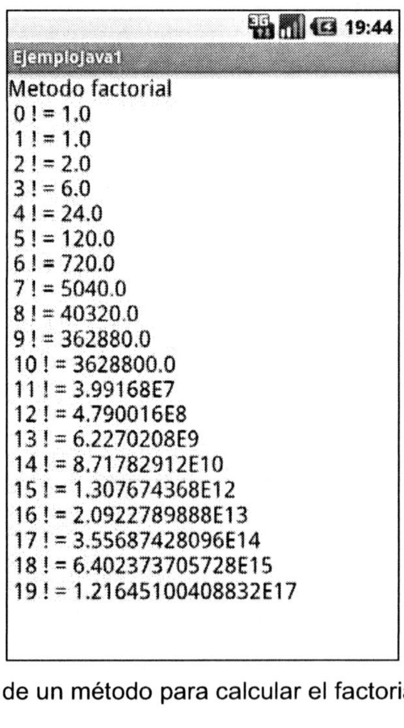

Figura A.12 Uso de un método para calcular el factorial de un número.

```
public class EjemploJava1 extends AppCompatActivity {

    @Override
    public void onCreate(Bundle savedInstanceState) {
```

```
        super.onCreate(savedInstanceState);
        setContentView(R.layout.main);
        TextView tv=(TextView) findViewById(R.id.textView);
        tv.setText("Metodo factorial");
        for(int i=0;i<20;i++){
         tv.append("\n "+i+" ! = "+factorial(i));
        }
    }

    // metodo para calcular el factorial de un numero
    double factorial(int n){
      double fac=1;
      if (n==0)return fac;
      for (int i=1;i<=n;i++)fac=fac*i;
      return fac;
    }

}
```

En el siguiente ejemplo definimos un método `void` para imprimir un número, que no devuelve ningún resultado. Tiene dos argumentos: un número float y un objeto TextView, el campo de texto donde estamos escribiendo. El resultado de imprimir varios números en un bucle se ve en la figura A.13.

```
public class EjemploJava1 extends AppCompatActivity {

    @Override
    public void onCreate(Bundle savedInstanceState) {
        super.onCreate(savedInstanceState);
        setContentView(R.layout.main);
        TextView tv=(TextView) findViewById(R.id.textView);
        tv.setText("Metodo void para imprimir");
        for(int i=0;i<20;i++){
         float x=i*i;
         print(x,tv);
        }
    }

    // metodo para escribir un numero en un campo de texto
    void print(float x, TextView tv){
      tv.append("\n Metodo print "+x);
    }

}
```

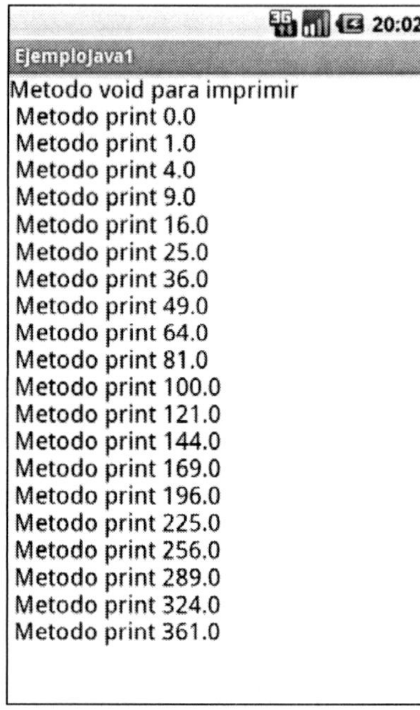

Figura A.13 Un método void para imprimir un número.

Un ejemplo de un método que no requiere ningún argumento es la función para generar números aleatorios `Math.random()`.

A.11 Clases y objetos

Un objeto es un conjunto de datos de distintos tipos que se referencian con una única variable. Los objetos no solo contienen datos sino que también realizan acciones. Cada objeto pertenece a una clase y debe declararse como tal anteponiendo el nombre de la clase al nombre de la variable mediante la sentencia

```
NombreDeLaClase variable;
```

Una clase es un bloque de código que contiene toda la información sobre los tipos de datos que contienen sus objetos, sobre cómo construirlos, y sobre aquellos métodos para operar sobre sus datos o para realizar acciones concretas. Una clase contiene variables de clase y métodos. Todos los métodos de una clase tienen acceso a las variables de clase y pueden modificarlas, a no ser que las variables se declaren `final`. La estructura de una clase es la siguiente:

```
acceso class Nombre {

// variables de la clase
variable1;
```

```
variable2;
//otras variables
...

//metodos de la clase

metodo1 (parametros) {
....
}

metodo2 (parametros){
...
}

// otros metodos
...

}
```

El identificador de acceso de una clase solo puede ser `public` o ninguno. Todas las sentencias de un programa Java, excepto `package` e `import`, deben estar contenidas dentro de una clase. Las clases utilizadas en un programa Java pueden ser definidas por el programador, o ser de un paquete de las librerías de Java. Existe el convenio de que el nombre de una clase empiece siempre por mayúscula.

Un programa Java es una colección de clases en uno o varios ficheros. Un fichero puede contener varias clases, pero solo una puede ser `public`. El nombre del fichero debe coincidir con el de la única clase `public` que contiene.

En el siguiente ejemplo definimos una clase `Dato` del tipo más simple, que contiene únicamente datos: un entero, un float y un double. En la clase principal EjemploJava1 creamos un objeto de tipo `Dato` usando `new Dato()` y asignamos valores a sus variables o campos de clase. Para acceder a estas variables usamos el nombre del objeto, seguido de un punto y el nombre de la variable. La salida del programa se ve en la figura A.14. La clase `Dato` se ha incluido al final del fichero principal, pero podría igualmente incluirse sola en un archivo Dato.java en el mismo directorio, declarándola `public`.

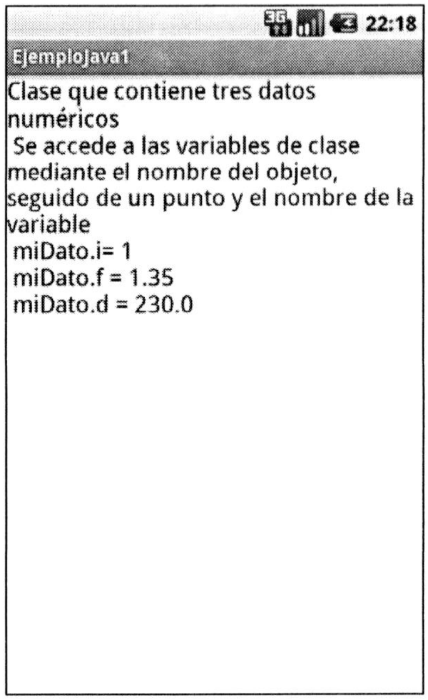

Figura A.14 Uso de una clase para albergar datos.

```
public class EjemploJava1 extends AppCompatActivity {

    @Override
    public void onCreate(Bundle savedInstanceState) {
        super.onCreate(savedInstanceState);
        setContentView(R.layout.main);
        TextView tv=(TextView) findViewById(R.id.textView);
        tv.setText(
                "Clase que contiene tres datos numéricos");
        tv.append("\n Se accede a las variables de clase " +
            "mediante el nombre del objeto, seguido de un " +
            "punto y el nombre de la variable");

        // declaracion de objeto Dato
        Dato miDato;
        // creación de objeto Dato;
        miDato=new Dato();
        // asignación de valores para el objeto Dato
        miDato.i=1;
        miDato.f=1.35f;
        miDato.d=2.3e2;

        tv.append("\n miDato.i= "+miDato.i);
        tv.append("\n miDato.f = "+miDato.f);
```

```
        tv.append("\n miDato.d = "+miDato.d);

    }
}

class Dato {
   int i;
   float f;
   double d;
}
```

Entre los programadores de Java, se aconseja que las variables de clase se declaren privadas mediante `private` y que no puedan ser modificadas, ni siquiera visibles, fuera de la clase. Esto significa que el acceso a la variable de clase mediante `objeto.variable` no es posible y dará un error de compilación. Para extraer y modificar las variables se usan exclusivamente métodos, lo que permite controlar sus posibles valores. Para inicializar las variables se usa también un método constructor con el mismo nombre que la clase, que se ejecuta al crear un nuevo objeto. El constructor debe ser `void`. Puede haber varios constructores con distintos argumentos y se ejecutará el que corresponda.

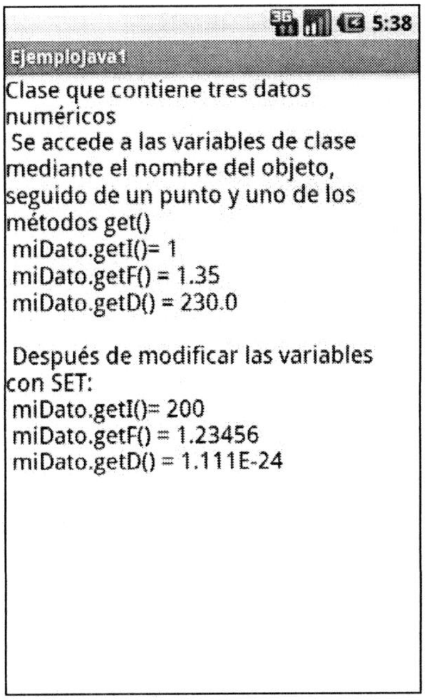

Figura A.15 Uso de una clase para albergar datos, con variables de clase privadas.

A continuación, modificamos el ejemplo anterior ocultando los campos de clase y usando métodos. El constructor Dato() permite inicializar los objetos al crearlos (figura A.15).

```
public class EjemploJava1 extends AppCompatActivity {

    @Override
    public void onCreate(Bundle savedInstanceState) {
        super.onCreate(savedInstanceState);
        setContentView(R.layout.main);
        TextView tv=(TextView) findViewById(R.id.textView);
        tv.setText(
                "Clase que contiene tres datos numéricos");
        tv.append("\n Se accede a las variables de clase " +
           "mediante el nombre del objeto, seguido de un " +
           "punto y uno de los métodos get()");

        // declaracion de objeto Dato
        Dato miDato;
        // creación de objeto Dato;
        miDato=new Dato(1,1.35f,2.3e2);

        tv.append("\n miDato.getI()= "+miDato.getI());
        tv.append("\n miDato.getF() = "+miDato.getF());
        tv.append("\n miDato.getD() = "+miDato.getD());

        miDato.setI(200);
        miDato.setF(1.23456f);
        miDato.setD(0.1111e-23);

        tv.append(
         "\n\n Después de modificar las variables con SET:");
        tv.append("\n miDato.getI()= "+miDato.getI());
        tv.append("\n miDato.getF() = "+miDato.getF());
        tv.append("\n miDato.getD() = "+miDato.getD());

    }
}

class Dato {
   private int i;
   private float f;
   private double d;

   // metodo constructor de la clase
   Dato(int ivar, float fvar, double dvar){
      i=ivar;
      f=fvar;
      d=dvar;
   }
   // metodos SET para modificar las variables
```

```
    void setI(int ivar){
        i=ivar;
    }
    void setF(float fvar){
        f=fvar;
    }
    void setD(double dvar){
        d=dvar;
    }
    // metodos GET para extraer las variables
    int getI(){
        return i;
    }
    float getF(){
        return f;
    }
    double getD(){
        return d;
    }
}
```

En el siguiente ejemplo creamos una clase de números complejos llamada `Complejo`, que se ha añadido al final del fichero. Esta clase contiene dos variables `(a,b)` que almacenarán la parte real e imaginaria, respectivamente. La clase contiene cuatro métodos. Uno con el mismo nombre de la clase, Complejo, que se llama constructor de la clase y se ejecuta al crear un objeto de la clase, donde se inicializan las variables. Los otros tres métodos extraen la parte real, la imaginaria y el módulo del número complejo representado por un objeto. En este ejemplo creamos dos números complejos y escribimos su parte real y su parte imaginaria. El resultado se ve en la figura A.16.

```
public class EjemploJava1 extends AppCompatActivity {

    @Override
    public void onCreate(Bundle savedInstanceState) {
        super.onCreate(savedInstanceState);
        setContentView(R.layout.main);
        TextView tv=(TextView) findViewById(R.id.textView);
        tv.setText("Clase de números Complejos");

        Complejo c1,c2,c3;
        c1=new Complejo(1,1);
        c2=new Complejo(2,3);

        // partes real e imaginaria usando métodos
        tv.append("\n\n c1="+c1.real()+"+i"+c1.imag());
        tv.append("\n c2="+c2.real()+"+i"+c2.imag());
```

```
        // partes real e imaginaria usando variables de clase
        tv.append("\n\n c1="+c1.a+"+i"+c1.b);
        tv.append("\n c2="+c2.a+"+i"+c2.b);

        tv.append("\n\n modulo de c1 = "+c1.modulo());
        tv.append("\n modulo de c2 = "+c2.modulo());

    }
}

class Complejo {
   double a,b;

   Complejo(double x,double y){
      a=x;
      b=y;
   }

   double real(){
      return a;
   }

   double imag(){
      return b;
   }

   double modulo(){
      return Math.sqrt(a*a+b*b);
   }

}
```

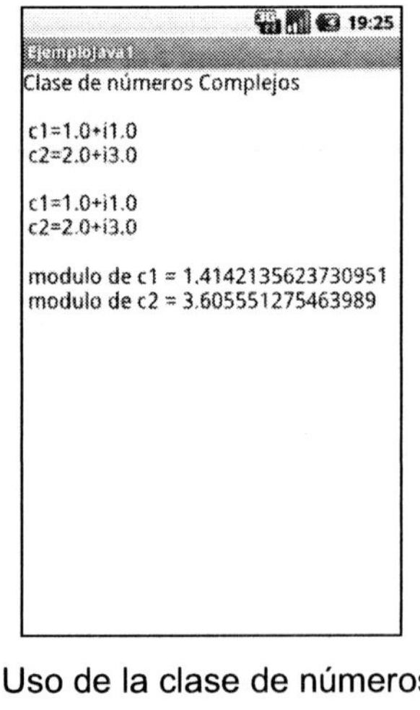

Figura A.16 Uso de la clase de números complejos.

La instrucción para crear el número complejo `2+3i` usando esta clase es

```
Complejo c = new Complejo(2,3);
```

En el ejemplo vemos que podemos acceder a las variables o a los métodos de un objeto utilizando el nombre del objeto seguido de un punto y el nombre de la variable, o el nombre del método. Por ejemplo, la parte real del número anterior se puede extraer de estas dos formas:

```
double r;
r=c.real();
r=c.a;
```

A.12 Subclases

En Java se puede definir una subclase, que hereda las variables y métodos de la clase original, llamada su superclase. La subclase puede contener variables y métodos nuevos, o puede redefinir o sobrescribir los métodos de su superclase. Para declarar una subclase se usa la estructura

```
class Subclase extends Superclase{

}
```

Esta estructura de subclase es ya familiar para nosotros, puesto que la hemos encontrado en todos los ejemplos anteriores, al definir la clase `EjemploJava1` como una subclase de la clase `Activity`. También hemos visto que en todos los ejemplos se define el método `onCreate()`, precedido por la etiqueta `@Override`. Esto indica que estamos redefiniendo el método, sobrescribiéndolo con el mismo nombre de la superclase `Activity`.

En el siguiente ejemplo definimos una subclase `Complejo2` de la clase `Complejo` del ejemplo anterior. Esta subclase define nuevos métodos para sumar, multiplicar e invertir números complejos. Las variables y métodos de la superclase están definidos y se pueden invocar dentro de la nueva clase usando el prefijo `this`. La clase y la superclase están aquí en el mismo fichero, pero podrían haberse puesto en ficheros Java distintos, con el mismo nombre que la clase correspondiente.

```
public class EjemploJava1 extends AppCompatActivity {

    @Override
    public void onCreate(Bundle savedInstanceState) {
        super.onCreate(savedInstanceState);
        setContentView(R.layout.main);
        TextView tv=(TextView) findViewById(R.id.textView);
```

```
        tv.setText("Ejemplo de una subclase");
        tv.append(
          "\n La clase Complejo2 extiende la clase Complejo"+
           " definiendo métodos para la suma y producto " +
           " de números complejos");


        Complejo2 c1,c2,c3,c1Inv,c2Inv;
        c1= new Complejo2(1,1);
        c2= new Complejo2(2,3);
        tv.append("\n c1="+c1.real()+" + i"+c1.imag());
        tv.append("\n c2="+c2.real()+" + i"+c2.imag());
        // suma c1+c2
        c3=c1.sum(c2);
        tv.append("\n suma ="+c3.real()+" + i"+c3.imag());
        // producto c1*c2
        c3=c1.prod(c2);
        tv.append(
              "\n producto ="+c3.real()+" + i"+c3.imag());
        // inverso 1/c1
        c1Inv=c1.inv();
        tv.append(
         "\n 1/c1 ="+c1Inv.real()+" + i("+c1Inv.imag()+")");
        // inverso 1/c2
        c2Inv=c2.inv();
        tv.append(
         "\n 1/c2 ="+c2Inv.real()+" + i("+c2Inv.imag()+")");
        // producto c1*1/c1
        c3=c1.prod(c1Inv);
        tv.append("\n c1/c1 ="+c3.real()+" + i"+c3.imag());
        // producto c2*1/c2
        c3=c2.prod(c2Inv);
        tv.append("\n c2/c2 ="+c3.real()+" + i"+c3.imag());

    }
}

class Complejo2 extends Complejo{

   Complejo2(double x,double y){
      super(x,y);
   }

   Complejo2 sum(Complejo2 c){
      double cReal=this.real()+c.real();
      double cImag=this.imag()+c.imag();
      Complejo2 result= new Complejo2(cReal,cImag);
      return result;
```

```
    }
    Complejo2 prod(Complejo2 c){
        double cReal=this.real()*c.real()-this.imag()*c.imag();
        double cImag=this.real()*c.imag()+this.imag()*c.real();
        Complejo2 result= new Complejo2(cReal,cImag);
        return result;
    }

    Complejo2 inv(){
        double modulo=this.modulo();
        double cReal=this.real()/(modulo*modulo);
        double cImag=-this.imag()/(modulo*modulo);
        Complejo2 result= new Complejo2(cReal,cImag);
        return result;
    }
}

class Complejo {
    double a,b;

    Complejo(double x,double y){
        a=x;
        b=y;
    }

    double real(){
        return a;
    }

    double imag(){
        return b;
    }

    double modulo(){
        return Math.sqrt(a*a+b*b);
    }

}
```

El resultado se muestra en la figura A.17. En este ejemplo vemos que el constructor de la subclase consiste en la línea `super(x,y)`, lo que indica que se ejecute el constructor de la superclase `Complejo(x,y)`. La variable `super` hace siempre referencia a la superclase de la clase actual. La misma fórmula se emplea al definir el método onCreate(), cuya primera línea es `super.onCreate()`, para ejecutar el método onCreate() de la superclase Activity.

Obsérvese que en los tres métodos de `Complejo2` se usa la variable especial `this` para indicar el nombre del objeto asociado a la clase actual. Así, `this.real()` sería la parte real del presente objeto.

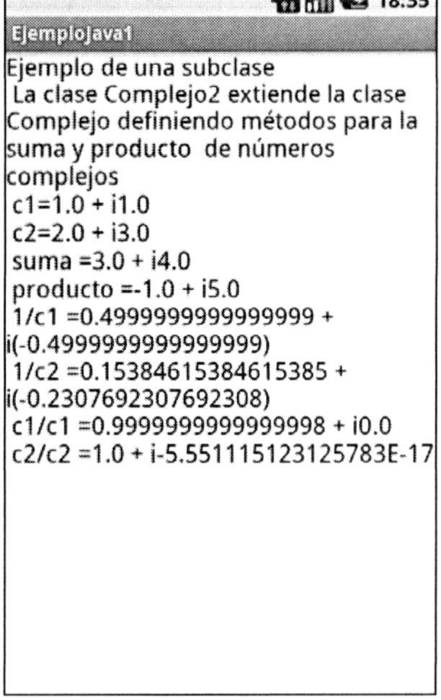

Figura A.17 Uso de una subclase de números complejos.

A.13 Variables y métodos estáticos y finales

Una clase puede contener variables estáticas, que deben ser declaradas como variables de clase mediante

```
static variable;
```

No se pueden definir dentro de un método. Estas variables pertenecen a la clase y no requieren un objeto de la clase para ser utilizadas, aunque un objeto puede modificarlas. Para acceder a una variable estática se antepone el nombre de la clase a su nombre: `Clase.variable`. Por ejemplo, la variable `Math.PI` de la clase de funciones matemáticas es estática.

Una clase puede contener también métodos estáticos, que no requieren un objeto de la clase para ser utilizados. Se emplean de la misma forma que las variables estáticas. Por ejemplo, los métodos de la clase de funciones matemáticas `Math`, como `Math.log()`, son estáticos.

Las variables finales son constantes que se inicializan cuando se declaran y no se pueden modificar. Se suelen escribir con mayúsculas. Por ejemplo:

```
final double PI=3.1416;
```

Una variable final también puede declararse estática:

```
static final PI=3.1416;
```

La variable `Math.PI` es estática y final.

Un método también puede declararse final. Se prohibe entonces que el método pueda ser modificado por una subclase. En cierto modo, el método es constante, como las variables finales.

En el siguiente ejemplo definimos una clase con tres variables y un método estáticos. Dos de las variables son `final` y no pueden modificarse, pero la variable `aa` es incrementada cada vez que se construye un objeto. Esta variable vale inicialmente cero (inicializada al compilar) y puede ser referenciada antes de que exista ningún objeto de la clase. Al crear un nuevo objeto, con `new Aa()`, la variable se incrementa en una unidad, y puede utilizarse para contar el número de objetos de la clase que se han creado.

```
public class EjemploJava1 extends AppCompatActivity {

    @Override
    public void onCreate(Bundle savedInstanceState) {
        super.onCreate(savedInstanceState);
        setContentView(R.layout.main);
        TextView tv=(TextView) findViewById(R.id.textView);
        tv.setText("Variables y métodos final y/o  static");

        tv.append("\n static aa="+Abc.aa);
        tv.append("\n static final BB="+Abc.BB);
        tv.append("\n static final CC="+Abc.CC);
        double x=1.5;
        tv.append("\n Funcion static f(x)="+Abc.f(x));

        for (int i=1;i<10;i++){
        Abc v1=new Abc();
        v1.write(tv);
        }
        tv.append("\n Fuera del bucle:");
        Abc v2=new Abc();
        v2.write(tv);
        Abc v3=v2;
        v3.write(tv);
```

```
    }
}

class Abc{
   static int aa=0;
   static final int BB=555;
   static final int CC=777;

   Abc(){
      aa++;
   }

   void write(TextView tv){
      tv.append("\n Variable static aa="+aa);
   }

   static double f(double x){
      return BB+CC*x;
   }
}
```

La salida de este programa se ve en la figura A.18. Obsérvese que el valor de la variable estatica `aa` se incrementa cada vez que se crea un objeto nuevo en el bucle, pero no al asignar la última variable `v3`, puesto que no se crea ningún objeto nuevo, solo se asigna una referencia a un objeto que ya existe.

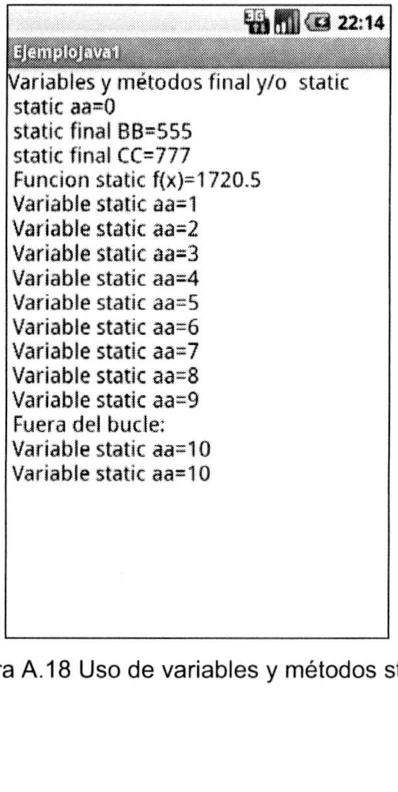

Figura A.18 Uso de variables y métodos static.

A.14 Arrays

Los arrays consisten en grupos de variables que se referencian con uno o varios índices enteros. El tamaño del array, es decir, el número de objetos que contiene, debe especificarse al crearlo. Un array es, a su vez, un objeto de una clase especial y debe crearse con la orden `new`, seguida de la clase a la que pertenencen los objetos del array, especificando su longitud entre corchetes. Por ejemplo, para declarar un array que contenga 3 números enteros usamos

```
int [] a;
a = new int[3];
```

Equivalentemente, se puede declarar un array escribiendo los corchetes tras el nombre de la variable. Por ejemplo:

```
int a[];
```

El array anterior contiene tres variables enteras denotadas `a[0]`, `a[1]`, `a[2]`. Los contenidos del array se denotan poniendo entre corchetes una variable entera, que cuenta el número de orden de cada elemento, `a[i]`. Pero hay que tener siempre en cuenta que se empieza a contar en cero. Es decir, el primer elemento de un array es el número cero, y si el array tiene dimensión n, su último elemento es el n-1. Un array es un objeto y `length` es la variable de clase donde se almacena su longitud. Por tanto, la longitud del array anterior se puede obtener mediante `a.length`.

Los contenidos de un array se inicializan automáticamente a cero si son numéricos. También podemos inicializar un array igualándolo a un bloque de valores separados por comas, como

```
int[] a = {1,2,3,4,5};
```

En el siguiente ejemplo, ilustramos el uso de los arrays en un programa Java. Definimos un array entero, un array double, y una función cuyo argumento es un array. El resultado se ve en la figura A.19.

```
public class EjemploJava1 extends AppCompatActivity {

    @Override
    public void onCreate(Bundle savedInstanceState) {
        super.onCreate(savedInstanceState);
        setContentView(R.layout.main);
        TextView tv= (TextView) findViewById(R.id.textView);
        tv.setText("Ejemplos de arrays");

        // definicion de un array de longitud 3
        int[] miArray;
```

```
        miArray=new int[3];
        // obtención de la longitud del array
        int longitud=miArray.length;
        tv.append("\n Longitud del array= "+longitud);

        // escribimos los valores iniciales del array (cero)
        for (int i=0;i<3;i++){
         tv.append("\n i="+i+", miArray[i]="+miArray[i]);
         miArray[i]=1+i*i;
         tv.append("\n Valor después ="+miArray[i]);
         }

        // inicializacion de un array
        double[] miArray2={0,1,2,3};
        tv.append("\n miArray2=");
        for (int i=0;i<miArray2.length;i++){
         tv.append(" "+i+" , ");
         }
        double total=suma(miArray2);
        tv.append("\n suma="+total);

    }

    // suma los elementos de un array
    double suma(double[] a){
      double s=0;
      int nsumandos=a.length;
      for(int i=0;i<nsumandos;i++){
         s= s+a[i];
      }
      return s;
    }

}
```

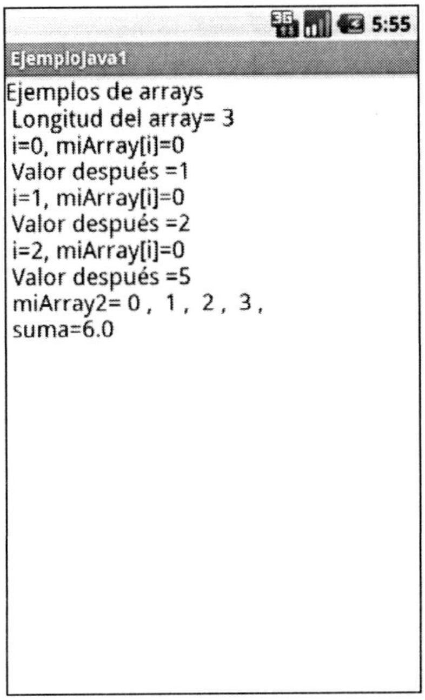

Figura A.19 Uso de arrays.

A.15 Arrays 2D

Un array de dos dimensiones (2D) es un array de arrays. Se especifica con dos índices entre corchetes. El primero indica la fila y el segundo la columna. Por ejemplo, un array de enteros con dos filas y tres columnas se declara de la siguiente forma:

```
int[][] a;
a= new int[2][3];
```

y sus elementos son variables enteras denotadas `a[i][j]`, donde i = 0,1 y j = 0,1,2.

También se puede definir cada fila separadamente como un array de una dimensión. Por ejemplo, en las siguientes líneas primero declaramos un array 2D que tiene dos filas. A continuación, se declara que cada fila es, a su vez, un array con tres elementos:

```
int[][] a = new int[2][];
a[0]=new int[3];
a[1]=new int[3];
```

Esto permite construir arrays con un número de columnas variable. Por ejemplo, la primera fila podría contener dos elementos y la segunda cuatro, de la siguiente forma:

```
int[][] a = new int[2][];
a[0]=new int[2];
a[1]=new int[4];
```

El siguiente programa Android es una demostración del uso de arrays 2D en Java, con un número de columnas fijo y variable. El resultado se puede ver en la figura A.20.

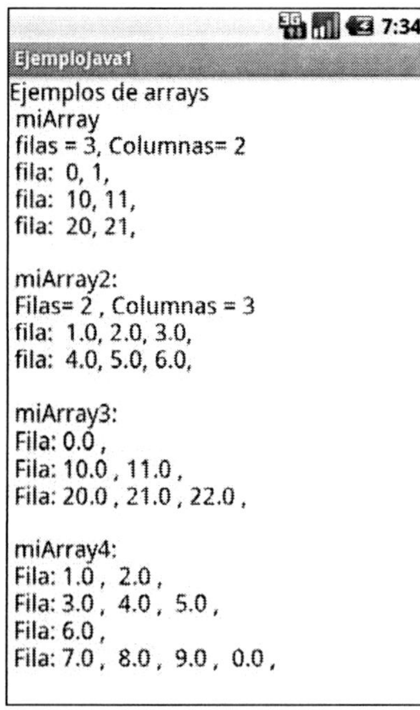

Figura A.20 Uso de arrays 2D.

```
public class EjemploJava1 extends AppCompatActivity {

    @Override
    public void onCreate(Bundle savedInstanceState) {
        super.onCreate(savedInstanceState);
        setContentView(R.layout.main);
        TextView tv= (TextView) findViewById(R.id.textView);
        tv.setText("Ejemplos de arrays");

        // definicion de un array bidimensional
        int[][] miArray;
        miArray=new int[3][2];
```

```
// obtención de la longitud del array
int filas=miArray.length;
int columnas=miArray[0].length;
tv.append("\n miArray \n filas = "+filas);
tv.append(", Columnas= "+columnas);

// inicializamos el array
for (int i=0;i<filas;i++){
 for (int j=0;j<columnas;j++){
   miArray[i][j]=10*i+j;
 }
}

// escribe el contenido del array
for (int i=0;i<filas;i++){
 tv.append("\n fila: ");
 for (int j=0;j<columnas;j++){
   tv.append(" "+miArray[i][j]+",");
 }
}

// definimos e incializamos un array
double miArray2[][]={ {1,2,3}, {4,5,6}};
filas=miArray2.length;
columnas=miArray2[0].length;
tv.append("\n\n miArray2:");
tv.append("\n Filas= "+filas);
tv.append(" , Columnas = "+columnas);

// escribe el contenido del array

for (int i=0;i<filas;i++){
 tv.append("\n fila: ");
 for (int j=0;j<columnas;j++){
   tv.append(" "+miArray2[i][j]+",");
 }
}

// array con columnas variables
double miArray3[][]=new double[3][];

miArray3[0]=new double[1];
miArray3[1]=new double[2];
miArray3[2]=new double[3];

miArray3[0][0]=0;
miArray3[1][0]=10;
miArray3[1][1]=11;
```

```
        miArray3[2][0]=20;
        miArray3[2][1]=21;
        miArray3[2][2]=22;

        tv.append("\n\n miArray3:");
        for (int i=0;i<3;i++){
         tv.append("\n Fila: ");
         for(int j=0;j<=i;j++){
            tv.append(""+miArray3[i][j]+" , ");
         }
        }

        double[][] miArray4={ {1,2},{3,4,5},{6},{7,8,9,0} };
        tv.append("\n\n miArray4: ");
        filas=miArray4.length;
      for (int i=0;i<filas;i++){
         columnas=miArray4[i].length;
         tv.append("\n Fila:");
         for(int j=0;j<columnas;j++){
            tv.append(" "+miArray4[i][j]+" , ");
         }
      }

    }
}
```

A.16 Cadenas

La clase `String` está definida en el paquete `java.lang` y representa cadenas de caracteres. Una cadena o String es un objeto de esta clase. Una String literal es un texto rodeado por comillas dobles. Para crear un objeto `String` se puede usar el constructor de la clase o usar una cadena literal, por ejemplo,

```
String cadena;
cadena = new String(``esto es una cadena'');
cadena = ``esto es una cadena'';
```

Para transformar a `String` una variable numérica, booleana o carácter, se usa el método estático `valueOf()`:

```
double x=1.245;
String cadena= String.valueOf(x);
```

Para concatenar cadenas se usa el operador ``+``.

```
String cadena1= ``esto es``;
String cadena2= ``una cadena``;
String cadena3= cadena1+cadena2;
```

El operador "+" también realiza la conversión a cadenas de otro tipos de datos:

```
double x=1.256;
String cadena1= "x="+x;
```

Este hecho lo hemos utilizado repetidamente en todos los ejemplos anteriores, pues el argumento de `append()` es una `String`.

Java incluye numerosos métodos para manipular cadenas:

- `length()`. La longitud de una cadena `cadena1` se extrae mediante `cadena1.length()`.

- `substring(int ini,int fin)`. Método para extraer una subcadena. Se especifica la posición del primer carácter incluido y del primer carácter no incluido. La posición del primer carácter tiene el índice cero.

- `toUpperCase()` y `toLowerCase()`. Conversión a mayúsculas y a minúsculas.

- `compareTo(String cadena)`. Compara con otra cadena y devuelve un entero negativo si la primera es menor que la segunda, y positivo si ocurre lo contrario. Si son iguales devuelve cero.

- `indexOf(string cadena)`. Devuelve la posición de la primera ocurrencia de una subcadena.

- `replace(char a, char b)`. Reemplaza el primer carácter por el segundo.

- `trim()`. Elimina espacios en blanco al principio y al final.

- `toCharArray()`. Extrae los caracteres de una cadena en un array.

El uso de estos métodos se ilustra en el siguiente programa. La salida se puede ver en la figura A.21.

```
public class EjemploJava1 extends AppCompatActivity {

   TextView tv;
    @Override
    public void onCreate(Bundle savedInstanceState) {
        super.onCreate(savedInstanceState);
```

```
        setContentView(R.layout.main);
        tv= (TextView) findViewById(R.id.textView);

        String cadena1="Cadenas de caracteres";
        tv.setText(cadena1);

        // constructor
        String cadena2=new String("\n Constructor de
cadenas");
        tv.append(cadena2);

        // Concatenacion
        cadena1="\n Concatenacion";
        cadena2=" de cadenas \n";
        String cadena3=cadena1+cadena2;
        tv.append(cadena3);

        // Transformacion a cadena con valueOf()
        double x=3.1416e-3;
        cadena2 = String.valueOf(x);
        tv.append("Transformacion de double a cadena\n");
        tv.append(cadena2);

        // conversion de String a double
        cadena1="3.1416e-3";
        x = Double.parseDouble(cadena1);
        x= x*2;
        tv.append("\n Conversion de string a double\n "+x);

        // conversion de String a int
        cadena1="1234";
        int i= Integer.parseInt(cadena1);
        i=i*2;
        tv.append("\n Conversion de string a int\n "+i);

        // longitud de una cadena
        cadena1="Granada";
        int longitud= cadena1.length();
        tv.append("\n La longitud de Granada es "+longitud);
        longitud="Nueva York".length();
        tv.append(
             "\n La longitud de Nueva York es "+longitud);

        // conversion a mayusculas y minusculas
        cadena1="Conversion a mayusculas";
        cadena1=cadena1.toUpperCase();
        tv.append("\n"+cadena1);
        cadena1="CONVERSION A MINUSCULAS";
```

```
        cadena1=cadena1.toLowerCase();
        tv.append("\n"+cadena1);

        // subcadenas. Indices comienzan en cero
        cadena1="Extrayendo subcadenas";
        // desde el principio hasta el caracter decimo
        cadena2=cadena1.substring(0,10);
        // desde el 11 hasta el final
        cadena3=cadena1.substring(11);
        tv.append("\n"+cadena2);
        tv.append("\n"+cadena3);

        // comparacion de cadenas
        cadena1="Granada";
        cadena2="Albacete";
        i=cadena1.compareTo(cadena2);
        if( i<1){
         tv.append("\n"+cadena1+" antes que "+cadena2);
        }
        else{
         tv.append("\n"+cadena1+" despues que "+cadena2);
        }

        // búsqueda de subcadenas
        cadena1="Granada";
        i=cadena1.indexOf("da");
        tv.append("\n Granada contiene da en la posicion
"+i);

        // reemplazar caracteres
        cadena1="Granada";
        cadena2=cadena1.replace('a','u');
        tv.append(
            "\n Reemplazando las aes por ues: "+cadena2);

        //elimina espacios en blanco
        cadena1=
           "    trim elimina blancos  al inicio y fin      ";
        cadena1=cadena1.trim();
        tv.append("\n*"+cadena1+"*");

        // extraccion de los caracteres
        cadena1="Granada";
        char[] letras=cadena1.toCharArray();
        tv.append("\n Separando los caracteres:\n");
        for (int j=0;j<letras.length;j++){
         tv.append(" + "+letras[j]);
        }
```

```
    }
}
```

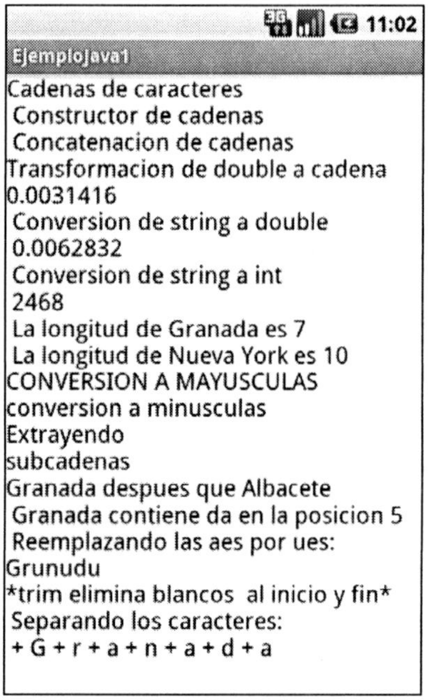

Figura A.21 Manipulación de cadenas.

A.17 Formato numérico

Java posee una completa librería para manipular cadenas. En esta sección introducimos la clase `DecimalFormat` para dar formato a números decimales, transformándolos en cadenas. Esta clase es de utilidad para mostrar números en pantalla con una estructura de cifras determinada, o para escribirlos en un fichero. Para ello, primero se construye un objeto de tipo `DecimalFormat`:

```
DecimalFormat df = new DecimalFormat(patron)
```

donde `patron` es una cadena que indica el número de cifras deseado, o formato. Luego se emplea el método `format()` para transformar un número en una cadena con dicho formato. Por ejemplo:

```
double x=1.2345;
String cadena = df.format(x);
```

El número se redondea hacia arriba. Las principales reglas para especificar el patrón son las siguientes:

- Un punto indica la posición del punto decimal.
- El símbolo `0` indica un dígito o un cero si no hay ningún dígito en esa posición. Por ejemplo, el patrón `"00.000"` indica números con tres decimales y con dos cifras como mínimo a la izquierda del punto decimal, por ejemplo, `12.345, 01.234, 12.340, 123.450.`
- El símbolo `#` indica un dígito. Si no hay ningún dígito en esa posición, no escribe nada. Por ejemplo, el patrón `"##.###"` produce números con el formato `12.345, 1.23, 123.45.`
- El símbolo `E` seguido de ceros se utiliza para notación científica e indica una potencia de 10. Por ejemplo, el patrón `"0.00E00"` produciría los números `1.23E03, 0.12E10, 1.20E-01.`
- Una coma indica agrupación de cifras con un separador, Por ejemplo, el patron `",000"` agrupa por miles, como en `12,000.`
- Con un punto y coma se puede especificar un símbolo alternativo al signo menos de los números negativos, en lugar de un guion.

Por defecto, se utiliza la notación "local", que generalmente consiste en que el punto decimal es una coma y el separador de cifras es un punto. Para modificar el separador es necesario especificar un objeto `DecimalFormatSymbols`, que define los separadores, al definir el formato. Por ejemplo, para que el punto decimal se escriba siempre con un punto:

```
DecimalFormatSymbols symbols= new
DecimalFormatSymbols(Locale.US);
symbols.setDecimalSeparator('.');
df= new DecimalFormat(".###",symbols);
```

El objeto `symbols` lleva los símbolos locales de Estados Unidos, pero hemos modificado su separador decimal con `setDecimalSeparator()`.

En el siguiente programa mostramos varios ejemplos de formato. El resultado se puede ver en la figura A.22.

```
import java.text.DecimalFormat;
import java.text.DecimalFormatSymbols;
import java.util.Locale;

import android.support.v7.app.AppCompatActivity;
import android.os.Bundle;
import android.widget.TextView;

public class EjemploJava1 extends AppCompatActivity {

   TextView tv;
    @Override
    public void onCreate(Bundle savedInstanceState) {
        super.onCreate(savedInstanceState);
```

```
        setContentView(R.layout.main);
        tv= (TextView) findViewById(R.id.textView);
        tv.setText("DecimalFormat");

        double x,y,z;

        x=12345.6789;
        tv.append("\n Sin formato x="+x);
        DecimalFormat df1;

        df1= new DecimalFormat(".#");
        tv.append("\n Una cifra decimal: "+df1.format(x));
        df1= new DecimalFormat(".##");
        tv.append("\n Dos cifras decimales: "+df1.format(x));
        df1= new DecimalFormat(".###");
        tv.append(
              "\n Tres cifras decimales: "+df1.format(x));
        df1= new DecimalFormat(",###.##");
        tv.append("\n Agrupar por miles: "+df1.format(x));

        DecimalFormatSymbols symbols =
                      new DecimalFormatSymbols(Locale.US);
        symbols.setDecimalSeparator('.');
        df1= new DecimalFormat(".###",symbols);
        tv.append("\n\n Punto decimal = ."+df1.format(x));

        y=1.234;
        z=-1.234;
        tv.append(
          "\n\n Rellenar con ceros a derecha e izquierda:");
        tv.append("\n sin formato y="+y);
        tv.append("\n sin formato z="+z);
        // El ; permite definir el simbolo del signo menos
        df1= new DecimalFormat("00.0000;menos",symbols);
        tv.append("\n "+df1.format(y));
        tv.append("\n "+df1.format(z));

        tv.append("\n\n Notación científica");
        df1= new DecimalFormat("0E0",symbols);
        tv.append("\n "+df1.format(y));
        df1= new DecimalFormat("0.0E00",symbols);
        tv.append("\n "+df1.format(y));
        df1= new DecimalFormat("00.00##E00",symbols);
        tv.append("\n "+df1.format(y));
        df1= new DecimalFormat(".00E0",symbols);
        tv.append("\n "+df1.format(y));
    }
}
```

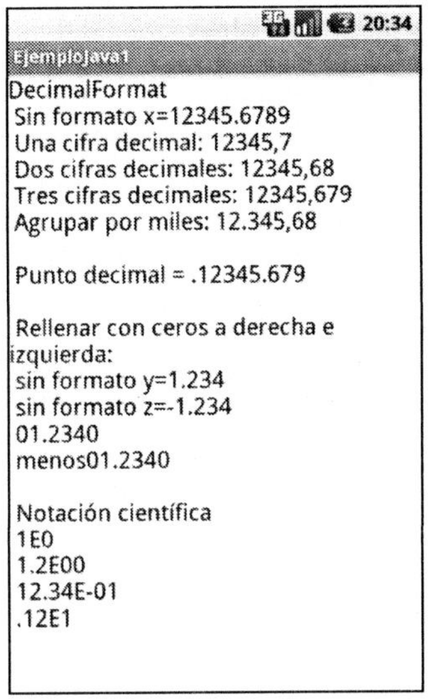

Figura A.22 Uso de la clase DecimalFormat para dar formato a los números.

A.18 Manejo de excepciones

Cuando en la ejecución de un programa se produce un error, esta se detiene. Cada error suele producir un mensaje o excepción, que permite determinar el problema. Con el manejo de excepciones podemos evitar errores y lograr que el programa siga ejecutándose. Para manejar una excepción se usa un bloque try-catch. El código donde se puede producir un error debe estar en el bloque try. Si el error se produce, se lanza una excepción y se ejecuta el código del bloque catch, que es el que recoge la excepcion. Opcionalmente, se puede incluir un bloque finally, que se ejecuta en todo caso, se produzca la excepción o no.

```
try {

// codigo que arroja la excepcion

}
catch (Exception e){

// codigo que recoge la excepcion

}
finally {

// codigo que se ejecuta siempre

}
```

La instrucción `catch` requiere un parámetro `e`, que es un objeto de tipo `Exception` o una de sus subclases, que lleva la información del tipo de error producido. En el siguiente programa demostramos el manejo de excepciones forzando dos errores típicos: intentar acceder a índices de un array que no existen, lo que arroja una excepción del tipo ArrayIndexOutOfBoundException, y acceder a índices de una cadena que tampoco existen, lo que arroja una excepción de tipo StringIndexOutOfBoundException. El tipo de excepción recogido se escribe en pantalla (ver figura A.23).

```
public class EjemploJava1 extends AppCompatActivity {

   TextView tv;
    @Override
    public void onCreate(Bundle savedInstanceState) {
        super.onCreate(savedInstanceState);
        setContentView(R.layout.main);
        tv= (TextView) findViewById(R.id.textView);
        tv.setText("Excepciones\n");

        double[] v =new double[10];
        double x=-1;

        try {
         x=v[10];
        } catch(Exception e){
         tv.append("\n\n Excepcion encontrada: "+e);
         tv.append(
               "\n\n Se ha intentado acceder al indice 10 "
              +"del array v[10]");
        } finally{
         tv.append("\n x="+x);
        }


      String cadena="abcdefg";
        try{
         tv.append("\n"+cadena.substring(15,20));
        } catch(Exception e){
         tv.append("\n\n Excepción encontrada: "+e);
         tv.append("\n\n Se ha intentado acceder " +
              "a la posicion 15 de  "+cadena);
        }


    }
}
```

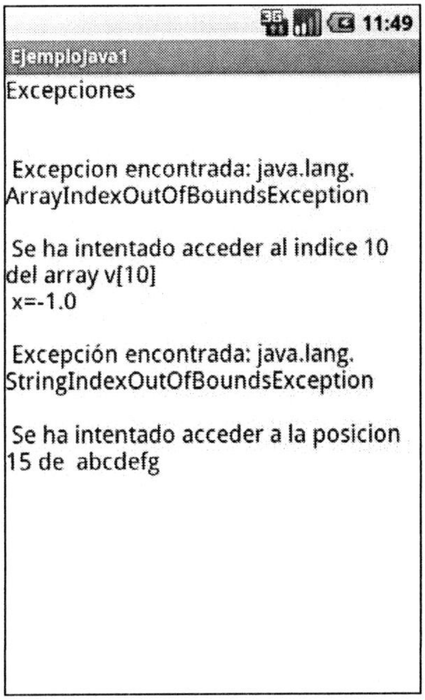

Figura A.23 Uso de bloques try-catch para recoger excepciones.

Finalmente, indicamos que un método puede arrojar una excepción y esta ser declarada mediante la etiqueta `throws`, por ejemplo:

```
public metodo throws Excepcion {
   ...
   throw e;
}
```

En el caso de que se produzca la excepción, el método debe arrojarla mediante la instrucción `throw e`.

A.19 Interfaces

En Java un método no puede ser el argumento de otro método. Por ejemplo, si escribimos un método para calcular el mínimo de una función F(x), el nombre de la función debe conocerse de antemano. Si queremos minimizar varias funciones distintas, esto podría ser un problema. Las interfaces resuelven este problema, definiendo métodos vacíos, que se pueden implementar posteriormente por distintas clases. Así, una clase podría contener la función a minimizar y podríamos pasarle un objeto de esa clase al método minimizador. Una interfaz se define similarmente a una clase, pero sus métodos solo están declarados, es decir, no están implementados. Por lo tanto, las interfaces no son clases, con lo cual no se pueden instanciar objetos de una interfaz, sino de una clase que implemente la interfaz.

Por ejemplo, para definir una interfaz que lleva una función, escribiríamos

```
interface Funcion{
   double f(double x);
}
```

Aquí, la función `f(x)` está declarada, pero no está implementada. Una clase que implementara esta interfaz podría ser la siguiente:

```
class Funcion1 implements Funcion{
      public double f(double x){
        return 1+x+2*x*x;
      }
}
```

Y un método que utilizara la interfaz podría ser:

```
double evalua(double x, Funcion portador){
   double valor=portador.f(x);
   return valor;
}
```

Nótese que aquí el argumento no es un objeto de la clase `Funcion`, sino de una clase que implemente dicha interfaz.

El siguiente ejemplo es un programa completo donde se implementa la interfaz anterior tres veces, con tres funciones distintas, que se evalúan en un punto; el resultado se muestra en la figura A.24.

```
public class EjemploJava1 extends AppCompatActivity {

   TextView tv;

    @Override
    public void onCreate(Bundle savedInstanceState) {
        super.onCreate(savedInstanceState);
        setContentView(R.layout.main);
        tv= (TextView) findViewById(R.id.textView);
        tv.setText("Ejemplo de interfaz " +
            "\n\n Se implementan tres funciones distintas");

        double a=0.5;

        class Funcion1 implements Funcion{
```

```
        public double f(double x){
           return 1+x+2*x*x;
        }
       }

       Funcion1 miF1 = new Funcion1();
       double valor=evalua(a, miF1);
       tv.append("\n\n Valor de miF1 = "+ valor);

       class Funcion2 implements Funcion{
        public double f(double x){
           return 1/(1+2*x*x);
        }
       }

       Funcion2 miF2 = new Funcion2();
       valor=evalua(a, miF2);
       tv.append("\n\n Valor de miF2 = "+ valor);

       class Funcion3 implements Funcion{
        public double f(double x){
           return Math.atan(x);
        }
       }

       Funcion3 miF3 = new Funcion3();
       valor=evalua(a, miF3);
       tv.append("\n\n Valor de miF3 = "+ valor);
   }


    // metodo para evaluar una funcion
    // proporcionada en la interfaz Funcion
   double evalua(double x, Funcion portador){
      double valor=portador.f(x);
      return valor;
   }

}

// interfaz que lleva una funcion
interface Funcion{
   double f(double x);
}
```

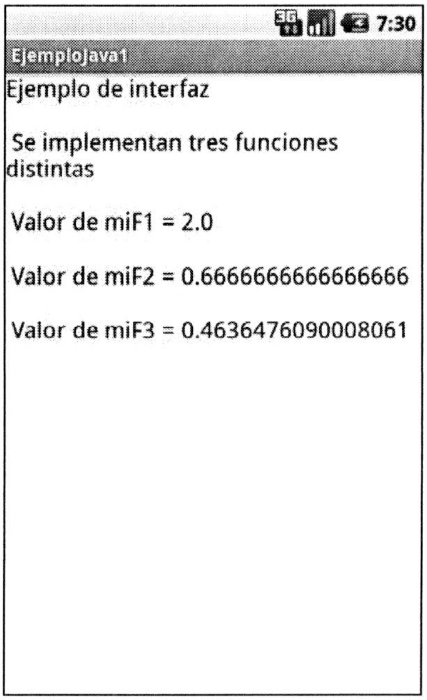

Figura A.24 Uso de una interfaz para evaluar distintas funciones en un método.

Otro ejemplo del uso de interfaces es el siguiente. Trabajando con arrays 2D o matrices encontramos a menudo bloques comunes del tipo

```
for (int i=0;i<miArray.length;i++){
  for(int j=0;j<miArray[i].length;j++){
     // instrucciones
     ...
    }
}
```

El bloque común del doble bucle podría pasarse a un método `recorreArray()`, cuyo argumento serían las instrucciones a realizar. Esto puede hacerse con una interfaz con un método `manipula`, como en el siguiente programa. La interfaz, `Manipulador`, está implementada por dos clases y los objetos de esas clases se pasan al método `recorreArray()` que contiene el bucle. El resultado se ve en la figura A.25.

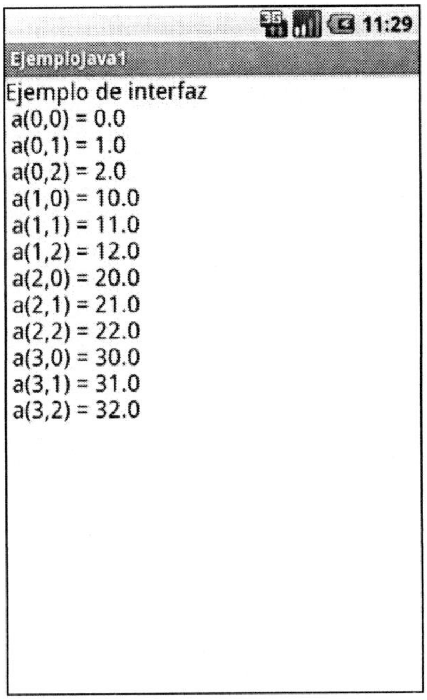

Figura A.25 Uso de una interfaz para manipular matrices.

```
public class EjemploJava1 extends AppCompatActivity {

   TextView tv;

    @Override
    public void onCreate(Bundle savedInstanceState) {
        super.onCreate(savedInstanceState);
        setContentView(R.layout.main);
        tv= (TextView) findViewById(R.id.textView);
        tv.setText("Ejemplo de interfaz");

        // array bidimensional
        double[][] miArray;
        miArray=new double[4][3];

        class Mani1 implements  Manipulador{
         public void manipula(double[][] a,int i, int j){
            a[i][j]=10*i+j;
         }
        }

        Mani1 m1= new Mani1();
        recorreArray(miArray,m1);
```

```
        class Mani2 implements  Manipulador{
         public void manipula(double[][] a,int i, int j){
            tv.append("\n a("+i+","+j+") = "+a[i][j]);
         }
        }

        Mani2 m2= new Mani2();
        recorreArray(miArray,m2);

    }

    // metodo para realizar acciones sobre un array
    // usando la interfaz Manipulador
   void recorreArray(double[][] miArray, Manipulador m){
      for (int i=0;i<miArray.length;i++){
         for(int j=0;j<miArray[i].length;j++){
             m.manipula(miArray,i,j);
              }
           }
        }

}

// interfaz para manipular un array
interface Manipulador{
   void manipula(double[][] a,int i,int j);
}
```

Las clases internas `Mani1` y `Mani2` que implementan la interfaz `Manipulador` son ejemplos de clases locales, que solo son visibles dentro de un bloque de código. En este caso, solo se necesita instanciar un objeto de estas clases, por lo que esta implementación se podría haber hecho utilizando clases anónimas, tratadas en la siguiente sección.

A.20 Clases anónimas

Cuando solo se necesita un objeto de la clase, por ejemplo para implementar una interfaz, no es realmente necesario definir una clase completa. Se puede utilizar una clase anónima, es decir, una clase que no tiene nombre, instanciando directamente un objeto de la clase. Por ejemplo:

```
Interfaz inter= new Interfaz(){
// implementacion
...
};
```

Nótese que aquí no se está creando un objeto de la clase `Interfaz`, porque las interfaces no son clases, sino que se está creando un objeto de una clase anónima que no tiene nombre y que implementa la interfaz.

En el siguiente programa implementamos la interfaz `Funcion` de la sección anterior usando clases anónimas; el resultado es exactamente el mismo que el de la figura A.24.

```
public class EjemploJava1 extends AppCompatActivity {

   TextView tv;
    @Override
    public void onCreate(Bundle savedInstanceState) {
        super.onCreate(savedInstanceState);
        setContentView(R.layout.main);
        tv= (TextView) findViewById(R.id.textView);
        tv.setText("Ejemplo de interfaz " +
           "\n\n Se implementan tres funciones distintas");

        double a=0.5;

        Funcion miF1= new Funcion(){
         public double f(double x){
           return 1+x+2*x*x;
         }
        };

        double valor=evalua(a, miF1);
        tv.append("\n\n Valor de miF1 = "+ valor);

        Funcion miF2 = new Funcion(){
         public double f(double x){
           return 1/(1+2*x*x);
         }
        };

        valor=evalua(a, miF2);
        tv.append("\n\n Valor de miF2 = "+ valor);

        Funcion miF3 = new Funcion(){
         public double f(double x){
           return Math.atan(x);
         }
        };

        valor=evalua(a, miF3);
        tv.append("\n\n Valor de miF3 = "+ valor);
    }
```

```
    // metodo para evaluar una funcion
    // proporcionada en la interfaz Funcion
   double evalua(double x, Funcion portador){
      double valor=portador.f(x);
      return valor;
   }

}

// interfaz que lleva una funcion
interface Funcion{
   double f(double x);
}
```

Como descubrimos al examinar este ejemplo, en realidad tampoco es necesario darle nombre a los objetos `miF1`, `miF2`, `miF3` de la clase anónima que implementa la interfaz `Funcion`, sino que basta con incluir su definición directamente como argumento del método `evalua()`, es decir,

```
double valor=evalua(a, new Funcion(){
     public double f(double x){
        return 1+x+2*x*x;
     }
});
```

Obtenemos, entonces, la siguiente versión equivalente del mismo programa que ilustra las posibilidades que ofrece el lenguaje Java para definir un método, dentro del argumento de otro método.

```
public class EjemploJava1 extends AppCompatActivity {

   TextView tv;
    @Override
    public void onCreate(Bundle savedInstanceState) {
        super.onCreate(savedInstanceState);
        setContentView(R.layout.main);
        tv= (TextView) findViewById(R.id.textView);
        tv.setText("Ejemplo de interfaz " +
           "\n\n Se implementan tres funciones distintas");

        double a=0.5;

        double valor=evalua(a, new Funcion(){
         public double f(double x){
            return 1+x+2*x*x;
         }
        });
```

```
        tv.append("\n\n Valor de miF1 = "+ valor);

        valor=evalua(a, new Funcion(){
         public double f(double x){
            return 1/(1+2*x*x);
         }
        });

        tv.append("\n\n Valor de miF2 = "+ valor);

        valor=evalua(a, new Funcion(){
         public double f(double x){
            return Math.atan(x);
         }
        });

        tv.append("\n\n Valor de miF3 = "+ valor);
    }

    // metodo para evaluar una funcion
    // proporcionada en la interfaz Funcion
   double evalua(double x, Funcion portador){
      double valor=portador.f(x);
      return valor;
   }

}

// interfaz que lleva una funcion
interface Funcion{
   double f(double x);
}
```

Aunque esta notación es compacta y es utilizada por muchos programadores, implementar una interfaz con una clase anónima dentro del argumento de un método puede resultar confuso para el principiante, pues el código resulta más difícil de entender. Solo con la práctica se llega a dominar esta técnica. Para comenzar, se aconseja implementar explícitamente las interfaces con clases no anónimas. La utilidad de la clase anónima surgirá por sí sola.

Para terminar esta discusión, el siguiente ejemplo muestra la versión del programa de la figura A.25 implementado con clases anónimas.

```
public class EjemploJava1 extends AppCompatActivity {

    TextView tv;
```

```
    @Override
    public void onCreate(Bundle savedInstanceState) {
        super.onCreate(savedInstanceState);
        setContentView(R.layout.main);
        tv= (TextView) findViewById(R.id.textView);
        tv.setText("Ejemplo de interfaz");

        // array bidimensional
        double[][] miArray;
        miArray=new double[4][3];

        // Llamada al método con segundo argumento un objeto
        // de una clase anónima implementando una interfaz
        recorreArray(miArray,new Manipulador(){
            public void manipula(double[][] a, int i, int j)
{
                         a[i][j]=10*i+j;
         }
        });


        recorreArray(miArray,new Manipulador(){
         public void manipula(double[][] a,int i, int j){
            tv.append("\n a("+i+","+j+") = "+a[i][j]);
         }
        });

    }

    // metodo para realizar acciones sobre un array
    // usando la interfaz Manipulador
   void recorreArray(double[][] miArray, Manipulador m){
      for (int i=0;i<miArray.length;i++){
         for(int j=0;j<miArray[i].length;j++){
            m.manipula(miArray,i,j);
         }
      }
   }

}

// interfaz para manipular un array
interface Manipulador{
   void manipula(double[][] a,int i,int j);
}
```

A.21 Otras características de Java

A.21.1 Paquetes

En Java las clases se agrupan en paquetes, especificados en la primera línea del fichero:

```
package es.ugr.amaro.ejemplojava1;
```

Esto indica que el fichero *.class*, obtenido al compilar el fichero *.java*, está localizado en el subdirectorio es/ugr/amaro. Todas las clases del mismo paquete están en el mismo directorio. Para evitar problemas, se aconseja utilizar nombres únicos para los paquetes, como un nombre de dominio o de correo electrónico. Para que una clase pueda utilizar otra clase definida en otro paquete, esta se debe especificar con la orden "import" al principio del fichero. Por ejemplo, para usar la clase EjemploJava1 del paquete es.ugr.amaro, escribiríamos

```
import es.ugr.amaro.EjemploJava1;
```

Se pueden importar todas las clase de un paquete escribiendo un asterisco:

```
import es.ugr.amaro.*
```

A.21.2 Clases públicas

Por defecto, las clases son privadas y solo son accesibles a las otras clases de su mismo paquete. Si queremos que una clase sea pública y pueda ser importada por clases en otros paquetes, debemos declararla como public. Por ejemplo:

```
public class EjemploJava1{
...
}
```

A.21.3 Privilegios de acceso de los métodos y variables

Aunque una clase sea pública, sus métodos y variables tienen su propio tipo de acceso, que puede ser de cuatro tipos: `public`, `protected`, `private`, o el tipo por defecto, si no se especifica nada. La diferencia está en el tipo de clases que pueden acceder a ellos.

- `public`: es el tipo menos restrictivo, y permite el acceso a todas las clases. Es decir, si un método es public, puede invocarse desde cualquier clase de cualquier paquete.
- `protected`: no permite el acceso a las clases de otro paquete, a no ser que sean subclases de la clase que contiene el método o variable.
- tipo por defecto: si no se especifica nada, no permite el acceso a las clases de otro paquete. Dicho de otro modo, los métodos no pueden ser ejecutados por clases de otro paquete. Si queremos que lo sean, deben ser declarados públicos.
- `private`: es el tipo más rectictivo. No es accesible ni siquiera a las clases del mismo paquete. Solo lo puede ejecutar la clase que lo contiene.

A.21.4 Clases y métodos abstractos

Una clase abstracta se declara anteponiendo el comando `abstract`. Las clases abstractas son similares a las interfaces, y contienen lo que se denomina métodos abstractos, precedidos también de la palabra `abstract`, que solo están declarados, pero no implementados. Las clases abstractas se diferencian de las interfaces en que también pueden contener métodos concretos, es decir, implementados. No se puede crear un objeto de una clase abstracta, sino solo de una de sus subclases que implemente todos sus métodos abstractos.

APÉNDICE B

HERRAMIENTAS DE DESARROLLO DE ANDROID

Documentaremos aquí algunos detalles técnicos y soluciones de problemas que podremos encontrar al intentar reproducir ciertos ejemplos de este libro. Para todos los ejemplos hemos utilizado Android Studio 3.1, posiblemente con alguna actualización reciente, en un PC con sistema operativo Windows 10.

B.1. Design Support Library

La librería de soporte de diseño fue introducida por Google en 2016 para facilitar la creación de componentes de diseño material (material design). El material design de Google es el estándar de estilos de diseño visual definido por Google. La librería de soporte de diseño incluye elementos como los botones de acción flotantes o las snackbars.

La librería de diseño se incluye automáticamente en los proyectos de Android Studio al crear una actividad básica, que ya incluye muchos de sus elementos, como FloatingActionButton, SnackBar y CoordinatorLayout, que se discuten en el capítulo 5.

Pero, en ocasiones, como por ejemplo si creamos una actividad vacía, es posible que la librería de diseño no esté disponible en nuestro proyecto y Android Studio no podrá importarla en nuestros programas, que no compilarán. Para incluirla hay que pinchar con el botón derecho sobre nuestro proyecto, en la ventana de navegación de la izquierda, y seleccionar "Open Module Settings" (figura B.1). En la siguiente ventana abrimos la pestaña "Dependencies" del módulo app (figura B.2) Si en la lista no se encuentra la librería design, pulsamos sobre el botón "+" en el menú de la derecha y seleccionamos "Library dependency". En la ventana Choose Libary Dependency, buscarmos com.android.support:design y pulsamos "OK" (figura B.3).

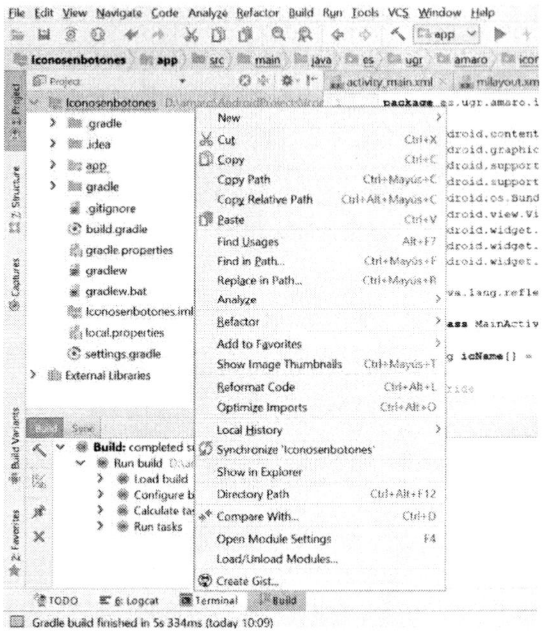

Figura B.1 Cuadro de diálogo de opciones del proyecto. Open Module Settings es la tercera opción empezando por abajo.

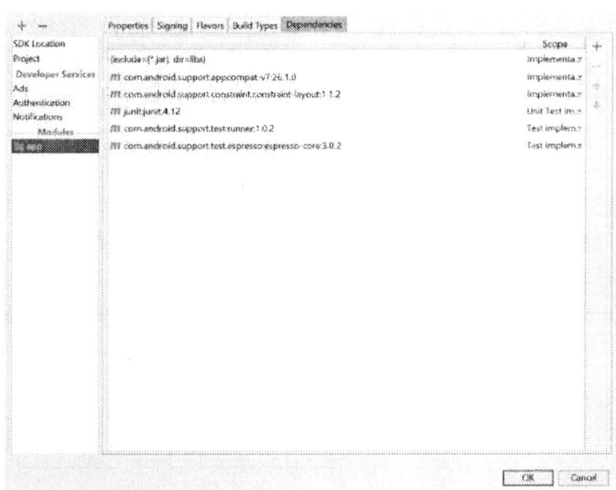

Figura B.2 Dependencias del módulo app.

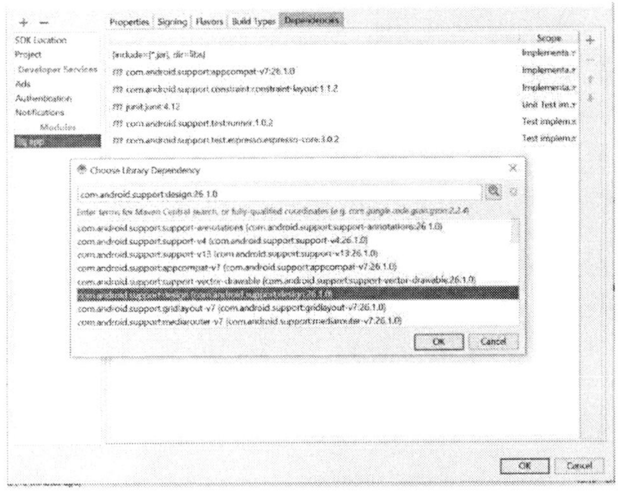

Figura B.3 Selección de dependencias de la librería.

B.2 Exportar e importar proyectos

Android Studio permite exportar un proyecto en un fichero comprimido zip para distribuirlo y que pueda ser abierto y modificado en otro ordenador.

Para exportar un proyecto abierto en Android Studio seleccionamos en el menú *File > Export to Zip File...*

Se abre entonces un cuadro de diálogo para elegir la carpeta donde se creará el fichero zip.

Para importar un proyecto desde un fichero zip, basta descomprimirlo en una carpeta y abrirlo desde Android Studio como un proyecto ya existente. Si otro proyecto con el mismo nombre ya existe en esa carpeta, habrá que borrarlo primero o bien cambiar de carpeta.

APÉNDICE C

VERSIONES DE ANDROID

Aparte del número oficial, cada versión de Android tiene un nombre de dulce en inglés (en orden alfabético), y un nivel de API (application programming interface). La última versión disponible cuando se redactaba este libro, Android 9.0 (Pie, API 28), se lanzó en agosto de 2018. El 23 de septiembre de 2018 Android cumplió oficialmente 10 años de vida.

Nombre	Número	Núcleo de Linux	Fecha	API
(Sin nombre)	1.0	?	23/09/2008	1
Petit Four	1.1	2.6.X	09/02/2009	2
Cupcake	1.5	2.6.27	27/04/2009	3
Donut	1.6	2.6.29	15/09/2009	4
Eclair	2.0 – 2.1	2.6.29	26/10/2009	5 – 7
Froyo	2.2 – 2.2.3	2.6.32	20/05/2010	8
Gingerbread	2.3 – 2.3.7	2.6.35	06/12/2010	9 – 10
Honeycomb	3.0 – 3.2.6	2.6.36	22/02/2011	11 – 13
Ice Cream Sandwich	4.0 – 4.0.4	3.0.1	18/10/2011	14 – 15
Jelly Bean	4.1 – 4.3.1	3.0.31 to 3.4.39	09/07/2012	16 – 18
KitKat	4.4 – 4.4.4	3.10	31/10/2013	19 – 20
Lollipop	5.0 – 5.1.1	3.16.1	12/11/2014	21 – 22
Marshmallow	6.0 – 6.0.1	3.18.10	05/10/2015	23
Nougat	7.0 – 7.1.2	4.4.1	22/08/2016	24 – 25
Oreo	8.0 – 8.1	4.10	21/08/2017	26 – 27
Pie	9.0	4.4.107, 4.9.84, y 4.14.42	06/08/2018	28

Tabla B.1 Versiones de Android.

BIBLIOGRAFÍA

Ableson, Frank; Sen, Robi; King, Chris. (2011). *Android in Action*. Manning Publications Co.

Alonso, Marcelo; Finn, Edward J. (1976). *Fisica Vol I: Mecánica*. Fondo Educativo Interamericano.

Amaro Soriano, José Enrique. (2012). *El Gran Libro de Programación Avanzada con Android*. Marcombo.

Carbonell, Vicente; Barroso, Jorge; Bataller, Jordi; García, Miguel; Tomás, Jesús. (2017). *El gran libro de Android Avanzado 4ª Ed*. Marcombo.

Felker, Donn; Dobbs, Joshua. (2011). *Android Application Development For Dummies*. Wiley Publishing, Inc.

Tomás Gironés, Jesús. (2017). *El Gran Libro de Android 6ª Ed*. Marcombo.

Gómez Gutiérrez, Juan Antonio. (2016). *Aprender a Programar Android con 100 ejercicios prácticos*. Marcombo.

Horstmann, Cay. (2003). *Computing Concepts with Java Essentials*. John Wiley & Sons.

Steele, James; To, Nelson. (2011). *The Android Developer's Cookbook, Building Applications with the Android SDK*. Pearson Education, Inc.

Lozano Ortega, Miguel Angel; Gallego Sánchez, Antonio Javier. (2017).
Desarrollo de aplicaciones Android con Java. Ra-Ma.

Palmer, Grant. (2000). *Java Programmer's Reference*. Wrox Press.

Ribas Lequrica, Joan. (2017). *Desarrollo de aplicaciones para Android*. Edición 2018. Anaya.

Wei-Meng Lee. (2011). *Beginning Android Application Development*. Wrox Programmer to Programmer. John Wiley & Sons.